美国337调查应对

基于我国打印耗材行业的实践

张秋月　杨雄文　段淑华◎著

图书在版编目（CIP）数据

美国337调查应对：基于我国打印耗材行业的实践 / 张秋月，杨雄文，段淑华著. —北京：知识产权出版社，2025.3. — ISBN 978-7-5130-9865-6

Ⅰ. F426.84

中国国家版本馆CIP数据核字第2025L3K032号

内容提要

本书阐述我国打印耗材行业应对美国337调查的情况、原因及其对我国打印耗材行业的影响，围绕美国337调查程序，结合打印耗材行业应对美国337调查案例的具体做法，对调查涉及的进口、不公平行为认定、国内产业、损害等要件，以及立案、答辩、调查取证、庭审、裁决、执行及有关救济、司法审查、海关执行等方面的实际操作进行深入挖掘，剖析打印耗材行业的系列经典案例，总结具有普遍性的经验教训，提出应对美国337调查的突围之策，为应对海外知识产权纠纷提供参考。

本书适合企业研发人员、知识产权人员，知识产权管理部门、律师事务所、知识产权服务机构等的知识产权从业人员，以及高等院校知识产权专业相关师生等阅读。

责任编辑：王志茹　　　　**责任印制**：孙婷婷

美国337调查应对——基于我国打印耗材行业的实践

MEIGUO 337 DIAOCHA YINGDUI——JIYU WOGUO DAYIN HAOCAI HANGYE DE SHIJIAN

张秋月　杨雄文　段淑华　著

出版发行：知识产权出版社有限责任公司　**网　址**：http：//www. ipph. cn
http：//www. laichushu. com
电　话：010-82004826
社　址：北京市海淀区气象路50号院　**邮　编**：100081
责编电话：010-82000860转8761　**责编邮箱**：laichushu@cnipr. com
发行电话：010-82000860转8101　**发行传真**：010-82000893
印　刷：北京中献拓方科技发展有限公司　**经　销**：新华书店、各大网上书店及相关专业书店
开　本：720mm×1000mm　1/16　**印　张**：15.75
版　次：2025年3月第1版　**印　次**：2025年3月第1次印刷
字　数：223千字　**定　价**：98.00元

ISBN 978-7-5130-9865-6

前言

近年来，知识产权成为影响我国对外贸易的重要因素之一。美国337调查作为美国知识产权保护体系的重要组成部分，是美国专利权人将其竞争对手逐出美国市场，避免遭受来自国外不公平竞争的有效手段。

目前，打印机已成为普遍使用的办公设备，其市场规模呈现稳步扩大的趋势。打印耗材是打印机不可或缺的一次性消耗品，打印耗材市场空间非常大，竞争也日趋白热化。多年来，我国打印耗材企业经历了近20起美国337调查，已经从当初的懵懂怯生逐渐发展到现在的理性应对。相对于其他行业而言，虽然打印耗材行业受制于原装厂商，国际竞争形势非常严峻，受美国337调查的威胁较大，应对难度较高，但我国打印耗材行业务实应对、积极求变，特别是2020年337-TA-1106案中，我国打印耗材行业龙头企业齐齐应诉，并赢得了在美国国际贸易委员会的337调查程序及美国联邦巡回上诉法院的司法审查程序中的双重胜利，实现了行业应对美国337调查的重大突破。

作为打印耗材之都，珠海市一直致力于打印耗材行业向高端产业链的升级，打造特色鲜明、布局合理、核心竞争力强的打印耗材行业集群。如何成为行业的主导者，我们任重道远。近年来，特别是随着我国创新企业的快速发展，更多行业的企业遭遇美国337调查，亟须提高应对能力。珠海市知识产权保护中心高度重视与关注产业发展，在珠海市知识产权局的指导下，积极组织开展“打印耗材行业应对美国337调查案例分析”项目，对打印耗材行业中的15起遭遇美国337调查的案件进行全面梳理，总结经验得失，以期为我国打印耗材行业及其他行业企业应对美国 337 调查提供参考。珠海智专专利商标代理有限公司承担该项目研究工作。本书是在该项目研究成果的基础上，继续开展调研，研习相关文献，不断完善而成。张秋月负责编写目录、各章节要点及书稿的审定和修改；张秋月、杨雄文、段淑华负责内容的撰写和统稿。

需要说明的是，由于考虑到本书内容的普适性和企业秘密保护等方面，所以本书并非包含项目实际完成的全部内容。在研究过程中，项目得到了国家知识产权局和广东省政府相关部门领导、政策专家、法律专家、技术专家及珠海市打印设备及耗材行业协会和企业的专家的宝贵意见与建议，在此表示感谢。

相较于已有的美国 337 调查，打印耗材行业应对美国 337 调查的实践具有案件复杂、程序齐全、应对有力、进步迅速、典型性强等特点，并且以案促发展，显现出固根本、稳预期、利长远的效用。结合美国 337 调查的相关规定及最新发展，本书梳理打印耗材行业美国 337 调查的具体案件材料及其经验教训，为各行业高起点、高标准、高质效应对美国 337 调查提供典型的案例与有益的指导。

本书主要面向对美国 337 调查感兴趣的企事业单位、政府职能部门、信息情报分析、技术研发、行业协会、专利联盟等机构及其相关人员，以及希望了解美国 337 调查案例、涉外知识产权纠纷应对的读者，同时可作为法学与涉外法律专业人才培养的辅助读本。

美国 337 调查的内容很多，打印耗材行业也有其专业性与特殊性。特别是法院诉讼处理的是过去的纠纷，而美国 337 调查更多的是着眼于未来的市场。因作者学术研究能力有限，书中的缺点、错误在所难免，敬请广大读者批评指正。

第一章　中国打印耗材行业应对美国 337 调查概述

所谓美国 337 调查，就是美国国际贸易委员会（United States International Trade Commission，USITC，ITC) 根据美国《斯姆特－霍利关税法》（也称《1930 年关税法》）第 337 节（简称 337 条款）的有关规定，针对进口贸易中的知识产权侵权行为及其他不公平竞争行为开展调查，并采取制裁措施的准司法程序。[1] 随着经济全球化和贸易自由化的发展，越来越多的美国企业利用 337 条款对进口美国的产品发起调查，打印耗材原始设备制造商[2]（Original Equipment Manufacturer，OEM）为了维护其在美国市场的利益，会策略性地利用 337 条款把竞争对手逐出美国市场。目前，中国已经成为全球最大的打印耗材生产基地，同时打印耗材行业也成为知识产权高风险领域。涉及中国打印耗材企业的美国 337 调查案件频繁发生，且集中在专利侵权方面。我国

[1] 通过 20 世纪 70~90 年代的 4 次立法推动，ITC 的管辖权得以确立、扩大，337 调查的程序和救济手段不断完善、丰富。围绕 337 条款的修改贯穿着两条主线：一是受贸易保护主义政策的影响，20 世纪七八十年代的两次大修改均是在美国对外贸易出现不利及其国内产业游说的情形下进行的，以通过国内立法加强对国内市场的贸易保护；二是在实行贸易保护主义政策时，迫于贸易伙伴的压力，对国内立法进行调整以适应《关税与贸易总协定》（GATT）等国际规则的要求。

[2] 原始设备制造商（OEM）的基本含义是品牌生产者不直接生产产品，而是利用自己掌握的关键的核心技术负责设计和开发新产品，控制销售渠道。也就是说，原始设备制造商通过合同订购的方式，将具体的加工任务委托同类产品的其他厂家生产，再将所订产品低价买断，并直接贴上自己的品牌商标。这种委托他人生产的合作方式也称 OEM，承接加工任务的制造商被称为 OEM 厂商，其生产的产品被称为 OEM 产品。OEM 是社会化大生产、大协作趋势下的一条必由之路，也是资源合理化的有效途径之一，是社会化大生产的结果，也称定点生产，俗称代工（生产）。定点生产属于加工贸易中的代工生产方式，在国际贸易中是以商品为载体的劳务出口。

打印耗材行业要做好长期应对美国 337 调查的准备，突出重围，迎接高质量发展的未来。

第一节　中国打印耗材企业应对美国 337 调查的情况及其研究意义

美国 337 调查制度在美国国内政治、产业竞争和对外贸易政策变化等因素的影响下，经历了停滞、复苏的发展过程。

一、美国 337 调查概述

美国 337 调查作为一种独具特色的法律制度，其主要目的是保护进口贸易过程中美国知识产权权利人的利益，不仅保护美国产业不受进口货物的影响，而且对出口国家的相关产业造成冲击。目前，美国 337 调查的 ITC 规则公布在《美国联邦法典》（*U. S. Code of Federal Regulations*）第 2 章第 19 卷第 210 部分中。该规则从 A 到 I 被分为九个部分，其中 A 部分（一般适用规则）规定书面提交案件要求、机密商业信息、时间估算及程序服务；B 部分（前调查程序和调查的启动）包括有关申诉方服务及调查通知；C 部分（答辩）规定申诉方诉讼的程序、回答、修改及补充提交材料等；D 部分（动议）包括不应诉，简要裁决，诉讼参与、终止、暂停，中期上诉和制裁；E 部分规定发现和强制程序；F 部分规定预审会议和听证程序；G 部分规定决定与采取的行为；H 部分规定临时救济；I 部分规定执行程序与咨询建议。

（一）美国 337 调查涉及的不公平竞争行为

美国 337 调查因涉案的不公平竞争行为的不同类型而有所差异。美国 337 条款管制的不公平竞争行为包括知识产权侵权行为和其他不公平竞争行为。

1. 知识产权侵权行为和其他不公平竞争行为

总体而言，337条款要求对于侵犯知识产权的案件，如专利权、注册的版权、商标权、掩膜作品（即集成电路布图设计）权的侵权指控，申请人必须证明的内容为：①申请人在美国具有与涉案知识产权有关的国内产业；②被申请人有向美国进口涉案产品的行为；③被申请人进口的产品侵犯申请人在美国注册的知识产权。

根据337条款的相关规定，其所管制的与知识产权有关的不公平竞争的贸易行为主要有3类：一是进口和销售侵犯美国知识产权的产品，包括专利侵权、商标侵权和版权侵权；二是制造、进口和销售违反美国反不正当竞争法的产品，包括进口产品假冒美国商标和装潢，带有虚假的原产地标识，欺骗性的、足以误导他人购买的产品说明和描述，标有美国商标的平行进口商品，侵犯美国商业秘密的商品；三是倾销和补贴及违反联邦反垄断法、非法限制进口贸易、垄断商业、非法定价及价格歧视等。对于第三类中所谓的托拉斯性的不公平贸易行为能否成立，美国的判定标准比较严格且有许多不确定性，因此大量美国337调查诉讼案件是基于对前两类行为所指向的知识产权的侵犯。

337条款并没有明确指出哪些行为属于不公平竞争行为。根据美国国会文件、ITC的裁决、美国联邦巡回上诉法院的判例，不公平竞争行为范围广泛，包括反不正当竞争法和反垄断法规定的行为在内的所有违反商业道德的行为，均可能在美国337调查之列。

不同案件适用的立案条件是存在差异的。对于侵犯知识产权的美国337调查案件，在损害要件上无须证明损害的存在，即只有行为要件和产业要件的要求（见表1-1）。

需要说明的是，美国337调查程序对侵犯知识产权行为是否成立的相关判断，仍然适用美国知识产权实体法，包括但不限于美国专利法、商标法、版权法和商业秘密法等。

表 1–1 美国 337 调查中不同案件适用的立案条件对比

要件类别	案件类别	
	知识产权案件	非知识产权案件
行为要件	具有知识产权侵权行为	具有不公平竞争侵权行为
产业要件	美国存在或正在建立相关国内产业	美国存在或正在建立相关国内产业
损害要件	无须证明损害的存在	需要证明损害的存在

2. 打印耗材行业中的不公平行为以专利侵权为主

从理论上讲，虽然启动美国 337 调查的诉由可以是多种知识产权侵权和其他不公平行为，包括专利侵权、商标侵权、版权侵权、商业秘密侵权、原产地名称不当等，并且这些诉由基本都已出现在不同行业的美国 337 调查中，但其中最主要的诉由还是专利侵权。

中国打印耗材企业涉及的美国 337 调查也体现以专利侵权为主的特点。由于打印耗材可兼容的特性使其在进入美国市场后冲击了原装制造商的商业模式，影响原装制造商的销售，因此各大打印耗材原装厂家指控我国打印耗材行业产品侵犯美国专利，构成不公平行为，发起美国 337 调查程序打击我国打印耗材行业的出口。典型案件中，337-TA-565 案的申请人精工爱普生公司、爱普生美国公司、爱普生波特兰公司（统称爱普生）向 ITC 提交美国 337 调查申请，指控珠海格力磁电有限公司（以下简称格力磁电）等 24 家企业侵犯其专利权；337-TA-581 案中，申请人惠普公司（简称惠普）指控纳思达美国分公司及 4 家经销商侵犯其 7 件美国专利，这是惠普提起的第一次美国 337 调查，此后惠普又提起 4 次美国 337 调查（337-TA-691、337-TA-711、337-TA-723、337-TA-730），这些调查均是指控被申请人侵犯其专利权；337-TA-731 案中，申请人日本佳能公司、佳能美国公司、佳能弗吉尼亚公司（统称佳能）提起美国 337 调查，指控 20 家中美企业侵犯其 2 件扭曲齿轮美国专利……由此可见，打印耗材行业多是基于专利侵权发起美国 337 调查，不公平行为的要件即是要求申请人证明存在进口产品有侵犯美国专利权的现象。[1]综上所述，打印耗材行业中，主张存在不公平竞争行为是美国专利权人状告我国被申请人侵犯其专利权的主要理据。

（二）美国 337 调查涉及的主体

美国 337 调查涉及的主体非常广泛。针对打印耗材行业进行的美国 337 调查所涉及的主体与一般的美国 337 调查程序无异，主要包括美国国际贸易委员会、美国总统、美国海关和边境保护局（以下简称美国海关）、美国联邦法院（如美国联邦最高法院、美国联邦巡回上诉法院和美国联邦地区法院）、行政法官、ITC 委员、申请人、被申请人、调查律师[2]、代理律师及法院法官等。[3]根据主体的性质，可以大致将主体分为参与机关和参与人两大类。其中，美国 337 调查的主管机关是 ITC。主要参与主体及其职责见表 1-2。

表 1-2　美国 337 调查的主要参与主体及其职责[4]

相关主体	机构或主体	主要职责
美国总统	美国贸易代表办公室	对 ITC 作出 337 调查案件终裁的审议
美国国际贸易委员会	ITC 委员	对 ITC 审理的 337 调查案件进行最终裁决
	行政法官	确定取证的具体程序和规则、召集听证会、作出初裁及对救济措施的建议
	不公平进口调查办公室	负责审核申请人的请求是否符合受理条件，并对 ITC 是否启动调查提出建议

[1] 汤姆·迈克尔·萧姆伯格．美国国际贸易委员会 337 调查律师实践指南 [M]. 2 版．北京：法律出版社，2014：60-61.

[2] 调查律师也称政府律师。

[3] 实际上，美国 337 调查的参与主体可能包括第三方。当第三方的利益可能受到美国 337 调查结果的影响时，第三方有权提出动议申请并作为第三人参与美国 337 调查。

[4] 张平．产业利益的博弈——美国 337 调查 [M]. 北京：法律出版社，2010：105.

续表

相关主体	机构或主体	主要职责
美国联邦法院	美国联邦最高法院	对337调查案件裁决不服的最终审判
	美国联邦巡回上诉法院	337调查案件中对ITC最终裁决不服的一审审判
	美国联邦地区法院	受理337调查案件中的反请求
美国海关	美国海关	执行ITC作出的美国337调查案件的裁决
当事人	申请人	申请发起美国337调查的一方
	被申请人	被提起美国337调查的一方
	第三方	与美国337调查有利害关系，可以申请作为被调查一方加入
律师	调查律师	为独立的第三方，代表公共利益全面参与美国337调查
	代理律师	代理申请人或被申请人的美国337调查案件

（三）美国337调查的主管机构

ITC是美国337调查的主管机构，是由美国民主党及共和党联合组成的一个联邦机构，具有独立性与准司法性。由于ITC不是由美国国会领导，因此它并不属于行政机构。其前身为“美国关税委员会”，成立于1916年，由6名委员组成，这些委员由总统提名并由参议院通过。ITC的委员必须是美国公民，总统需要对其是否具有足够的资历和专业知识可以帮助ITC解决问题进行评估。ITC主要负责调查倾销和补贴的进口产品对美国国内产业的影响，负责收集和分析贸易数据及其他与贸易政策相关的信息，将其提供给美国总统、美国贸易代表和国会，以便制定贸易政策。

ITC拥有与贸易事务相关的调查权力非常广泛，包括以知识产权为基础的进口调查并采取相应制裁措施、产业与经济分析、反倾销与反补贴调查中的国内产业损害调查、保障措施调查、贸易信息服务、贸易政策支持、维护美国海关税则等。根据美国《1930年关税法》第337条的规定，ITC是作出美国337调查裁决的主体，具有调查进口侵犯知识产权案件的职能和权限，有权要求海关禁止侵权产品入境，并要求进口商停止其侵权行为。

（四）美国 337 调查的主要程序

与美国的反倾销调查不同，美国 337 调查的主要程序在整体上与美国法院的民事诉讼程序更相似。作为一种准司法程序，美国 337 调查程序相较美国的普通民事诉讼程序具有自身的特殊之处。与其他联邦机构和部门的行政程序一样，337 条款也与美国《行政程序法》保持一致。ITC 程序规则实际上是依据联邦民事诉讼规则（Federal Rules of Civil Procedure，FRCP）和联邦证据规则（Federal Rules of Evidence）制定的。

就一项完整的美国 337 调查的行政程序而言，其基本程序包括申请、立案、证据开示[1]、开庭、行政法官初裁、委员会复审、终裁及总统审查等（见图 1–1）。在专利侵权案件中，当事人可以通过签订和解协议解决争议、终止调查。根据相关规定，ITC 应在尽早的、可行的时间内完成一项 337 调查，并作出裁决。实际上，ITC 一般在 12~15 个月内结束调查，复杂案件可能会延至 18 个月。如果一方当事人对 ITC 的裁决结果不服，那么可以向美国联邦巡回上诉法院提起诉讼。美国 337 调查的时间表如图 1–2 所示。

以 337-TA-565 为例，2006 年 2 月，爱普生向 ITC 递交美国 337 调查申请，指控纳思达科技有限公司（以下简称纳思达）、格力磁电等 24 家企业侵犯其专利权。ITC 于 2006 年 3 月正式立案，案号为 337-TA-565。该案历经 ITC 终裁，颁布普遍排除令（General Exclusion Order，GEO），之后被申请人上诉到美国联邦巡回上诉法院，再到美国联邦最高法院。同时，该案还历经权利人申请强制执行程序，ITC 发布高额罚款裁定，被申请人不服，上诉到美国联邦巡回上诉法院，再到美国联邦最高法院。此外，该案还启动了海关确认、ITC 咨询意见等程序，几乎历经 ITC 的所有救济程序。该案的主要调查过程见表 1–3。

---

[1] 证据开示也称证据披露，是指当事人获取对方手中有关案件的信息、展示证据的一种制度。

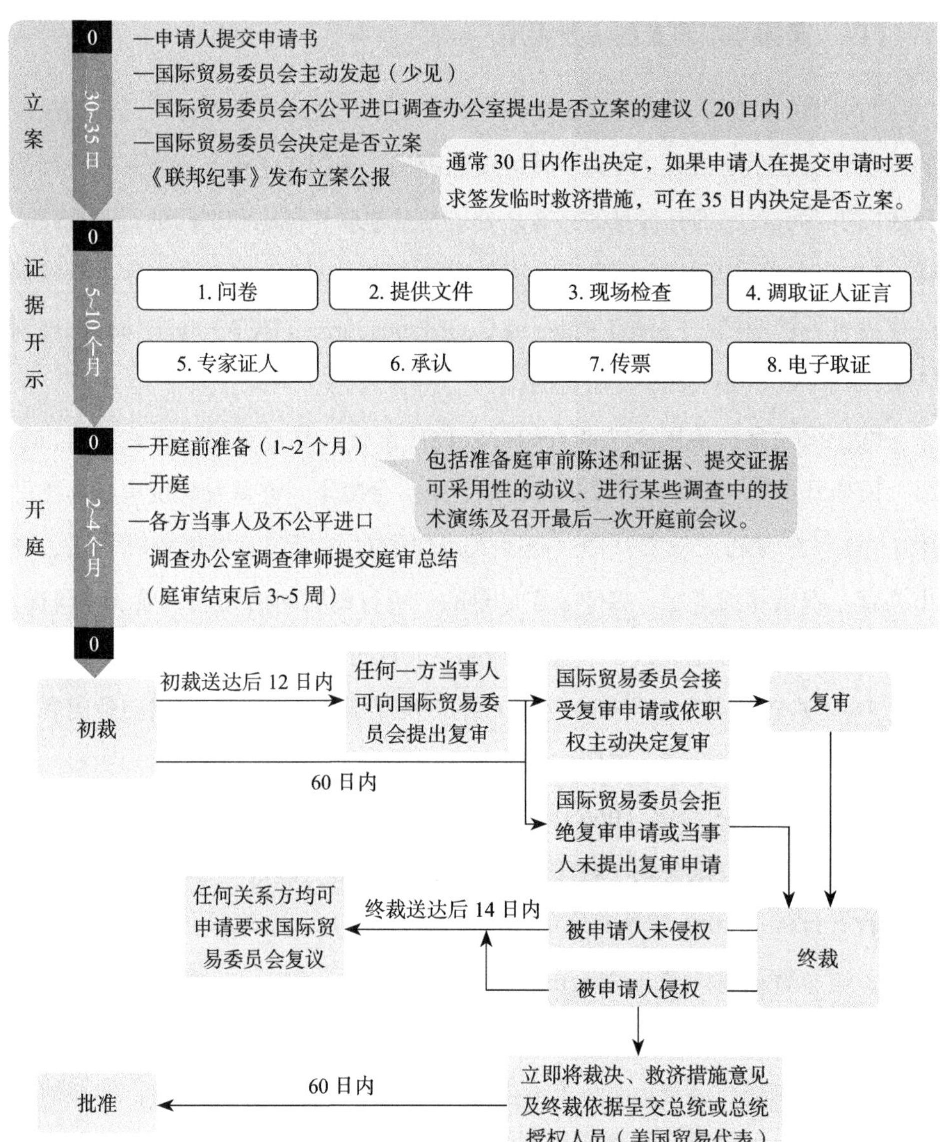

图 1-1　美国 337 调查的基本程序

资料来源：阿耐《美国 337 调查详解》，网址为 http：//www.iprdaily.cn/article_15102.html。

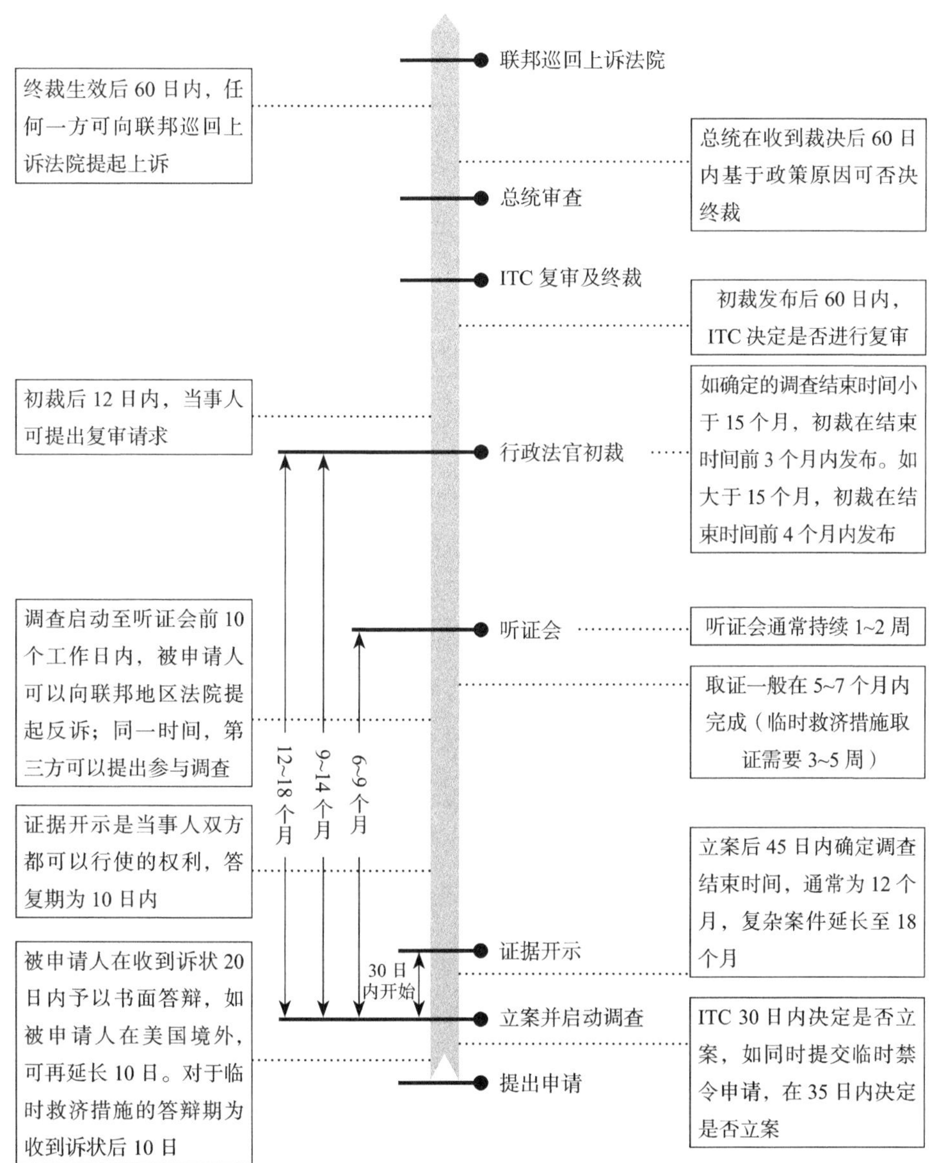

图 1–2　美国 337 调查的时间表

资料来源：国家知识产权局《美国“337 调查”实务指引》。

表 1-3　337-TA-565 案件的主要调查过程

时间	调查过程
2006 年 2 月	爱普生向 ITC 提交申请书，指控中国、美国、德国、韩国等国的 24 家公司向美国进口和（或）在美国销售的墨盒，侵犯其在美国的 11 项发明专利权（申请书递交后又增加 2 项）。
2006 年 3 月	ITC 进行立案，案号为 337-TA-565。
2006 年 3 月	一家美国律所向 ITC 递交代表律师文件，宣布代表纳思达应诉本次 337 调查。
2006 年 3 月	一家美国律所向 ITC 递交代表律师文件，宣布代表格力磁电应诉本次 337 调查。
2006 年 4 月	纳思达向 ITC 递交答辩状。
2006 年 4 月	格力磁电向 ITC 递交答辩状。
2006 年 6 月	ITC 作出初裁，认定 5 家公司缺席。
2006 年 10 月	ITC 作出初裁，基于被申请人自己的请求，认定 3 家公司缺席。
2006 年 11 月	ITC 作出初裁，批准基于同意令终止对 3 家公司的调查。
2006 年 12 月	ITC 作出初裁，批准基于同意令终止对 3 家公司的调查。
2007 年 1 月	ITC 作出初裁，批准基于同意令终止对 4 家公司的调查。
2007 年 1 月	ITC 作出初裁，批准基于申请人爱普生和 1 家被申请人公司的共同请求，将该公司加入被申请人公司，并批准基于同意令终止对该公司的调查。
2007 年 3 月	ITC 作出初裁，认定本次调查中有违反 337 条款的情况，并建议发布普遍排除令和禁止令。
2007 年 10 月	ITC 作出终裁，并发布普遍排除令、有限排除令及禁止令。
2009 年 1 月	纳思达上诉至美国联邦巡回上诉法院，法院维持 ITC 的终裁决定。
2009 年 4 月	纳思达上诉至美国联邦最高法院。
2010 年 12 月	纳思达申请咨询意见，希望 ITC 认定其 R-Series 分体墨盒产品未违反 337-TA-565 案的普遍排除令及禁止令。
2011 年 2 月	爱普生也向 ITC 申请修改普遍排除令及禁止令，使其保护范围包括墨盒组件。
2012 年 4 月	ITC 作出终裁，修改普遍排除令，使其包括墨盒组件。
2017 年 4 月	纳思达再次申请咨询意见，请求 ITC 认定其兼容的爱普生再生墨盒不符合 337-TA-946 案及 337-TA-565 案普遍排除令的排除范围。
2017 年 11 月	ITC 作出终裁，基于双方和解，终止咨询意见程序。

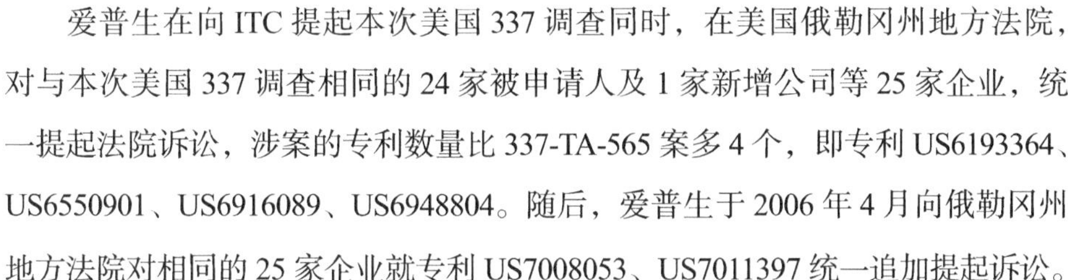

爱普生在向 ITC 提起本次美国 337 调查同时，在美国俄勒冈州地方法院，对与本次美国 337 调查相同的 24 家被申请人及 1 家新增公司等 25 家企业，统一提起法院诉讼，涉案的专利数量比 337-TA-565 案多 4 个，即专利 US6193364、US6550901、US6916089、US6948804。随后，爱普生于 2006 年 4 月向俄勒冈州地方法院对相同的 25 家企业就专利 US7008053、US7011397 统一追加提起诉讼。

值得一提的是，大部分美国 337 调查在发布终裁后基本就结束了，通常耗时 1~2 年。但是，本案在 ITC 发布终裁后，纳思达利用各种可能的救济程序持续应对，历时 10 年，由此可见被申请人积极寻求突破重围的决心。

二、中国打印耗材企业应对美国 337 调查的情况

欧洲和美国是两个重要的打印机耗材市场，当地的人们习惯于印刷，且打印机耗材的零售价格更高。欧洲和美国是中国打印机耗材制造商重要的出口目的地，也是打印耗材企业的必争之地。近年来，随着美国知识产权边境保护的加强，对中国出口产品的美国 337 调查频繁出现。目前，打印耗材行业原始设备制造商针对我国打印耗材企业发起的美国 337 调查均是主张被申请人存在专利侵权行为。

中国企业涉及美国 337 调查的频率较高，打印耗材行业比较有代表性。涉案被申请人主要是我国的通用耗材提供商及其销售商，广东省企业尤其是珠海市的企业涉案数量较多（见表 1–4）。

表 1–4　打印耗材行业的美国 337 调查汇总

序号	案号	申请人	提起时间	涉案产品	被申请人（仅统计广东省）
1	337-TA-565	爱普生	2006 年 2 月	墨盒及其相关组件	珠海、广州
2	337-TA-581	惠普	2006 年 8 月	墨盒及其相关组件	珠海
3	337-TA-691	惠普	2009 年 9 月	喷墨打印机墨水供应元件及其组件	珠海、深圳
4	337-TA-711	惠普	2010 年 3 月	墨盒打印头及其组件	广州
5	337-TA-723	惠普	2010 年 5 月	墨盒打印头及其组件	广州

续表

序号	案号	申请人	提起时间	涉案产品	被申请人（仅统计广东省）
6	337-TA-730	惠普	2010年6月	喷墨打印机墨水供应元件及其组件	珠海、深圳
7	337-TA-731	佳能	2010年6月	碳粉盒及其相关组件	珠海
8	337-TA-740	利盟	2010年8月	碳粉盒及其组件	珠海、惠州
9	337-TA-829	佳能	2012年1月	碳粉盒及其组件	珠海
10	337-TA-918	佳能	2014年5月	碳粉盒及其组件	珠海、中山、深圳
11	337-TA-946	爱普生	2014年12月	墨盒及其组件	珠海、东莞
12	337-TA-960	佳能	2015年6月	碳粉供给容器及其组件	无
13	337-TA-1011	惠普	2016年5月	喷墨打印机、打印头、墨盒及其组件及相关产品	无
14	337-TA-1106	佳能	2018年2月	碳粉盒及其组件	珠海、中山
15	337-TA-1174	兄弟	2019年8月	碳粉盒及其组件	珠海
16	337-TA-1259	佳能	2021年3月	墨粉供应容器及其组件	珠海、深圳
17	337-TA-1260	佳能	2021年3月	墨粉供应容器及其组件	深圳

截至2022年，全球打印耗材行业共有17起美国337调查案件，即337-TA-565案、337-TA-581案、337-TA-691案、337-TA-711案、337-TA-723案、337-TA-730案、337-TA-731案[1]、337-TA-740案、337-TA-829案[2]、337-TA-

[1] 337-TA-731案是日本佳能公司发起的第一起美国337调查，也是与激光打印耗材相关的第一起美国337调查。1995年前后，佳能开始布局一种名为“扭曲齿轮”的驱动力传递部件，并向日本、美国、中国及欧洲等地提出专利申请。2010年6月，佳能提起美国337调查，指控20家企业（包括6家中国公司）在美国进口和（或）销售的碳粉盒产品侵犯其2件美国专利（US5903803和US6128454），请求ITC颁布有限排除令。本案中涉案企业开始进行了积极应诉，后续可能由于宣告涉案专利无效的难度较大、应诉成本高昂等，最终所有被申请人于2011年4月与佳能签订同意令，同意不在美国进口或销售涉案碳粉盒。2011年5月，该案历时不到1年，正式结束。

[2] 继佳能提起的第一起美国337调查结束不到1年，2012年1月，佳能再次提起337-TA-829案，指控包括4家中国公司在内的34家公司在美国进口和（或）销售的碳粉盒侵犯其2件美国专利，这两件专利与佳能在337-TA-731案中主张的专利完全相同，但是比337-TA-731案涉及的被申请人范围更广，并请求ITC颁布普遍排除令等。该案除1个被申请人基于同意令结束调查之外，其他被申请人均未应诉，最终被裁定为缺席。2013年6月，ITC发布普遍排除令和禁止令。

918 案、337-TA-946 案、337-TA-960 案、337-TA-1011 案、337-TA-1106 案、337-TA-1174 案、337-TA-1259 案、337-TA-1260 案。

在17起美国337调查案件中，有15起案件涉及广东省的打印耗材企业，涉案比例达88%，广东省共有至少19家企业涉案，其中珠海市企业占比最大，广州市、深圳市、东莞市、中山市及惠州市等也有涉及。

三、我国打印耗材行业应对美国337调查的研究意义

经济全球化导致资本与产品在全球范围内快速流动，它对每一个国家来说，都是一把双刃剑，既是机遇，又是挑战。特别是对经济实力相对较弱和科学技术相对落后的发展中国家而言，其面临的风险与挑战更加严峻，而美国337调查制度正是这把双刃剑的具体体现。

随着调查程序、救济手段的不断充实和完善，美国337调查逐渐成为跨国企业知识产权战略的重要组成部分。打印耗材是知识产权风险较高的行业之一，我们有必要对打印耗材行业的美国337调查进行总结与研究，结合国内外企业应对美国337调查的成功经验，找到应对策略，为我国打印耗材行业及其他行业的企业提供借鉴。

（一）贯彻落实知识产权强国战略，提升国际竞争力

中共中央、国务院于2021年9月印发的《知识产权强国建设纲要（2021—2035年）》和党的二十大报告，均对强化知识产权法治保障作出重要部署。打印耗材这种专利密度极高的产业是知识产权竞争力较强的市场主体，在建设知识产权强国的道路上发挥着重要的作用。自主创新、拥有知识产权是打印耗材等产业发展的永恒主题。只有掌握关键技术和核心技术，不受制于人，才能突破产业快速发展的瓶颈。本书意在通过阐述打印耗材行业应对美国337调查的现状，增强打印耗材等行业的自主创新意识，努力提升企业的原始创新能力、

提高技术转化和规模产业的能力，开发更多具有自主知识产权的创新技术，牢牢把握产业发展的主动权，掌握国际话语权；通过增强知识产权竞争力来提高中国的国际竞争力，贯彻落实我国的知识产权强国战略，勾勒出我国加快建设知识产权强国的宏伟蓝图。

（二）助力我国打印耗材行业持续发展

经过 40 多年的发展，我国已经成为打印耗材行业的出口大国，珠海市成为全球最大的打印通用耗材及零配件生产基地。我国打印耗材行业的迅猛发展已经触及原始设备制造商的商业利益。美国作为两大通用耗材市场之一，必然是原始设备制造商和通用耗材制造商的必争之地。笔者通过分析总结涉及打印耗材行业的美国 337 调查案例，在宏观上介绍我国打印耗材行业所面临的专利、经济、品牌等方面的现状、美国 337 调查的相关知识，增强风险意识，同时在微观上详细地提炼出打印耗材行业应对美国 337 调查的程序进路和实际进路，为我国打印耗材行业应对美国 337 调查提供一份详细的“应对说明书”和“操作手册”。我国打印耗材行业只有认识到产业的现状和风险，才能在企业的经营和管理中未雨绸缪，明确发展方向，进一步完善产业体系，从而促进可持续的发展，创造更加光明的前景。

（三）为其他行业应对美国 337 调查提供借鉴

不仅我国的打印耗材行业正抓住机遇迎难而上，而且通信、电池及芯片等新兴的技术行业都在努力进军美国市场及全球市场。同样，这些行业也需要与行业内国际知名厂商竞争，谋取利益。市场的竞争是永恒的，如何抓住竞争给企业带来的机遇才是各行业持续发展的关键。

就应对美国 337 调查而言，打印耗材行业有着典型意义。目前，打印耗材行业是一个国内外市场竞争充分、重视创新且知识产权布局成熟的行业。这与其他行业的现状有着极大的相似性。就应对美国 337 调查而言，我国打印耗材企业采取的对策措施日趋成熟，部分案件取得了突破，为我国其他企业应对美国 337 调查提供宝贵的实践经验。

其他行业通过打印耗材行业的实践，可以深入了解美国 337 调查的发展历程及运作机制。“他山之石可以攻玉”，其他行业既可以找到与打印耗材行业情况的相似之处，如面对行业内的专利预警，须不断地进行技术创新，构建自己强大的专利攻防体系，又可以相较于打印耗材行业的自身优势，从而不断稳固优势提升竞争力。特别是借鉴打印耗材行业应对美国 337 调查的一些措施，其他行业也可对已经发生或者未来可能发生的类似情形进行梳理，结合自身的具体情况，为应对美国 337 调查做好充分的准备，甚至可以利用美国 337 调查制度先发制人。

（四）为我国法律制度完善提供参考

对我国打印耗材行业应对美国 337 调查的经验与教训进行梳理、分析，可以为我国法律建设提供具有价值的参考。国际贸易和知识产权保护已经密不可分，如何使本国对外贸易体系实现对本土产业的保护？遏制知识产权侵权无疑是更有效的手段之一。借鉴美国 337 条款有助于完善我国的外贸法律制度。

第二节　美国 337 调查涉及的打印耗材及其专利技术重点领域

现代打印技术基于数字化信息技术，而数字打印更为普遍的方法就是使用打印机。打印耗材是打印机所用的消耗性产品，是基于打印机存在的附加产品，在打印机使用过程中需要经常更换。打印机品牌生产商即为原装打印耗材的原始设备制造商，他们掌握着打印耗材行业链的核心技术环节，使通用耗材行业的发展壮大面临极大挑战。

一、打印耗材

按照工作方式，打印机分为针式打印机、喷墨打印机、激光打印机、热升华打印机、3D 打印机等类型。

不同类型的打印机所需的打印耗材也不同。针式打印机通过打印头的针击打复写纸形成字体，其所消耗的打印耗材主要有打印针、色带和打印纸等。喷墨打印机利用喷墨头将细小的墨滴导引至设定的位置，其对应的打印耗材主要有喷头、芯片、墨水（油墨）、墨盒和打印纸等。激光打印机是将激光扫描技术和电子照相技术相结合的打印输出设备，硒鼓（包括碳粉、打印芯片、显影辊等）为其主要的打印耗材和核心部件。热升华打印机利用加热元件将固体颜料直接升华为气体，然后喷射至打印介质上，其主要消耗的打印耗材为碳带、色带和打印介质等。3D 打印机则是一种三维打印机，其打印所用材料种类繁多，主要有光敏树脂、聚乳酸（PLA）及各种粉末等。

由此可见，打印耗材只是打印耗材产业链中的一环。在打印耗材产业链中，上游是一些基础原材料，如树脂原料、电荷调节剂等用于彩色碳粉的制造；中游则是打印耗材，如硒鼓、碳粉、墨盒、芯片等。除此之外，使打印机完成打印动作的操作系统、软件算法和打印语言是打印机生产及打印耗材产业链的基础技术支撑。

二、打印耗材专利技术的重点领域

就打印产业整体而言，打印机是打印耗材的基础，其专业壁垒较高，属于高端精密制造产业。打印机品牌生产商有能力主动调整改进其打印的基础技术，

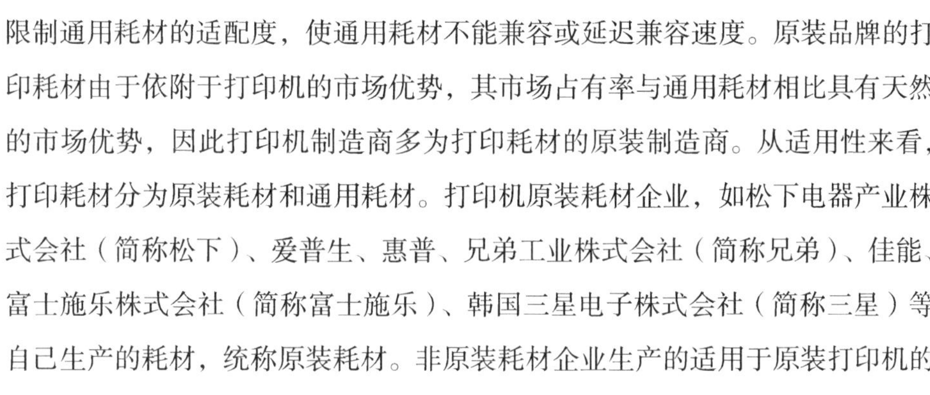

限制通用耗材的适配度，使通用耗材不能兼容或延迟兼容速度。原装品牌的打印耗材由于依附于打印机的市场优势，其市场占有率与通用耗材相比具有天然的市场优势，因此打印机制造商多为打印耗材的原装制造商。从适用性来看，打印耗材分为原装耗材和通用耗材。打印机原装耗材企业，如松下电器产业株式会社（简称松下）、爱普生、惠普、兄弟工业株式会社（简称兄弟）、佳能、富士施乐株式会社（简称富士施乐）、韩国三星电子株式会社（简称三星）等自己生产的耗材，统称原装耗材。非原装耗材企业生产的适用于原装打印机的耗材则为通用耗材，也称兼容耗材，是能够代替原装品牌的耗材。

通用耗材要与原装打印机结构兼容，数据传输协议互联互通，机械传动结构耦联配合。这也是原装打印机厂商专利布局的重点区域，通用耗材制造商在生产制造耗材时容易“触雷”。喷墨打印产业布局最多的技术分支是墨盒、泵、喷嘴和墨水，这 4 个分支的专利数量远高于其他分支，它们是喷墨打印产业的重点技术领域，与其在喷墨打印技术中的关键程度及技术密度相匹配。激光打印产业布局最多的技术分支为墨粉盒（碳粉盒 / 硒鼓）、热辊、黑白碳粉和彩色碳粉，其中墨粉盒的专利数量远高于其他分支，它是激光打印产业的重点技术领域，与其在激光打印技术中的关键程度及技术密度相匹配。

第三节　中国打印耗材行业频发美国 337 调查的主要原因

随着经济的快速发展，我国打印机耗材产业获得迅猛发展，我国已经成为全球最大的打印机耗材生产基地。近年来，国际巨头与中国企业之间的利益冲突日益凸显，打印耗材的原始设备制造商频繁冲击我国通用耗材生产企业。美国 337 调查制度成为原始设备制造商维护其美国市场的重要手段，颇受美国企业青睐。

一、我国打印耗材企业对 OEM 原有商业盈利模式的冲击

在打印耗材 OEM 商业模式中，美国市场及其他海外市场围绕打印耗材布局，以“平价机器”卖给世界客户，一次性占领打印机使用市场，利用客户的使用习惯，再向客户销售高价耗材以获取利润。一台打印机的售价可能是几百美元，一套打印耗材的定价可能也是几百美元，但因为耗材要不断更换，有巨大的市场需求，且售价较高，所以通过耗材可以赚取稳定、持续的利润，打印耗材在某种意义上成为 OEM 的利润中心。

OEM 厂商通过技术革新，一方面降低打印机价格，另一方面维持或提高原装耗材产品价格的现象越来越多。广大消费者普遍有“买得起打印机这匹马，却备不起耗材这个鞍”的感觉。近年来，世界各国倡导节能减排，实施环保、绿色、节能的消费政策，全球消费逐步转向经济型消费。随着无纸化办公的长效发展，消费者更青睐于购买价廉物美、能满足需求且对环境更友好的通用耗材产品。这是中国打印耗材行业能有足够发展空间的原因之一。

虽然打印耗材行业的通用耗材种类繁多，但其制造相对简单。一般情况下，大多数通用耗材企业可以同时生产爱普生、惠普、佳能、兄弟等 OEM 的兼容产品。与此同时，一些兼容产品也会改进，一款机型产品可以兼容多款机型，与 OEM 生产的原装打印耗材相比，价格更低廉，通用性有时更强。因此，兼容产品的性价比优势对 OEM 的原装打印耗材业务势必造成持续冲击。

由于中国通用耗材品质不断提升，而且价格低廉，仅是原装耗材价格的 2/3，甚至是 1/2，因此近年来逐步得到了世界各地消费者的认可和欢迎，在打印耗材市场中占有一定市场份额，竞争力日益增强。从 20 世纪 80 年代至今，珠海打印耗材行业经过 40 余年的发展，已然成为全球最大的打印通用耗材及零配件生产基地。珠海天威飞马打印耗材有限公司（以下简称天威）、纳思达等企业成为我国兼容打印耗材厂商的领头羊，其主要产品出口到国外，这对原装打印耗材巨头，如爱普生、惠普、佳能的市场份额形成一定冲击。

二、对美国市场及其他海外市场的冲击

欧洲市场和美国市场是两个重要的兼容打印耗材市场，也是中国打印机耗材制造商较重要的两个出口目的地。与 OEM 原装打印耗材相比，通用耗材价格更低廉、通用性更强、用户体验更佳，以高性价比的优势占领一部分美国及海外市场，也受到发展中国家消费者的青睐。大量通用耗材产品进入海外市场后冲击 OEM 原装打印耗材的销售。

中国通用耗材行业的发展兴盛并不是一朝一夕的事，该行业已在生产、销售过程中形成产业链配套完整、上下游产业齐全并在全球占有一定地位的行业。无疑，中国厂商构建起完整的通用耗材行业链，以天威、纳思达为代表的打印耗材龙头企业积极开展研发，对现有的专利技术进行突破，合法规避已有专利，在继承的基础上进行创新，通过专利申请在 OEM 厂商专利外围进行专利布局，以积极应对与美国及其他地区海外市场的竞争。这也对打印耗材 OEM 的美国市场及其他地区海外市场造成一定冲击。

三、中国打印耗材企业的创新能力不足

为了持续从打印耗材行业中得到高额利润，OEM 围绕打印耗材产品布局了大量核心专利，如佳能在打印耗材产品中的全球专利超过 10 万件，特别是在碳粉盒与打印机配合的扭曲突起及耦联构件等连接方面，布局了大量专利，形成一道强有力的专利壁垒。爱普生在喷墨打印耗材上布局专利超过 3 万件，在墨盒的海绵、单向阀，特别是与打印机配合的芯片等方面，布局了大量专利。

而与之相反，在高技术要求与专利丛林的阻隔下，我国打印耗材企业核心技术的缺乏不仅成为产业发展瓶颈，而且因屡屡被控侵犯专利权而陷入美国 337 调查。在以往通用耗材的生产中，我国企业主要是以低价原材料等成本优

势取胜，这种模式使企业失去在技术升级方面的积极性，产品新技术的研发进步不大。而国外打印技术持续发展与普及，同时 OEM 采用技术壁垒的加密芯片、不定时更新打印机软硬件等方式阻止通用耗材的制造、再生产及销售。在这样的环境中，我国打印耗材企业大多随之做出相应调整，较难摆脱国外技术壁垒的束缚，相应地也就容易出现侵犯专利权的问题，从而导致美国 337 调查频发。

四、美国 337 调查制度的独特优势

相对于传统的救济手段，如专利诉讼，美国337调查具有一些独特的优势。美国 337 调查具有一般行政诉讼程序和司法程序所不具有的特征，如高效简洁实用的程序、较短的调查期限、严格的救济措施等。特别是经过多次修改后，ITC 权力不断扩大，同时美国 337 调查的申请门槛在某种程度上有所降低，美国国内企业能更容易证明进口产品侵犯其知识产权，从而提高 OEM 诉诸美国 337 调查的积极性。越来越多的 OEM 频繁利用 337 条款对进口产品提起侵权调查。

（一）ITC 的权力较多

1974 年以前，在美国 337 调查案件中，美国关税委员会仅是一个咨询机关，主要负责将有关的违法情况报告给美国总统。在美国《1974 年贸易法》施行后，美国关税委员会更名为美国国际贸易委员会，成为 337 条款下违法行为及处罚措施的裁决机关。同时，ITC 拥有广泛的管辖权及通过民事诉讼程序强制执行其禁令的权力，而且在进行美国 337 调查和签发救济措施的过程中拥有相当大的自由裁量权。

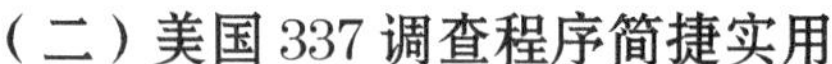

（二）美国 337 调查程序简捷实用

有别于美国联邦地区法院的知识产权诉讼，美国 337 调查程序具有简捷实用的特点，具体体现为以下几点。

1. 具有对物诉讼的性质

在美国 337 调查程序中，ITC 既行使对人管辖权[1]，又行使对物管辖权[2]。以一般的知识产权侵权案件为例，美国联邦法院受理必须以对人管辖为基本原则。但是，在美国进口贸易实践中，多数情况下是难以或无法找到具体的侵权实施者的。这必然会给诉讼中的申诉方举证带来极大的麻烦。以 337 条款为依据进行的调查并非针对某特定的侵权行为人，而是针对某特定的侵权进口物品。

2. 被诉对象广泛

美国 337 调查适用宽泛的共同诉讼规则。根据 337 条款的规定，调查涉及的对象非常广泛，如与产品相关的所有人、进口商和承销商向美国的进口、为进口而销售或进口后在美国的销售等，而不必是法院诉讼所要求的特定侵权行为实施者。

---

[1] 应向哪个州法院或联邦法院起诉是由对人管辖权制度决定的。确认法院享有对人管辖权必须符合：法院须对特定的财产或特定当事人具有使其承担责任的权力，这是实体正当程序的要求；法院必须已经给予被申请人有关该诉讼足够的通知及接受听审的机会，这是程序上的正当要求。齐树洁 . 美国司法制度 [M]. 厦门：厦门大学出版社，2006.

[2] 对物管辖权是对人管辖权的补充，对物诉讼（in rem action）和准对物诉讼（quasi in rem action）派生了对物管辖权和准对物管辖权。对物诉讼的目的并不是寻求对人科以责任，而是影响某人对特定财产的利益。当然，也存在特殊情况，对物诉讼将影响到所有的人对物的利益，如海事案件中船舶从一定的意义上讲是被申请人，针对船舶的对物诉讼将影响到所有与船舶有关方的利益。准对物管辖权是基于对被申请人在法院地的财产（包括无形财产，如债务等）的扣押而取得的管辖权，介于对人管辖和对物管辖之间。对财物或无形财产的扣押并非诉讼的目的，而是作为一种满足将来对被申请人判决执行的方式。齐树洁 . 美国司法制度 [M]. 厦门：厦门大学出版社，2006.

3. 调查申请条件相对较低

虽然申请人的请求应当满足美国 337 调查的相关要件，但是否满足要件的证明要求在诸多方面已经降低，甚至取消。

其一，美国 337 调查只需申诉方在向 ITC 申诉时，证明国外进口产品存在不公平行为并侵犯其在美国的有效和可执行的知识产权即可。虽然 337 条款要求申诉方必须符合存在美国国内产业这一要件的要求，但经过多次修正后，这一要件的证明要求不断降低。

其二，一般而言，侵权产品进口行为的成立要基于损害后果。《1988 年综合贸易与竞争法》修改后，337 条款将其调查的案件分为两类，即知识产权案件和非知识产权案件，并规定不同的立案条件。《1988 年综合贸易与竞争法》对美国 337 条款进行修改时，仅对适用于普通法的商标、商业秘密及其他非登记注册的知识产权侵权产品进口行为规定了严格的损害后果，对于涉及专利、联邦注册的商标、登记的版权、外观设计和掩膜作品[1]的侵权产品进口行为，申请人无须证明给美国国内产业造成损害，只要有进口侵权产品的行为且存在美国国内产业，就构成违法，不再要求以“其对国内产业造成损害”为要件。

这一修改为那些可能无法满足损失证明要求的申请人提供起诉的机会，而且降低了申请人的成本压力。在修正案之前，一个美国 337 调查案件的多半诉讼成本要用于证明损害方面，这使很多潜在的申请人无法运用 337 条款。[2]由于针对打印耗材行业提起的美国 337 调查主要是围绕专利权展开，因此损害要件不是申请人需要证明的内容，被申请人一般也无须围绕此要件拟定应诉策略。

---

❶ 掩膜产品，即我们习惯所称的集成电路布图设计。

❷ 汤姆·迈克尔·萧姆伯格．美国国际贸易委员会 337 调查律师实践指南 [M]. 4 版．钱文婕，李斯，译．北京：法律出版社，2022：3.

（三）调查期限较短

ITC 解决争议相对快速是权利人发起美国 337 调查的一个重要推力。虽然目前法律不再强制规定具体的诉讼期限，但是法律还是要求每个美国 337 调查案件在“切实可行的最早时间内”结案。[1]美国 337 调查通常要求调查应在 12 个月内结束，复杂案件也不能超过 18 个月，而美国联邦法院的诉讼通常需要 3 年或更长时间。这大大提高了美国权利方的维权效率，使其能在较短的时间内实现打击国外竞争对手的目的，而且有助于申请人更好地预测其诉讼成本及商业风险。

实际上，快速推进调查程序是与 ITC 及其调查参与者具有较高的专业素养分不开的。

（四）救济措施多样而严格

《1974 年贸易法》规定的救济措施主要是排除令和制止令（禁止令），而且两种救济方式不能同时使用。《1979 年贸易协定法》增加了 ITC 可以征收罚金。《1988 年综合贸易与竞争法》规定的救济措施更加多样化，包括授权 ITC 发布临时排除令；明确制止令既可以单独使用，又可以与临时排除令同时使用；对于违反制止令的，ITC 可以处以罚金；如果被申请人不应诉，那么 ITC 可以缺席判决；授权 ITC 发布扣押和没收令等。

众所周知，法院诉讼的救济手段往往以胜诉方获得败诉方一定数额的赔偿告终，美国 337 调查则不同。虽然 ITC 并不会像联邦法院那样，判决败诉一方承担一定的金钱性的损害赔偿，但ITC可以发布各种禁令[2]，包括将国外进口产

---

[1] 汤姆・迈克尔・萧姆伯格．美国国际贸易委员会 337 调查律师实践指南 [M]. 2 版．北京：法律出版社，2014：15.

[2] 美国联邦巡回上诉法院认为，传统的联邦地区法院发布禁令救济之前需要进行四要素分析的要求，不适用于委员会，因为委员会和联邦地区法院提供救济的方式不同。参见 Spansion Inc. v. U.S. International Trade Commission，629 F. 3d 1331（Fed. Cir. 2010）。汤姆・迈克尔・萧姆伯格．美国国际贸易委员会 337 调查律师实践指南 [M]. 2 版．北京：法律出版社，2014：6.

品从美国市场排除的普遍排除令和有限排除令。不但如此，依赖该产品的下游产品也可能受到不同程度的限制，而且可能是毁灭性打击。这是美国 337 条款让国外竞争者真正担心的地方。

从这个意义上讲，非金钱性赔偿比金钱性赔偿带来的益处更多，因为这些非金钱性赔偿的禁令可以使国外厂商部分甚至完全地失去在美国市场的竞争机会，并遭受毁灭性的打击，而这正是美国 337 条款为美国的知识产权权利人[1]所期待并使国外厂商望而生畏的主要原因。当然，这并不意味着美国 337 调查程序不会适用任何金钱性惩罚，根据美国 337 条款及 ITC 程序规则的相关规定，被诉方违反同意令或停止令将被裁定支付一定金额的处罚，如在 337-TA-565 墨盒案中 ITC 对违反停止令的中国企业处罚 1111 万美元。

第四节　美国 337 调查对我国打印耗材行业的多维度影响

OEM 充分利用其专利壁垒、本土优势及美国 337 调查规则，在美国市场中对我国通用耗材进行持续精准的专利阻击，通过获得普遍排除令、有限排除令、禁止令等方式，将我国通用耗材拒于美国市场外，在一定程度上达到稳定维护其市场的目的，对我国打印耗材行业发展产生相应的影响。

一、对美国市场的开拓陷入阻滞

根据中国产业经济信息网 2018 年公布的数据，2018 年佳能、惠普、爱普生、兄弟等厂商占据全球打印机市场 80% 以上的份额。打印耗材产品的需求呈现相对平稳且基本接近饱和的态势，行业规模虽大但增长率较低。在产品产

[1] 此处的知识产权权利人不仅是美国国内企业，而且在美国的国外企业也有专利权。

量、技术能力、产业配套及产品综合竞争力等方面，涉案中国通用耗材企业与美国及其他国家厂商相比存在一定差距。同时，在受到美国 337 调查的情况下，我国通用耗材企业对美国市场的开拓受到了阻滞。

二、被调查企业遭受巨额损失

受到美国 337 调查的中国企业遭受各种直接的经济损失。

一是企业涉案产品因被排除出美国市场而导致货损。一旦 ITC 确认涉案产品侵权成立，则被调查企业的侵权产品可能面临被排除甚至没收的风险，这是企业受到的直接损失。我国一些墨盒生产企业遭受美国 337 调查后，因为可能面临 ITC 发出的普遍禁止令，所以不少企业在美国市场中大量清货，上百家耗材厂面临退市，直接损失相当惨重。[1]

二是被调查企业需要承担聘请律师和相关专业人员的额外费用。如果被调查企业准备应诉，就要聘请美国律师，花费高昂的费用。据悉，打印耗材 337-TA-565 调查案中，仅聘请美国律师的费用就达 1500 万美元。对我国企业来说，尤其是中小型企业，这种动辄数百万美元甚至上千万美元的律师费用是一个沉重的负担。

三是被申请人在和解案中可能要支付高额的和解费用、违反同意令或禁止令可能导致的巨额罚金及案件后续处理中需支付的高昂律师费用等。

除上述损失之外，被调查企业还有其他隐性损失。虽然这部分损失多不体现为直接的现金支出，但实际上它们往往是更重要损失的源头，如失去美国市场等。

---

[1] 丁菲菲 . 爱普生初胜“337 墨盒调查”，20 多家中国厂商 4 月惨别美国市场 [J]. IT 时代周刊，2007（4）.

三、可能带来的积极影响

前文都是对美国337条款带来的消极影响的分析。实际上，美国337调查也为我国企业带来一定的积极影响。

首先，美国337调查对我国企业创新意识的增强产生积极的推动作用。企业在创新发展的过程中，有时外部压力的作用甚至会强于内部动力。虽然美国专利权人频繁地利用美国337条款向我国企业发难，但这在某种意义上是向我国企业的知识产权提出挑战。实践证明，知识产权优质的企业往往能够经得起考验，并在国际诉讼中开阔视野、增强信心和国际竞争力，例如，天威、纳思达等行业龙头企业在应对美国337调查时坚持不懈、积累经验，在337-TA-1106案中实现突围。

其次，美国337调查为我国产业结构发展调整带来契机。是否对美国产业构成实质性损害或存在威胁，是美国337调查的一项重要内容。作为被诉方的中国企业可能会从调查中获得美国产业发展的真实信息，如果被ITC认定为构成损害，那么这或许表明美国的该产业尚不够强大，我国相关产业企业仍大有作为。我国企业通过对美国产业信息的一定了解和分析，可以确定自身在国际市场中的地位，为其市场调整、产业结构调整提供大量有益的参考，并为企业在国际市场中的发展提供相对客观的参照。

最后，美国337调查对我国知识产权保护相关法律制度的影响。在经济全球化发展过程中，对外投资和贸易的发展离不开专利及其他知识产权的保障。美国经济实力的保持、提高在很大程度上有赖于其具有一定优势的知识产权和知识产权法律制度。我国的知识产权法律制度建设及其带来的经济效益和社会效益会在一定程度上受到其影响。

第二章　美国 337 调查程序的要点

针对打印耗材进行的美国 337 调查均要遵循一般的立案程序。美国 337 调查案件可以由申请人提起或者 ITC 自行发起，但多数情况是由申请人提起，并提交申请书。ITC 进行立案后，会立即向被申请人送达申请书副本及调查通知。被申请人将面临是否应诉、如何应诉等问题。

第一节　美国 337 调查的启动

如果申请人要向 ITC 提起美国 337 调查，就必须满足一些条件，如 ITC 对案件具有管辖权、申请人属于适格申请人、满足美国国内产业与进口的要求、不存在双方达成的妨碍美国 337 调查的其他仲裁协议等。

一、申请书的提交

如前文所述，美国 337 调查可以行使对物管辖权。一旦被申请人的产品正进入美国或向美国境内运输，ITC 就可以针对这些产品的进口行为采取救济措施。这项宽泛的管辖权对寻求在同一诉讼中加入数个侵权人的知识产权人而言极具优势，特别是在某些或全部侵权人是国外实体且与美国的联系颇为有限的情况下。[1]

---

[1] 汤姆・迈克尔・萧姆伯格. 美国国际贸易委员会 337 调查律师实践指南 [M]. 2 版. 北京：法律出版社，2014：12.

（一）提交申请书的时间

申请人应以书面形式将调查申请提交至 ITC 秘书处（Office of the Secretary），由 ITC 发起调查。虽然美国 337 条款对申请人提出申请的时间没有限制，但从打印耗材 OEM 提起诉讼的时间来看，提出申请的时间还是有所选择的。

在表 2-1 中，从提起美国 337 调查的时间来看，在佳能作为申请人提起的美国 337 调查中，337-TA-731 案是第一起打印耗材 337 调查，提起时间恰巧是被申请人成立 10 周年之际，337-TA-829 案、337-TA-1106 案则分别是春节假期；爱普生提起的 337-TA-565 调查案也是在中国春节后不久。在这种时间节点提起美国 337 调查，或许是巧合，或许是有意为之，但都产生了突袭效果。[1]

表 2-1　打印耗材企业提起美国 337 调查的时间

案号	提起时间	申请人
337-TA-565	2006 年 2 月	爱普生
337-TA-581	2006 年 8 月	惠普
337-TA-691	2009 年 9 月	惠普
337-TA-711	2010 年 3 月	惠普
337-TA-723	2010 年 5 月	惠普
337-TA-730	2010 年 6 月	惠普
337-TA-731	2010 年 6 月	佳能
337-TA-740	2010 年 8 月	利盟
337-TA-829	2012 年 1 月	佳能
337-TA-918	2014 年 5 月	佳能
337-TA-946	2014 年 12 月	爱普生
337-TA-960	2015 年 6 月	佳能
337-TA-1011	2016 年 5 月	惠普
337-TA-1106	2018 年 2 月	佳能
337-TA-1174	2019 年 8 月	兄弟

[1] 自公告之日起，被申请人通常有 20 天时间针对申请书提交答辩书。由于时间本就很短，再加上春节假期，所以对中国企业而言时间更是捉襟见肘。

（二）申请书的主要内容

申请书的主要内容应包括申请人的基本信息，涉嫌侵权产品的生产商、进口商或经销商的相关信息，对涉案知识产权的描述，对涉嫌侵权的进口产品的描述，国内产业情况及申请人在该产业中的利益，涉案知识产权正在进行的其他法院诉讼或知识产权程序，具体请求等。

下面为 337-TA-565 案的申请书目录。该申请书由申请人爱普生提交。

（三）申请书的修改

立案前，申请人可以自主决定修改申请书的内容，而一旦正式立案后，对

申请书的修改就必须以动议的方式提出，并获得行政法官的批准。对于修改申请书中的细微错误的动议，行政法官一般会予以批准；而对于增加被申请人、增加或变更涉案专利的请求、增加涉案专利等实质性修改的动议，行政法官除考量各方当事人的权利和公共利益均不受影响之外，通常要求申请人在合理的时间段内提出动议，并有适当的理由。

二、申请人

美国 337 调查中的申请人[❶]是依据相关法律向 ITC 提出申请，声称其一项或多项知识产权受到侵犯，或者受其他不公平行为影响的当事方。申请人与被申请人作为当事人，都应该具有适格性。[❷]

（一）申请人的适格

在涉及知识产权的美国 337 调查案中，无论美国企业（自然人）还是非美国企业（自然人），只要认为进口产品侵犯了其在美国登记或注册的专利权、商标权、版权或集成电路布图设计权，并能够证明美国国内已经存在或正在形成相关产业的，都可以依法向 ITC 提起调查申请。

在一起美国 337 调查中，申请人可以是一个或者多个实体或自然人。以爱普生诉纳思达等 337-TA-565 墨盒案为例，作为申请人的 3 家爱普生公司的所

❶ 很多有关美国 337 调查的著述都将申请人与被申请人称为原告与被告。由于美国 337 调查与法院程序存在差异，所以此种做法容易产生混淆。本书在美国 337 调查程序及海关程序中采用申请人与被申请人的称谓。只有在平行诉讼或者美国联邦法院对案件的审理中，本书才使用原告与被告的称谓。

❷ 当事人适格也称正当当事人或者合格的当事人，是指对于特定的司法程序可以自己的名义成为当事人的资格。有权机关只有针对适格当事人作出裁判才有法律意义，也只有正当当事人才会受裁判的拘束。对于不适格的当事人，应裁定驳回申告或者更换。因此，当事人是否适格是有权机关裁判有效的前提。

在地分别为美国、美国和日本。[1]

此外，在专利权存在共同权利人、被许可人的情况下，原则上提起美国337调查的申请人应拥有涉案专利的全部实质性权利。若申请人仅是部分实质性权利的权利人，则其他权利共有人应作为必要的共同申请人进入美国337调查程序。若其他与申请人享有全部实质性权利的权利人并未共同提起美国337调查程序，则被申请人有权要求驳回申请人的起诉，也有权要求必要的共同申请人追加至美国337调查程序中。

（二）打印耗材原始设备制造商是提起美国337调查的主力

打印耗材行业美国337调查的申请人都是原始设备制造商。打印耗材产品的专利门槛相对较高。企业发展到一定程度，其积累的知识产权风险也随之加大。如果企业没有处理好技术创新与专利规避，那么被原始设备制造商列入维权名单只是时间问题。全球原装打印机制造商爱普生、佳能、惠普、兄弟等公司是美国337调查的主要发起人，涉案产品包括墨盒、打印头、碳粉盒及其相关组件等。

截至2020年12月，打印耗材行业美国337调查共有15起，提起美国337调查的申请人是爱普生、惠普、佳能、利盟和兄弟。其中，惠普和佳能较为活跃，2010年之前惠普较为活跃，2010年之后佳能提起5起美国337调查，成为美国337调查申请人的主力（见图2-1）。随着市场竞争愈发激烈，为争取更大的市场份额，惠普和佳能在打印领域中建立战略合作关系（惠普激光打印机由佳能制造），强强联合，相互支持，在欧美地区对再生和兼容厂家及销售商频繁发起知识产权维权。在佳能提起337-TA-1106调查案及相关诉讼时，惠普发表声明支持佳能的维权行动。

---

[1] 3个申请人分别是爱普生波特兰公司、爱普生美国公司、精工爱普生公司。

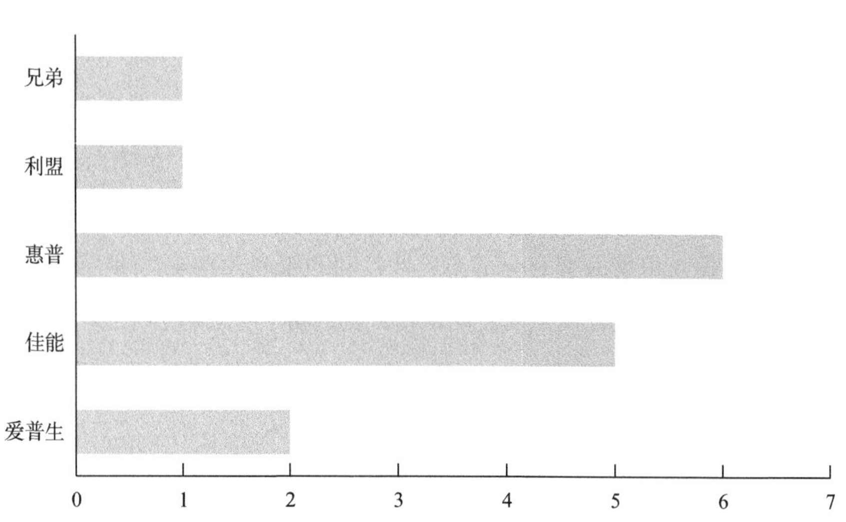

图 2-1 打印耗材原始设备制造商提起美国 337 调查的数量

三、被申请人

被申请人包括涉嫌侵权产品的生产商、进口商或经销商，相当于美国联邦地区法院诉讼程序中的被申请人。申请人应当在申请书中列出被申请人的基本信息。

涉案产品的制造商（无论是否直接对美国出口产品），以及将涉案产品进口至美国的进口商或在美国销售已进口涉案产品的销售商或零售商，都可能成为美国 337 调查的被申请人。

由于美国 337 调查是针对进口产品直接发起的，因此并不要求 ITC 具有属人管辖权。相对于美国联邦地区法院的诉讼而言，ITC 程序能够更加有效地获取外国被申请人的证据。这使一些企业更愿意利用 ITC 程序调查外国企业。[1] 一般来说，不同案件的被申请人的数量差别非常大，有些案件中只有一个申请人，而有些案件中被申请人的数量可以达到几十个。仍以 337-TA-565 案为例，该案中被申请人的数量达到 24 个，被申请人分别来自中国、美国、德国及韩

[1] 冉瑞雪 . 337 调查突围——写给中国企业的应诉指南 [M]. 北京：知识产权出版社，2015：12.

国。在 337-TA-918 案中，被申请人的数量达到 33 家，被申请人分别来自中国、美国。

除 337-TA-960 案只有 2 名被申请人之外，打印耗材美国 337 调查中被申请人的数量总体呈上升趋势。原装耗材厂商通常将供应商和其经销商一起列为被申请人，一个供应商对应一个或多个经销商。这样一来，美国 337 调查涉及的打印耗材企业，尤其是中小型企业占比较大。

在打印耗材领域，由于大多数的核心专利都集中在佳能、爱普生、惠普等原始设备制造商手中，每个权利人都会分割或垄断一部分市场，所以每起美国 337 调查的发起都是一次原始设备制造商对几十家企业或全行业的打击；相较于原始设备制造商，通用耗材企业大多是中小型企业。打印耗材美国 337 调查总体呈现“一打多、大打小”的趋势。

被申请人是通用耗材生产商及销售商，主要是通用耗材中国生产商及美国经销商。其中，很多企业多次涉案，实际被美国 337 调查的企业共有 218 家，中国被申请人有 60 家，国外被申请人有 158 家。国外被申请人中，美国企业约占 92%，其中大部分是中国被申请人产品的分公司或经销商。这些美国分公司或经销商多次涉案，而且在不同案件中所关联的中国生产商也不同，也就是说，这些美国经销商是中国生产商的共同或交叉经销商。

四、涉案专利

对于美国 337 调查中的知识产权案件，申请人需要证明进口产品存在侵犯知识产权的行为。对打印耗材行业的美国 337 调查而言，申请人需要证明被申请人的墨盒、碳粉盒等耗材产品存在侵犯知识产权的行为。美国 337 调查程序对侵犯知识产权行为的判断，适用美国专利法、商标法、版权法和商业秘密法等实体法。

（一）涉案专利的数量较多

打印耗材行业原始设备制造商为了保持打印耗材可观的利润，围绕小小的打印耗材布局大量专利，一个墨盒、碳粉盒甚至有成百上千项权利，对打印耗材进行立体保护。

从图 2-2 可知，美国 337 调查涉案专利的数量相对较多，为 2~15 个。被申请人及涉案专利数量的明显增加会让被申请人感到压力，从而影响其心态与应对决策。

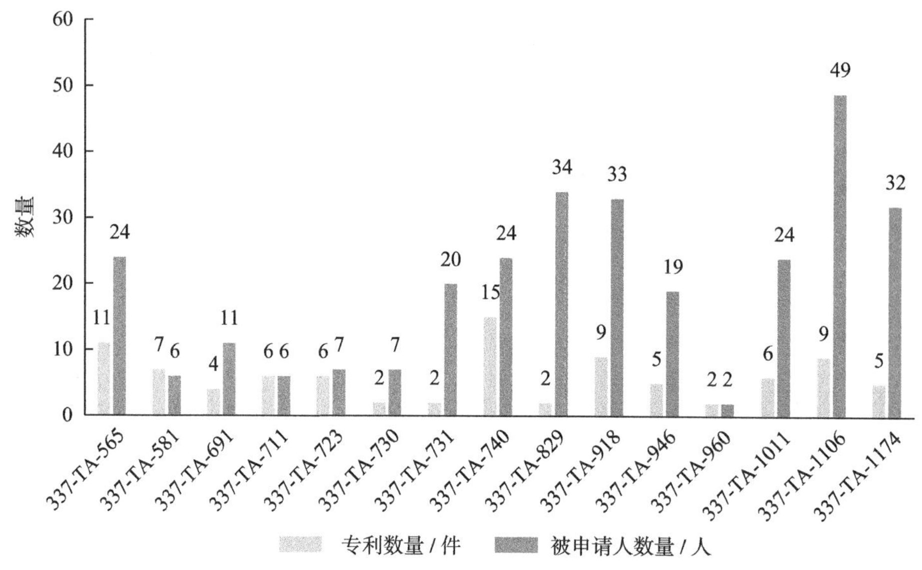

图 2-2 打印耗材行业美国 337 调查案件中主张专利及被申请人的数量

（二）涉案专利：以 337-TA-565 案为例

337-TA-565 案涉及的美国发明专利有 US5615957、US5622439、US5158377、US5221148、US5156472、US5488401、US6502917、US6550902、US6955422、US7008053、US7011397，共 11 项。其中，前 9 项发明专利由 4 个同族专利组成，即由 US5615957、US5622439、US5158377、US5221148 及 US5156472

组成的海绵家族；由 US5488401 组成的包裹、密封元件家族；由 US6502917、US6550902 组成的芯片家族；由 US6955422 组成的紧缩件与芯片家族（见表 2-2）。虽然同族的专利有时具有相同或几乎相同的说明书，但它们各自有针对不同发明权利的要求。由于发明专利 US7008053 和 US7011397 在爱普生初次提交调查申请时仍未授权，所以其在申请中提出将在相关专利授权后加入本次涉案专利。

表 2-2　337-TA-565 案涉及的专利

序号	专利号	专利名称	涉及的权利要求
1	US5615957	用于点阵式打印机的供墨罐	第 7 项
2	US5622439	用于点阵式打印机的供墨罐	第 18 项、第 81 项、第 93 项、第 149 项、第 164 项、第 165 项
3	US5158377	用于点阵式打印机的供墨罐	第 83 项、第 84 项
4	US5221148	包括一个几乎充满整个墨水罐的吸墨元件的点阵式打印机墨水供应系统	第 19 项、第 20 项
5	US5156472	包括一个几乎充满整个墨水罐的吸墨元件的点阵式打印机墨水供应系统	第 29 项、第 31 项、第 34 项、第 38 项
6	US5488401	喷墨记录装置及其墨盒等	第 1 项
7	US6502917	喷墨打印设备及其墨盒	第 1 项、第 2 项、第 3 项、第 9 项
8	US6550902	喷墨打印设备及其墨盒	第 1 项、第 31 项、第 34 项
9	US6955422	喷墨打印设备及其墨盒	第 1 项、第 10 项、第 14 项
10	US7008053	墨盒和记录装置	第 1 项
11	US7011397	墨盒和调节液体流动的方法	第 21 项、第 45 项、第 53 项、第 54 项

相关涉案专利的具体技术特征如下。

1. 海绵家族

此族的专利主要包括表 2-2 中第 1~5 项专利，描述一种海绵状的吸墨元件。一些权利要求所体现出的一个创新性特征是所述吸墨元件大致填充了墨水罐。

因此，墨水罐内的墨水得以稳定，打印时墨水的急速流动导致墨水出现泡沫的现象也得以避免。另外，吸墨元件调节了墨水罐内几乎所有墨水的流动。同时，因为吸墨元件控制墨水罐内几乎所有墨水，所以可以避免墨水通过气孔从墨水罐中溅出或流出。

一些权利要求所体现出的另一个创新性特征是在供墨口附近的吸墨元件将被挤压。这些权利要求所述的供墨口被设计成从墨水罐底壁延伸至内侧，墨水通过该供墨口流出墨水罐。当吸墨元件被放置在墨水罐中时，供墨口将挤压海绵状的吸墨元件。所述挤压作用使吸墨元件靠近供墨口的孔比远离供墨口的孔小，这将使吸墨元件内的毛细作用加强，帮助墨水通过吸墨元件流向、流出供墨口。因此，墨水不只被限制在吸墨元件中，还有大量墨水可以被使用。

一些权利要求所体现的一个创新性特征是一个允许外面空气进入墨水罐的位于墨盒外壳的气孔。所述气孔具有一系列优点。在墨水罐中的墨水用掉后，空气将填充该墨水的位置，从而避免形成强大的负压。若形成上述负压，则会导致墨水从墨水罐中不可控制地外流。另外，气孔可使墨水罐内的气压与外界气压在外界环境变化时保持一致，如气温或气压波动等。保持一致的气压可以避免非理想状态下供墨口的墨水外流。

一些权利要求还直接对形成墨水罐盖子的凸起部分进行描述，所述凸起部分位于壁面的内表面。当盖子被放置在墨水罐上时，凸起部分向下挤压，向吸墨元件施加一个压力，将吸墨元件推向供墨口，使墨水流出墨水罐。另外，如很多权利要求所述，凸起部分在墨水罐盖子和吸墨元件之间创造了一个空间。该空间可使外面的空气进入墨盒，若墨水罐内的空气膨胀使墨水流动，那么该空间可使墨水流动，而不会使墨水被挤出墨水罐，从而可以避免墨水通过供墨口或气孔向外流出。

个别权利要求还描述了如何在极度低压的情况下完全浸润吸墨元件，这样几乎可以消除吸墨元件内的所有气泡。

2. 包裹、密封元件家族

该族专利主要是表2-2中第6项专利，主要描述与海绵填充的供墨盒相联系的包裹元件和密封元件。

3. 芯片家族

该族包括表2-2中第7项、第8项专利，主要描述一种安装在墨盒一边的创新性的半导体设备（芯片）。所述半导体设备储存墨盒所装墨水等信息。当墨盒被安装在打印机上时，半导体设备的触点连接至打印机上，二者进行信息传递，从而有利于该半导体设备及其触点的创新性排线与布置。例如，当芯片上方的凸处因用户使用造成意外损害时，该半导体设备能够避免错误连接、不恰当信息传递及电线短路。

4. 紧缩件与芯片家族

该族专利包括表2-2中第9~11项专利，描述了一种包含一个芯片（存储设备）和一个用于将墨盒及固定在打印机上的托架固定在一起的紧缩件的设备。

（三）原装耗材厂商更加注重耦联接口、电连接类专利维权

在15起美国337调查中，337-TA-565案涉及的专利多是机械类结构专利，如海绵、阀等相关专利，虽然芯片专利也有涉及，但相较于机械类结构专利少。337-TA-946案涉及的专利都是与芯片电连接相关的，由于兼容墨盒必须与原始设备制造商打印机相配，所以芯片电连接在某种意义上在所难免。由于原始设备制造商的专利权利要求保护多，所以兼容行业规避设计几乎避无可避。

在佳能的美国337调查中，337-TA-731案涉及的专利是扭曲齿轮相关的碳粉盒，佳能利用两个核心专利打击耗材行业的龙头企业，要求的是有限排除令；在龙头企业签订同意令后，佳能利用相同的两件专利再次提起337-TA-829案，要求普遍排除令，最后得偿所愿获得普遍排除令。在扭曲齿轮专利即将到

期前，佳能又开发了万向节齿轮相关的碳粉盒，提起 337-TA-918 案，并成功地获得了普遍排除令。之后，一些兼容行业企业相继推出了突破 337-TA-918 案的创新设计，并得到美国海关确认不在 337-TA-918 案的普遍排除令范围内。此后，佳能利用美国专利继续申请制度，对 337-TA-918 案的相关专利保护范围进行扩大，并提起了 337-TA-1106 案，使 337-TA-918 案的创新设计再次被 337-TA-1106 案所涉专利覆盖。扭曲齿轮和万向节齿轮均是碳粉盒与打印机相关的连接结构，原始设备制造商在这些连接配合的结构上不遗余力地进行创新接力专利布局。

五、涉嫌侵权的进口产品

由于美国 337 条款主要针对进口贸易中的不公平行为，因此可以认为进口行为是引发美国 337 调查的导火索。美国 337 调查适用于进口产品侵犯知识产权的行为和其他不公平竞争方式或不公平行为。这一规定也指明美国 337 调查的管辖权力。符合管辖范围的要求是启动美国 337 调查程序的必要条件，因此对管辖范围的解释尤为重要。

在 337-TA-565 案中，申请人爱普生指出，涉案产品为用于向其黑白和全彩喷墨打印机供墨的可替换墨盒，被申请人的一些墨盒采用了爱普生应用于某几代产品的专利技术。例如，被申请人采用的用于爱普生 HAV Ⅰ或 HAV Ⅱ墨盒的阀门结构受专利保护。因为该阀门结构难以生产制造，所以部分被申请人选择不使用该阀门结构，而直接使用有专利保护的海绵设计。因此，此类情况的涉案产品虽然在墨水罐中有海绵结构，但没有阀门结构。但是，所有涉案产品均包含一个到多个涉案专利中的保护结构。

（一）美国 337 条款中的“进口”概念

ITC 对“进口”概念的解释通常与美国海关一致，即“带着卸货的意图，将货物运到美国有管辖权的地方”。不过，美国337调查管辖包含波多黎各，不包含其他美国海外领土，并且外国货物进入外贸区或者保税仓库并不被认为是进口（除非货物离开外贸区或者保税仓库进入美国并被消费），但是几乎所有其他类型的进口都可以满足法律条文对进口的要求。

美国337调查中所说的产品进口包括如下行为：①将产品进口到美国；②为了进口而销售；③在产品进口到美国后由所有人、进口商或承销商在美国销售；④与上述3种行为存在密切联系的行为。

美国337条款对进口行为的定义相对比较宽泛，从其他国家进口产品到美国、为了进口到美国而进行销售的行为等都可能被作为满足进口的要件。即使发生在外国的为进口而销售的行为及在美国境内发生的零售或代理行为，如果涉及侵权产品，也可能受到美国337条款管辖。在这样的情形下，除比较特殊的情况之外，进口通常不会成为一起打印耗材行业337调查案件的争议点。此外，美国337条款并没有对进口的产品数量作出要求。这意味着即使被申请人只进口了一件产品，出于商业目的的样品宣传也可以成为进口。进口一件样品或一份远期的美国进口销售合同，就足以满足存在进口这一要件。[1]

综上所述，美国337调查涉及的打印耗材进口的具体含义为：①打印耗材产品进口到美国；②为了进口打印耗材产品而销售；③在打印耗材产品进口到美国后由所有人、进口商或承销商在美国销售；④与上述3种行为存在密切联系的行为。

此外，ITC对进口发生的时间并没有特别的限制。事实上，即使在提交申请后甚至在提交申请前，被申请人就已经停止进口侵权产品，侵权产品的进口行为仍然可以被认定为违反美国337条款。[2]

---

[1] 汤姆·迈克尔·萧姆伯格.美国国际贸易委员会337调查律师实践指南[M].2版.北京：法律出版社，2014：8.

[2] 冉瑞雪.337调查突围——写给中国企业的应诉指南[M].北京：知识产权出版社，2015：49.

（二）美国337条款关于进口规定的适用

进口适用主体。在经营者方面，美国337调查所称的经营者包括打印耗材产品所有人、出口商、进口商；未直接与美国进口商交易的国外打印耗材进口商和经销商；美国境内的打印耗材经销商，甚至重要消费者。以上经营者均包含其任意代理商。

进口适用管辖要件。如果侵权产品仅在美国以外的国家与地区被制造和销售，与进口美国没有联系，就不属于美国337条款的管辖范围。此外，如果是经过美国政府同意，其进口的打印耗材产品享有豁免权，就不属于美国337条款的管辖范围。

进口适用行为要件。美国337调查所称的侵权行为，不仅包括侵犯知识产权的行为，而且包括其他不公平竞争行为，甚至虽本身并不侵权，但间接或诱导侵权的行为。

进口适用阻却性事由。在上文关于非法进口适用的专利、版权、掩膜产品或设计的陈述中，ITC作出的排除令或其他命令不得适用于如下打印耗材产品：基于美国政府授权或同意的，美国进口且为了美国使用的打印耗材产品，为了美国进口和美国使用的进口打印耗材产品。如果因此使本可被排除入境的产品得以入境，则受到负面影响的关于打印耗材的专利、版权、掩膜产品或设计的权利人应有权向美国联邦巡回上诉法院提起诉讼，并获得合理、全额的赔偿。

在美国337调查中，只要发现进口贸易侵犯了美国的专利权、著作权、商标权、集成电路布图设计权、专有设计权，并且美国国内存在相关产业，就可认定违反了美国337条款，而无须证明侵权导致美国国内相关产业的损害或者损害威胁。这一要求与其他贸易救济相比，门槛明显较低。以美国反倾销措施为例，它必须符合3个条件：存在低于公平价值的销售（即倾销）、存在对美国产业的损害、倾销与损害之间存在因果关系。与美国国内的知识产权诉讼相比，美国337调查的构成要件也更为简单。在美国的知识产权诉讼中，起诉一方必须证明存在侵权行为、损害结果及二者之间的因果关系。美国 337 调查实体标准的大幅度降低，也在一定程度上激励了美国企业更频繁地运用美国 337 调查来抵制外国产品的进口。[1]

美国 337 调查对进口产品侵犯美国知识产权的行为适用如下两种情况：一是针对非知识产权侵权的不公平行为，具体是打印耗材产品（不包括知识产权侵权货物）进口时，或其所有人、进口人、收货人及代理人在美国销售时，其效果或威胁足以破坏或严重损害美国打印耗材行业，或阻碍打印耗材行业的建立，或限制或者垄断美国的贸易或商业，即可认定为非法进口，ITC 即可启动美国 337 调查。二是针对知识产权侵权的不公平行为，具体是打印耗材产品进口或其所有人、进口收货人及代理人在美国销售时，存在侵犯美国有效的专利权、著作权、商标权、集成电路布图设计权、专有设计权等知识产权的不公平行为，并且美国国内存在相关的打印耗材行业或者该产业正在建立时，即可认定为非法进口，ITC 即可启动美国 337 调查。

美国 337 调查具有启动调查简便、救济措施严格、打击范围广大等特点。虽然美国 337 条款规定了上述两种情况，但是实践中 90% 以上的美国 337 调查是针对知识产权侵权的。这是我们在分析、制定应对策略的时候必须注意的。[2]

（三）打印耗材美国 337 调查涉及的进口产品

根据美国 337 条款的规定，产品进口到美国，为了进口而销售，或由所有人、进口商或者承销商在产品进口到美国后销售，侵犯知识产权的，均属于侵权行为。

1. 涉案产品主要来自中国

从涉案产品来源看，在截至 2020 年 12 月的 15 起美国 337 调查中，以涉

---

[1] 朱鹏飞．美国关税法 337 条款的国内产业要件研究及其应对 [J]. 南京社会科学，2011（7）：103-108.

[2] 丁丽瑛．中国应对美国“337 调查”的知识产权策略思路 [J]. 厦门大学法律评论，2007，13（1）：249-259.

案生产商是中国企业及涉案经销商的产品来自中国企业为标准，有 8 起美国 337 调查的涉案产品全部来自中国、4 起美国 337 调查的 70% 以上涉案产品来自中国。打印耗材美国 337 调查案的主要调查对象是中国的打印耗材制造或出口企业。

2. 进口产品的范围

中国打印耗材在美国 337 调查中的主要进口产品是喷墨打印机配套使用的墨盒、打印头及其相关组件，以及激光打印机配套使用的碳粉盒及其相关组件。

3. 涉案产品具有明显的阶段性

从涉案产品来看，以 2010 年为分界点，从 2006 年到 2010 年，打印耗材行业的涉案产品集中的是喷墨墨盒，美国 337 调查主要由爱普生和惠普提起，喷墨打印业务是这两家原装厂商的主要业务。随着打印市场的发展变化，激光打印日益增多，自 2010 年以来，美国 337 调查的主要涉案产品是激光碳粉盒，主要由佳能提起（见表 2-3）。

表 2-3 打印耗材行业美国 337 调查的涉案产品

案号	申请人	涉案产品
337-TA-565	爱普生	喷墨墨盒
337-TA-581	惠普	喷墨墨盒
337-TA-691	惠普	喷墨墨盒
337-TA-711	惠普	喷墨墨盒
337-TA-723	惠普	喷墨墨盒
337-TA-730	惠普	喷墨墨盒
337-TA-731	佳能	激光碳粉盒
337-TA-740	利盟	激光碳粉盒
337-TA-829	佳能	激光碳粉盒
337-TA-918	佳能	激光碳粉盒

续表

案号	申请人	涉案产品
337-TA-946	爱普生	喷墨墨盒
337-TA-960	佳能	激光碳粉盒
337-TA-1011	惠普	喷墨墨盒
337-TA-1106	佳能	激光碳粉盒
337-TA-1174	兄弟	激光碳粉盒

喷墨产品美国 337 调查减少的原因，一方面是原始设备制造商能用于提起美国 337 调查的专利数量相对减少；另一方面是之前的喷墨产品基本都拿到了普遍排除令，使涉嫌侵权的产品大幅度减少。

4. 涉案产品数量多

除呈现前期喷墨和后期激光的特点之外，涉案产品的另一个重要特点是数量多。每起美国 337 调查的涉案产品都有数十款甚至数百款，有时一个被申请人就有数十个型号产品涉案。

六、美国国内产业情况

在确定美国是否存在国内产业这一问题上，应考虑申请人是否在厂房和设备方面进行了重要的投资、是否雇用了大量劳动力或者筹措了大量资金、是否对涉案知识产权的开发进行了设计、研发或许可等重大投资活动。

（一）美国国内产业存在的情形

具体而言，根据美国 337 条款的规定，存在以下情形中的任一情形时，应当认为与打印耗材涉及的专利等相关的国内产业存在。①存在对工厂和设备的实质性投资；②存在相当数量劳动力的雇用或相当数量资金的投入；③在工程、研究、开发或发放许可证等方面进行了大量投资。ITC 认为，尽管《福特尼－麦

坎伯关税法》第 316 节和《1930 年关税法》第 337 节均没有关于何为产业的解释，但是美国 337 条款不能被简单理解为仅适用于制造业。ITC 确定了产业的标准：任何有系统的活动，该活动为了创造价值而对美国的土地、劳动力及资本有着重要的使用的，均可以构成美国 337 条款所称的国内产业。因此，美国产业并不要求整个产品的生产都在美国进行，为了创造价值在相当程度上使用了美国的土地、劳动力及资本的，均可以构成美国 337 条款所称的产业。

在上述规定中，前两种情形源于名为“Airtight Cast-Iron Stoves”的美国 337 调查案（案号为 337-TA-069），目的是使美国 337 条款能够适用于在美国并没有制造行为的美国国内产业。1980 年，在 Airtight Cast-Iron Stoves 美国 337 调查案中，ITC 判定该案的申请人在美国国内虽然没有制造行为，但有销售、修理及服务等行为，并且申请人的活动包括在美国国内设有 15 个发货站及 750 家零售商。ITC 认为该案存在美国 337 条款所称的美国产业，并将美国国内产业界定为包括申请人的发货站及零售商。虽然该案不属于针对打印耗材行业的调查，但对美国国内产业的认定仍具有参考意义。

第三种情形是美国在《1988 年综合贸易与竞争法》中增加的，该规定是为了保护那些对知识产权的开发利用有一定投资，但是在美国没有相关的制造或者服务活动的开发利用者（如高等院校、科研机构等）。其目的是调动知识产权人将其权利授予制造商的积极性。

而知识产权的利用行为（实践中多是专利许可行为）构成国内产业是在 1988 年美国 337 条款修改时增加的内容。这一条件可能因被不实际实施专利的专利投资公司不当利用而成为一个较为复杂和引起广泛讨论的问题。根据现有的判例，专利许可行为如果要满足国内产业的要求，那么申请人需要证明以下方面：第一，投资与所主张的专利有关；第二，投资与许可有关；第三，投资的地点发生在美国；第四，投资是实质性的。但是，申请人并不需要证明被许可人已经实际实施了所主张的专利。[1]

---

[1] 冉瑞雪 . 337 调查突围——写给中国企业的应诉指南 [M]. 北京：知识产权出版社，2015：50.

（二）美国国内产业存在的证明要求

对提起美国 337 调查的申请人而言，其必须在申请书中证明已经满足美国 337 条款关于美国国内产业的要求，其申请才有可能被受理。此外，对于申请书中的美国国内产业，ITC 在 2013 年开始实施的新规中要求，申请人在提出申请时需要进行更加明确的说明及描述，要求在申请书中详细说明是否存在美国国内产业或者美国国内产业是否正在建立。如果属于后者，则需要说明申请人正在积极地使用知识产权的事实及相关产业在将来很有可能建立起来。除上述要件之外，在侵犯注册知识产权类型的案件中，申请人还需要在申请书中说明它从技术角度也符合美国国内产业要求的审查标准，即申请人必须证明美国国内产业利用了涉案的知识产权。[1]

虽然上面对产业要件介绍较多，但从实践来看产业要件基本不会成为应对美国 337 调查的策略。也就是说，产业要件对已发生案件的申请人来说没有出现问题，也从来没有成为美国 337 调查的障碍。也许将来中国企业在美国主动发起对他人的美国 337 调查时，才需要更多地关注产业要件。

七、涉案知识产权的其他法院诉讼和知识产权程序

其他法院诉讼和知识产权程序主要是美国 337 调查案件中的平行诉讼和专利权无效宣告程序。

（一）337 调查案件中的平行诉讼

根据美国 337 条款，基于同一问题申请人可以同时在 ITC 和联邦地区法院指控被申请人，这就构成一种被很多著述所称的平行诉讼。不过需要注意的是，此种平行诉讼与国际司法中的平行诉讼存在不同。国际司法中的平行诉讼

---

[1] 冉瑞雪 . 337 调查突围——写给中国企业的应诉指南 [M]. 北京：知识产权出版社，2015：51.

（parallel proceedings）又称双重起诉或诉讼竞合，是指相同当事人就同一争议基于相同事实及相同目的同时在两个或两个以上国家的法院进行诉讼的现象。

发生平行诉讼主要是因为 ITC 仅是一个准司法的行政机构，只能发布排除令、禁止令等行政救济措施，目的是将被申请人的涉案产品排除在美国市场外，即使违反禁止令，罚款也是交给美国政府而非权利人，而通过法院诉讼则可使专利权人获得损害赔偿，而且 ITC 关于专利侵权和专利有效性的裁决不具有排除效力。因此，知识产权人在 ITC 和联邦地区法院同时起诉的情况相当普遍。

打印耗材行业的美国 337 调查案件大多会伴有法院平行诉讼。在 337-TA-1174 案之前的 14 起打印耗材美国 337 调查中，只有 337-TA-730 案、337-TA-946 案、337-TA-960 案和 337-TA-1174 案没有提起平行诉讼，其余 10 起美国 337 调查都提起了平行诉讼。提起平行诉讼有两种方式：一是将所有被申请人统一提起诉讼，二是对不同被申请人分别提起诉讼。平行诉讼结案的时间也不尽相同，有的法院诉讼在美国 337 调查结果出来前就已结案，而有的法院诉讼在美国 337 调查结束后才结案。

被申请人在同时面临同一行为所引发的美国 337 调查和联邦地区法院侵权诉讼时，可以申请暂时中止联邦地区法院的诉讼程序。在申请人向 ITC 请求发起调查的 30 天内，经被申请人请求，联邦地区法院应当中止案件审理，以避免两头应诉给被申请人带来沉重负担。在 ITC 作出美国 337 调查的最终裁决后，联邦地区法院可以再行审理，ITC 的调查案卷也将应法院要求被移送至法院。

（二）专利权无效宣告程序

所谓专利权无效宣告制度，就是在专利权人获得专利之后，任何人都可以向有权部门请求该专利权无效。简单来说，它是一项使权利无效的制度。

在美国，专利由美国专利及商标局授予。请求宣告他人专利无效既是被控侵权者抗辩的一个重要手段，又是保证专利审批质量的一个重要程序。

虽然美国 337 调查与无效宣告是两种不同的程序，其处理机构与适用程序均是相互独立的，但是专利的有效性将直接影响美国 337 调查的处理结果。

八、具体请求

申请人可请求 ITC 颁布排除令、停止和禁止令（简称禁止令）及临时救济动议。

（一）排除令

排除令是美国 337 条款中最重要且具有威慑力的处罚措施，由美国海关执行，它将直接导致相关产品无法进入美国市场。根据适用效力的不同，排除令分为两种，即普遍排除令和有限排除令。排除令的效力越强，向 ITC 申请颁布该排除令的难度就越大。

1. 普遍排除令

普遍排除令是禁止具有侵权特征的产品进口美国的排除命令，由美国海关机构执行，即禁止美国 337 调查中申请人涉案知识产权所涵盖的所有侵权产品进入美国，具有对物性。无论此产品是否来自被申请人，只要在美国 337 调查中申请人涉案知识产权的保护范围，在普遍排除令下，该产品都会被美国海关拦截。

排除令的期限因案件类型而有所不同。在专利侵权案件中，排除令的期限一般在专利有效期内。在商业秘密侵权案件中，根据申请人的受侵害情况决定颁布对被控侵权方的排除令，以便给申请人充分的救济。在其他非专利案件中，一般无固定的结束日期。

由于普遍排除令针对的是侵权产品，所以即使被申请人关闭公司，只要仍生产同样的侵权产品，也还会受到普遍排除令的约束，无法进入美国市场。

2. 有限排除令

有限排除令是仅针对被申请人的涉案产品禁止进入美国，仅适用于列明被申请人[1]，即排除美国337调查中列明被申请人生产或销售的特定侵权产品进入美国。与普遍排除令相比，如果被认定存在侵权，那么ITC通常针对被申请人颁布有限排除令，禁止被申请人的涉案产品进入美国。

涉案的侵权产品可能以不同的形式进入美国市场。一种情况是以独立产品的形式，这种情况通常以直接禁止令排除即可。另一种情况是涉案的侵权产品作为其他产品的一部分被组装加工成下游产品，ITC一般是将组件而不是下游产品纳入排除令的范围。

在排除下游产品的侵权组件时，ITC还会特别关注对公共利益的保护。例如，侵权的通信组件排除令会影响到第三方，如通信公司的运营，进而影响到通信网络的使用者，因而会采取在禁止令中延迟执行或者对审理之前进口的产品零部件给予豁免等变通方式处理。不过，打印耗材领域基本不会出现这样的情况。

有限排除令推送通常还会包含一个证明条款，即让被申请人证明其计划进口美国的货物不在ITC排除令的范围内，否则被申请人将为此接受伪证所相应的处罚。

（二）禁止令

排除令的目的是防止侵权产品进入美国市场，禁止令[2]是为了禁止继续销售已经进口到美国的产品。禁止令主要针对美国企业，尤其是被申请人在美国的分支机构。禁止令可与排除令一同发布，也可以单独发布。

ITC在作出禁止令裁决时通常会考虑已经进口到美国的侵权产品的库存，禁止令主要适用于进口并留有大量库存的被申请人。同时，ITC可能会责令被

[1] Kyocera Wireless Corp. v. U.S. International Trade Commission，545 F. 3d 1340（Fed. Cir. 2008）。

[2] 禁止令在很多中国文献中被称为制止令。

申请人停止进口、销售、推销、宣传、分销、转让及招揽美国代理商或经销商购买侵犯专利权的被控侵权产品及其组件。

违反禁止令的行为将导致没收侵权产品、罚款或其他制裁。以罚款为例，违反禁止令的企业将被处以每天 10 万美元的罚款，或相当于输往美国产品价值 2 倍的罚款，二者以较高者为准。

（三）临时救济动议

申请人在提交美国 337 调查申请书的同时，还可提交要求 ITC 采取临时救济措施的动议。临时救济动议包括临时普遍排除令、临时有限排除令和临时禁止令（即临时停止和禁止令）（见表 2-4）。除提出申请时之外，如果申请人在调查过程中有证据证明可能存在违反美国 337 条款的行为，那么也可以申请采取临时救济措施。

表 2-4　美国 337 调查中的临时救济措施

救济措施	英文名称
临时普遍排除令	Temporary General Exclusion Order
临时有限排除令	Temporary Limited Exclusion Order
临时禁止令	Temporary Cease and Desist Order

ITC 在判断是否采取临时救济措施时通常考虑 3 个因素：①申请人在调查中胜诉的可能性；②如不采取临时救济措施可能对美国国内产业造成的损害；③采取临时救济措施对被申请人可能造成的损害及对公众利益的影响程度。

对于是否准予临时排除令，ITC 会同时考虑 4 个因素：①申请人胜诉的可能性；②不批准可能给申请人带来的不可挽回的损害；③批准后可能给被申请人带来的损害；④对公众利益的影响。此外，ITC 也可以要求申请人缴纳保证金，以弥补因错误禁令造成的被申请人的损失与增加的开支。

临时救济措施可以在 ITC 作出终裁前的调查过程中适用，在 ITC 作出终裁

后临时救济措施将不再产生效力。

临时救济措施非常类似于知识产权司法救济中的临时禁令制度。临时禁令是知识产权保护过程中的一种重要程序，对预防侵权行为发生或防止损失的进一步扩大具有重要作用。损害赔偿与临时禁令是知识产权侵权责任中最具代表性的二元救济模式。“如果法律仅赋予公民赔偿请求权却不使其有机会制止即将发生的损害是很难让人接受的。如果一个国家不授予其法院在‘损害尚未发生的期间内’基于当事人的申请提供法律保护措施的职权，这个国家就未尽法律保护义务。”[❶] 与临时禁令一样，临时救济措施的动议在性质上属于程序法规范，是由知识产权保护所体现的一项救济措施。

第二节 立 案

只有满足美国337条款规定的要件，ITC才会接受申请人提交的美国337调查申请。ITC收到申请书后将进行审查，并在30日内决定是否立案。如果ITC决定不立案，则ITC将以书面形式通知所有申请人及被申请人。

一、立案审查

申请人在向ITC提交申请后，ITC会指定不公平进口调查办公室对申请进行审查。[❷] 不公平进口调查办公室会在收到申请书20个日历日内检查申请的充分性及是否符合适用规则，并且向ITC提出关于是否启动美国337调查的建议。

❶ 克雷斯蒂安·冯·巴尔．欧洲比较侵权行为法：下卷[M]．焦美华，译．北京：法律出版社，2001：1.

❷ 一旦起诉方向ITC提交了起诉书，起诉书中列明的潜在被申请人可以采取ITC规则中未明确规定的一系列行动，如要求ITC不进行立案调查、要求采取百日审程序等。当然，潜在被申请人也需注意，启动调查前提交的材料不一定在任何情况下都具有策略性优势。汤姆·迈克尔·萧姆伯格．美国国际贸易委员会337调查律师实践指南[M]．4版．钱文婕，李斯，译．北京：法律出版社，2022：91-92.

不公平进口调查办公室在审查的过程中可以要求申请人补充或者修改申请书。ITC 通常会在提出投诉后的 30 个日历日内决定是否发起美国 337 调查。实践中，很少出现不予立案的情形。截至目前，打印耗材行业中未出现不予立案的情形。

如果申请中包含要求临时救济动议的内容，那么 ITC 通常会在收到投诉、动议后的 35 个日历日内就是否进行调查和接受临时救济动议作出决定。立案后，ITC 将指定一名行政法官主持案件的法庭审理，同时在不公平进口调查办公室指派一名调查律师作为单独的一方当事人参加全程调查和审理。

美国 337 调查规则还规定了并案与分案的一些情形。关于并案，根据 ITC 规则 §210.7（a），为提高效率，ITC 可将多个案件合并在一案中审理。若多案由同一行政法官审理，则其可决定合并审理。在合并审理后，行政法官一般会适当延长案件的审理期限，如 337-TA-601 案、337-TA-673 案、337-TA-674 案的审理期限被延长至两三个月或六个月。行政法官在评估多案是否适合合并审理时，评估的主要案件信息包括案件参与人、涉案专利及权利要求、国内市场要件、ITC 的立案通知中是否授权合并审理。关于分案，根据 ITC 规则 §210.14（h），当事人在立案后的 30 日前可提出分案审理的申请，或者行政法官自行决定是否将一个案件拆分成两个或者多个案件进行审理，如打印耗材 337-TA-1259 案及 337-TA-1260 案即是由一个案件拆分而来。

二、送　达

送达的一般规则是所有提交给 ITC 的文件必须送达调查的所有其他方，包括申请人及被申请人。但是，除非申请附有一项临时救济动议，否则申请人的申请并不会被送达任何其他实体。

如果决定立案，那么 ITC 将会在美国《联邦纪事》（*Federal Register*）上发布界定调查范围的调查通知，登载申请人及起诉事项，并向每一位被申请人送达申请书和调查通知。除在美国《联邦纪事》上发布通知之外，ITC 还向调查中所有列明的被申请人及其所在国家或地区的美国大使馆提供投诉和调查通知的副本。如果申请书及调查通知未能由 ITC 送达，那么申请人可以在行政法官同意的情况下自行送达。

通常情况下，由于申请人举证所需要的大量信息或者材料并不在美国境内，受限于地理距离、数量庞杂及可能存在的外国政府或者机构组织的阻挠等，因此申请人难以获得。不过，基于 ITC 具有对物管辖权，以及根据《关于向国外送达民事或商事司法文书和司法外文书公约》[1]，申请人并不需要像在美国联邦地区法院诉讼那样，等待对外国人的送达程序完成。[2] 只要启动美国 337 调查的公告在美国《联邦纪事》上刊发，调查取证程序就可以开始。

对于投诉以外的文件送达，执业者会参考特定调查中有效的基本规则。基本规则通常要求当事方向首席行政法官提供提交给 ITC 的文件的副本两份。基本规则通常还规定当事人之间的服务模式及通常包括在事先未经许可的情况下不通过传真送达的行政法官的指示。

在实际运作中，被申请人在很多情况下是被美国律师事务所告知获得立案信息的。美国有很多律师事务所跟踪 ITC 的立案信息，以尽早接触被申请人并获得业务。

三、ITC 调查中的官方参与人

（一）不公平进口调查办公室

对于具体美国 337 调查案件的处理，实际上是由 ITC 的下设机构不公平进口调查办公室具体执行的，它贯穿于整个美国 337 调查，甚至执行程序。

---

[1]《关于向国外送达民事或商事司法文书和司法外文书公约》，简称《海牙送达公约》。

[2] 汤姆·迈克尔·萧姆伯格．美国国际贸易委员会 337 调查律师实践指南 [M]. 2 版．北京：法律出版社，2014：8.

不公平进口调查办公室是 ITC 的下设机构，主要负责审核申请人的请求是否符合受理条件，并且对 ITC 是否启动调查提出相关建议。在调查开始前，不公平进口调查办公室将告知 ITC 申请人提交的文件是否符合发起调查的要求及是否有助于申请人陈述其控诉。调查开始后，该办公室会指定一名代表公共利益的调查律师作为独立一方的当事人参与美国 337 调查，并且对调查涉及的事项从客观角度提供意见。在 ITC 发布排除令、停止令或（和）和解令后，由该办公室监督当事人的实施情况，并且在一定的条件下启动或参与执行程序。[1]

不公平进口调查办公室的介入是美国 337 调查程序的特点之一。在案件的不同阶段，不公平进口调查办公室具有不同的职能和作用。一般情况下，在美国 337 调查申请正式提交前，潜在的申请人会先与不公平进口调查办公室进行沟通，以确保其申请材料符合 ITC 规则的要求，并能够快速纠正问题或者补充材料。不公平进口调查办公室在这一阶段中获得的信息均是保密的。而从申请人正式提交申请后到立案前的阶段，不公平进口调查办公室也会与申请人及被申请人进行沟通，对申请书中的主张进行非正式的调查及向 ITC 提出是否立案的建议。[2]

（二）行政法官

立案同时，ITC 指定一名行政法官主持案件的法庭审理，同时在不公平进口调查办公室指派一名调查律师参加审理。

根据《美国法典》第 5 章第 3105 条规定，行政法官是美国 337 调查程序的主持人，在 ITC 启动美国 337 调查后，首席行政法官会为该案件指定一名行政法官进行审理。而在为调查指定行政法官时，ITC 及其首席行政法官考虑的主要因素有：每位行政法官承办的实际案件数量、对这一调查中涉及的潜在技术的熟悉程度及每个行政法官目前已有的行政案件。[3] 行政法官在美国 337 调

---

[1] 张平．产业利益的博弈——美国 337 调查 [M]. 北京：法律出版社，2010：108.

[2] 冉瑞雪．337 调查突围——写给中国企业的应诉指南 [M]. 北京：知识产权出版社，2015：7.

[3] 冉瑞雪．337 调查突围——写给中国企业的应诉指南 [M]. 北京：知识产权出版社，2015：9.

查中发挥着重要的作用，负责主持从调查启动到初裁结束的所有程序，并且有权力发布临时救济措施。

行政法官在美国 337 调查中的主要职责包括规定取证的具体程序和规则、召集听证会、作出初裁及提出救济措施的建议。在一起美国 337 调查案件正式立案后，ITC 指定一名行政法官主持案件的法庭审理。行政法官应在立案后 45 日内确定调查结束的目标日期，并且发布一系列调查规则。调查规则规定了调查程序的具体指南，如回答动议的时限、所需证据性的副本数量、翻译的使用、电话会议的程序等。行政法官在主持调查时的主要依据是 ITC 规则及美国《行政程序法》。

美国 337 调查启动 6 个月后，行政法官将主持召开听证会，双方当事人均有权进行询问、提供证据、反对、动议、辩论。行政法官会在举行听证会后作出进口行为是否违反美国 337 条款的初裁，ITC 的终裁是建立在行政法官的初裁基础上的。行政法官在收集证据和审理书面及口头法律文件的过程中不会受到 ITC 的干扰，并且有权在任何情况下作出独立的判断。在具体案件中，行政法官与其同事之间、委员和其同事之间，都不可以存在任何单方面的联络以为他们提供任何关于案件的意见。[1]

（三）调查律师

在美国 337 调查正式立案后，不公平进口调查办公室将指派 1~2 名调查律师作为独立的第三方，代表公共利益全面参与美国 337 调查，主要关注国内产业、损害、公共利益和保证金，也可能关注侵权、专利无效等内容。

在美国 337 调查程序中，调查律师完全独立于行政法官之外，可以就案件发表独立的意见，包括对当事人的主张表示支持或反对，同时还可以提出申请人与被申请人没有提及的问题。在职务属性上，调查律师并不受制于行政法官，

---

[1] 张平．产业利益的博弈——美国 337 调查 [M]. 北京：法律出版社，2010：108-109.

甚至被认为是一个“影子法官”，代表公共利益，可以被认为其当事人是美国公众。这意味着调查律师的意见可能有利于申请人，也可能有利于被申请人。

根据 ITC 的相关规则，调查律师不能在未决的美国 337 调查中单方面地与委员会、总法律顾问处或行政法官进行沟通。但是，“私人当事人的律师和不公平进口调查办公室的专职律师之间的交流，并不属于通常所说的禁止当事人单方面和委员会及委员会雇员之间交流的情况”[1]。鉴于调查律师的地位及其关注的内容，各方当事人是能够通过与调查律师的合规交流了解相关的信息，沟通协调相关的异议点，取得较好的效果。这一点需要打印耗材企业及其他参与美国 337 调查程序的被申请人重视。

调查律师在美国 337 调查的不同阶段具有不同的作用。在行政法官发布初裁后，调查律师会参与 ICT 的复审。通常情况下，调查律师会与美国海关知识产权保护部沟通，准备一份用于提交给 ITC 的排除令建议。在这个过程中，调查律师也会解答海关部门提出的相关问题。在美国 337 调查结束后，调查律师通常会在后续程序，如咨询意见程序、执行程序、重审程序中作为当事人方继续参与，但并不会参与联邦巡回上诉法院的上诉程序。[2]

安排调查律师参与调查是为了平衡公共利益与申请人、被申请人之间的利益冲突，这是美国 337 调查的一个特点。如果行政法官认定当事人并不满足国内产业要件，那么此美国 337 调查程序将暂时被中止，等待 ITC 对此裁决的认定。

第三节　答辩及应对策略

美国 337 调查的文件被送达意味着被申请人在有限的时间内进行答辩，被

---

❶ 汤姆·迈克尔·萧姆伯格．美国国际贸易委员会 337 调查律师实践指南 [M]. 4 版．钱文婕，李斯，译．北京：法律出版社，2022：55.

❷ 冉瑞雪．337 调查突围——写给中国企业的应诉指南 [M]. 北京：知识产权出版社，2015：8.

申请人需要作出是否应对及如何应对的重要抉择。被申请人的应对策略也要围绕美国 337 调查规定的相关成立要件的分析结果确定。对我国的企业来说，虽然美国 337 调查存在诸多不确定的因素，但一旦遭遇调查，还是应当采取措施积极应对。首先要做的工作就是组织高效、专业的团队，迅速在企业内部或者第三方中选择了解涉案产品技术、销售情况并具有一定决策能力的人员组成内部管理团队，同时聘请熟悉精通美国337调查的律师团队，结合企业自身情况，确定应诉策略，开展应诉工作。

一、答辩的要求

前面已经提及，被列在申请书中的被申请人在获知被诉的消息后可以向 ITC 提起动议，或者直接与不公平进口调查办公室的调查律师进行非正式的沟通，要求其不予立案。但是，自 ITC 送达起诉书和发出调查公告之日起，被申请人通常有 20 个工作日[1]的时间针对起诉书提交一份答辩状，决定是否应诉。相对于已经做好充分准备并提交调查申请的申请人而言，被申请人获知调查程序开始时必然会措手不及，必须在短时间内设法完成大量的工作。

如果申请人在美国《联邦纪事》上公布启动美国 337 调查时立即送达调查举证请求，那么被申请人必须在公告之日起的 20 日内回应申请人调查举证的要求。这对被申请人而言又是一项重要的工作。如果申请人同时申请了临时救济措施，那么被申请人还必须在收到申请书之日起 10 日内（较为复杂的案件为 20 日）提交对临时救济措施的答辩意见。如果被申请人没有做出反应，则被视为缺席（不应诉）。

[1] 工作日不包括星期六、星期日及联邦假日，如果规定的截止日期为前述时间中的某一天，则截止日期顺延至下一个工作日。另外，上述时间不包括送达的时间，送达的时间是固定的，如美国国内邮寄的送达时间是3个自然日，如果是国外邮寄，则相应增加10个自然日；如果是通过次日快递送达，则美国国内邮寄的送达时间为 1 个自然日，国外邮寄的送达时间为 5 个自然日。

（一）答辩状的内容要求

根据 ITC 规则 §210.13（b），在答辩状中，答辩人需要对申请书中的每一项指控予以有针对性的回应，而且每条答辩意见须简要陈述所依据的事实，否则答辩人可能被视为承认相关的指控。例如，若被控侵权产品不是在美国生产的，则答辩人应在答辩状中列明进口产品供应商的名称和地址。如果被控侵权产品不是答辩人生产的，则答辩人应在答辩状中列明生产商的名称和地址、被控侵权产品的进口量和进口价值等。

如果答辩人在答辩状中主张该行为存在法定抗辩事由的，即积极抗辩（affirmative defense）[1]，那么答辩人不能仅是提出该主张，还应就该主张结合事实进行详细描述、说清原委，且应列明所有可能存在的法定抗辩主张。例如，在专利侵权的美国 337 调查案中，若抗辩理由之一是被控侵权产品未被纳入专利权的保护范围，则答辩状应包含每一专利权利要求和被控侵权产品技术特征的逐一比对表，采用双栏对照表更便于比较。若抗辩理由是涉案专利无效或专利权人不应被提供救济，则应在答辩状中详述专利无效的事由或者专利权人存在权利滥用等不应被提供救济的行为。若被申请人提出现有技术抗辩，则应在答辩状中列明可能的现有技术，同时描述被控侵权产品落入现有技术的具体范围，以让行政法官支持该现有技术抗辩。若不合理的原因导致某项法定抗辩未被主张，则事后很可能不会被允许进行修改，除非能够证明该修改有合理的理由，同时不会对另一方或者公共利益造成不利影响。

（二）保密信息和保护令

答辩状可能会包含保密信息（confidential business information，CBI）。在这种情况下，答辩人可以申请保护令。若行政法官已经颁布保护令，则要求接

---

[1] 所谓积极抗辩，是指不否认所控事实，但基于自身行为的正当性、合理性或从轻情节，不应承担或应减轻承担法律责任。

触 CBI 的各方不对外披露与 CBI 有关的任何内容，有权看到答辩状的主体均应遵守保护令的要求，对其中的 CBI 予以保密。若行政法官尚未颁布保护令，则答辩人应提交含有 CBI 的答辩状，在答辩状中明确标注含有 CBI，同时申请将答辩状的内容作为 CBI 处理。为了稳妥起见，答辩人在提交答辩状的时候可以提交一份含有 CBI 的答辩状和一份不含 CBI 的答辩状。

二、应诉及其考量因素

整体来说，打印耗材行业美国 337 调查的应诉情况不是很理想。虽然多次被调查，但是从调查的情况看，一些中国企业很少进行抗辩，而且大多数企业选择缺席，即使有些企业应诉，一般也会以同意令等方式较快结案。不同的被申请人在所涉调查中的应诉情况明显不同，效果也不同。除 337-TA-740 案之外，纳思达、天威、江西亿铂电子科技有限公司（简称亿铂）通常选择全面应诉。在已有案件中，缺席率最高的调查是 337-TA-740 案，其 96% 的被申请人选择缺席。

（一）337-TA-565 案中的被申请人及应诉情况

337-TA-565 案的申请人是精工爱普生公司、爱普生美国公司、爱普生波特兰公司（统称爱普生）。爱普生寻求普遍排除令或者有限排除令及禁止令的救济措施。

被申请人有 24 家公司，其中中国公司 9 家，美国公司 13 家，德国公司 1 家，韩国公司 1 家。24 个被申请人及其应诉情况见表 2-5。

表 2-5　337-TA-565 案中的 24 个被申请人及其应诉情况

主要被申请人及其经销商或关联公司	所在地	应诉情况
Butterfly Print Image Corp. Ltd.	中国	缺席
Glory South Software Manufacturing Inc.	美国	

续表

主要被申请人及其经销商或关联公司	所在地	应诉情况
Ink Lab（H.K.）Co. Ltd.	中国	应诉
Nectron International Ltd.	美国	
Mipo International Ltd.	中国	缺席
Mipo America Ltd.	美国	
Nine Star Image Co. Ltd.	中国	应诉
Nine Star Technology Company Ltd.	美国	
Town Sky Inc.	美国	
Wellink Trading Co. Ltd.	中国	缺席
Ribbon Tree（Macao）Trading Co. Ltd.	中国	
Ribbon Tree（USA）Inc.	美国	应诉
Apex Distributing Inc.	美国	
Zhuhai Gree Magneto-Electric Co. Ltd.	中国	应诉
MMC Consumables Inc.	美国	
Ink Tec Co. Ltd.	韩国	应诉
Ink Tec America Corporation	美国	
Master Ink Co. Ltd.	中国	应诉
AcuJet U.S.A. Inc.	美国	缺席
Tully Imaging Supplies Ltd.	中国	缺席
Artech GMBH	德国	应诉
Inkjetwarehouse.com Inc.	美国	应诉
Dataproducts USA LLC	美国	应诉
Rhinotek Computer Products	美国	应诉

注：相同灰底的被申请人为关联被申请人；名称加粗的被申请人为出口商或生产商，名称非加粗的被申请人为其对应的美国经销商；无灰底的被申请人为未确定来源的经销商或出口商。

如表 2-5 所示，在 337-TA-565 案中，大部分国外公司都是中国被申请人的经销商。在 24 个被申请人中，纳思达积极应诉，8 个被申请人缺席应诉，其中缺席应诉的中国企业有 5 家，分别来自中国港澳地区，都是打印耗材产品出口商。最终应诉的企业有 15 家，其中 10 家基于同意令结束调查，纳思达、格力磁电及其经销商等选择应诉。

（二）决定是否应诉的影响因素

对于应诉率低的原因，业界的一般解释是：第一，应对美国 337 调查的准备不充分，如提交答辩状的时间很紧，证据交换、应答等程序较为紧凑，我国企业大多无法在有限的时间里充分收集所需材料；第二，巨额的诉讼费用大大削减了我国企业应对调查的积极性；第三，我国熟悉美国 337 调查的专业服务机构相对较少，难以及时提供有效的帮助；第四，一些企业自身创新性不足，或者对是否能够占领美国市场不够重视，遭遇美国 337 调查时就会缺少主动应诉的底气和动力。由于被调查企业的具体情况不同，所以不能一味强调积极应诉，尚需理性对待。是否应诉取决于企业类型、应诉成本、美国市场的重要程度及对方的诉讼目的等因素。

1. 企业在美国市场中的份额

企业是否应诉要结合市场份额判断。如果应诉企业在美国市场中的份额很小，或者被诉产品的价值不高，且在美国市场的未来发展潜力有限，或者被诉产品是夕阳产品，且美国市场的重要程度不高，就不值得在应诉上花费大量的时间和金钱。美国市场对应诉企业的发展非常重要，甚至意味着生死存亡，即使企业的规模很小，在美国市场的份额不大，也应当积极应诉求存。如果美国市场是应诉企业的主要目标市场和利润来源，就应当积极应诉维护自身权利。

2. 企业的类型

美国 337 调查的直接涉案企业有生产商、销售商、品牌商等多种类型，间接涉案企业是相关产品的上游厂商和下游厂商。对生产商来说，产品是企业的命脉，如果美国 337 调查严重影响产品出口，则要考虑进行应诉；对销售商来说，选择好的产品是企业的经营之本，要根据具体情况权衡是否应诉；

对品牌商来说，如果败诉结果将会严重影响企业品牌，则要积极应诉维护企业品牌。

3. 申请人的诉讼目的

认真分析申请人发起调查的真实目的有利于更好地确定应对方案。比如，如果申请人是为了使被申诉企业向其支付专利许可费，那么达成和解的可能性就很大；如果申请人是为了阻止中国企业进入美国市场，那么被申请人需要做好长期应诉的准备。只有通过综合分析和研究，企业才可能明确是选择和解，还是选择全程应诉或者缺席。

4. 企业的诉讼成本

由于美国 337 调查所涉及的技术及专利问题复杂，需要花费巨大的人力、物力和财力，因此要根据企业的诉讼成本决定是否应诉。如果企业的诉讼成本低于利润、企业可以承受，或者虽然诉讼成本高于利润，但在美国市场中未来发展可期，就应该积极准备应诉。

三、专利不侵权抗辩

如前所述，由于打印耗材行业的不公平竞争行为以专利侵权为主，所以应对美国 337 调查的指控主要是在专利不侵权上作文章。一是注意寻找美国知识产权技术与我国企业产品使用技术之间的差别，即使找出一些细小差别，也有可能成为我国产品没有侵权的有力证据；二是寻找美国知识产权技术的漏洞，证明其知识产权的无效，使其失去申请美国 337 调查的依据。[1]

（一）专利不侵权的抗辩策略

我国打印耗材企业可通过以下策略来证明竞争属于公平行为。

---

[1] 王敏，田泽．中美 337 调查贸易摩擦研究 [M]. 北京：知识产权出版社，2014：111-113.

1. 被申请人无侵权行为

天威、纳思达等被申请人对佳能发起的美国 337 调查进行的不侵权抗诉，对整个打印耗材行业有一定的参考价值。2018 年 2 月，佳能提交 337-TA-1106 案调查申请，天威成为被申请人。在收到消息后，天威组织专利、法律、研发团队，对涉案专利进行分析研判，认为涉案产品不侵权，且涉案专利有较好的无效理由，决定采取积极应诉策略。与此同时，天威进行创新设计，开发出 PR3 产品，以最大程度解决客户关切的问题，继续销售创新产品。2018 年 10 月，佳能和天威向 ITC 提交联合动议，接受天威的创新设计 PR3 不在后续可能颁布的任何排除令内。天威创新设计产品不侵权同时，其涉案产品经 ITC 初裁、终裁及美国联邦巡回上诉法院审理，均裁定不侵权。纳思达和亿铂也是 337-TA-1106 案的被申请人，进行了积极应诉，最终涉案产品均被认定不侵权。该案是打印耗材行业被申请人首次获得全面胜利的案件，对打印耗材行业及其他行业应对美国 337 调查具有重要的指导、示范作用，具有里程碑的意义。

不侵权抗辩的关键在于合理解释申请人专利权利主张的范围，这更多的是专利权利主张解释的问题。一项专利权的保护范围被记录在权利要求书中，可以由一项或多项技术要素构成。只有当相关产品的所有技术要素都在权利要求书中的保护范围时，才可以判定侵权行为成立。企业在进行不侵权抗辩时可以提出：被指控的产品并不在专利保护要求的范围，即申请人的专利权有效，但被诉产品未被申请人的专利权覆盖。例如，在 337-TA-565 案和 337-TA-946 案中的普遍排除令所主张的专利涉及由墨盒、墨水供应口和存储器组成的装置及该装置中的电触点等。US6502917 专利中还提到在墨盒上设置有电路板及多个触点，多个触点“形成多行”“临近出墨口的行比远离出墨口的行要长”，因此 337-TA-565 案的普遍排除令所主张的专利是由“多行”及“行的长短比较”等元素组成，不侵权抗辩可以从“芯片触点排列只有一行”“如果是两行，每行长度相同”等方面展开。

2. 申请人的涉案专利无效

在打印耗材行业中，通过证明申请人的涉案专利无效，也可以说明不存在不公平竞争行为。事实上，某一企业在美国遭到侵犯专利权的指控时，被申请人更常见的做法就是反请求申请人的专利权无效。涉及无汞碱性电池专利的 337 调查案就是通过裁定美国劲量公司的专利无效获胜的。从应诉技巧上看，关键在于找到了对方专利技术内容解释上的漏洞，因为按照《美国法典》第 35 编第 112 条要求，对专利的描述要非常准确，不能引起歧义。需要注意的是，专利一般都被假定是有效的。要推翻这样的假定，就必须提出能证明专利无效的“明确和有说服力的”证据。在 337-TA-565 案中，纳思达迅速作出反应，立即向 ITC 提出了针对爱普生美国公司专利无效的宣告请求，诉称其专利技术仅是对现有技术的简单组合，没有新颖性和创造性，要求 ITC 在复审中重新审核其专利的有效性，避免对其专利权的过度保护和扩大化解释。经过复审，美国专利及商标局最终宣告爱普生美国公司的第 6502917 号专利和第 7008053 号专利部分无效，但核心权利要求仍被维持。

根据《美国法典》第 35 编第 282 条规定，专利被假定是有效的，这种有效性假定建立在每一项权利主张都独立于其他主张而存在的基础上，因此，一方当事人要试图使一项专利无效必须提供清晰的、使人信服的证据来构建无效性事实，说服他人的重担无疑要落在专利异议人头上。在判断专利有效性问题上，法官的审查范围并不局限于美国专利及商标局曾考虑的材料。研究发现，在专利诉讼中有 1/3~1/2 的讼争专利被认定无效。《美国法典》第 35 编关于专利无效的原因主要规定在第 102 条、第 103 条和第 112 条中。第 102 条列举了基于缺乏新颖性丧失可专利性的多种原因，这些原因主要有：①在发明之前，该发明已在国内为他人所知悉、使用，或在国内和其他国家已申请且被核发专利，或将其发明描述登载于公开发行的文字刊物上；②在申请专利一年前，发明人或其他人在国内或其他国家已申请且获准专利，或将其发明描述登载于公开发行的文字刊物上，或者在国内已有提供销售、许诺销售的渠道，或公开使用其发明；③发明人在国内已放弃其发明；④并非为其所发明。“缺乏新颖性”的法律术语是 anticipation，通常将其译为“已被预料的”。第 103 条规定，如果发明被证明是该技术领域先前工艺显而易见的组合，那么该专利是无效的。第 112 条规定专利因权利要求表达的瑕疵而无效的情形，如不能满足书面描述要求、不能满足最好的方式要求、不具有可实施性、不能反映发明人认为的发明和不确定性等。

在现实中，在我国提起申请人的专利无效宣告也是一种应对策略，毕竟我国市场很大，而且申请人大多会在中国布局专利。无论是在美国提起专利无效宣告请求，还是在中国提起，对申请人而言都是一种压力。这样，至少可以增加被申请人与申请人之间协商的机会，推动这种“零和游戏”[1] 向“双赢”结果转变。

3. 创新设计

如果通过分析发现产品涉嫌侵权，那么应对产品进行规避设计，或者通过更换非专利方法避开侵权。规避设计是指专门设计一种不同于涉案产品的新产品，用来规避可能涉及的专利权。在美国 337 调查中，规避设计产品一旦获得行政法官或者 ITC 的认可，就不受 ITC 最终作出的排除令等救济措施的影响，企业仍能继续对美国出口此类产品。因此，规避设计是美国 337 调查中一种常见的应对策略。

在佳能向 ITC 提起美国 337 调查时，通用耗材行业普遍对未来的前景感到担忧，而通用耗材生产商下游的经销商对产品是否侵权、能否销售更为关注，出于自身利益的考虑，此时往往会选择下架相关涉案产品。为了稳定市场、稳住客户，生产制造商往往需要针对申请人的涉案专利快速进行规避创新设计，利用其他生产工艺生产出新的不侵权产品，真正让客户感到放心，避免陷入断货的窘境。

---

[1] 所谓零和游戏，就是不是“你赢我输”，就是“你输我赢”。

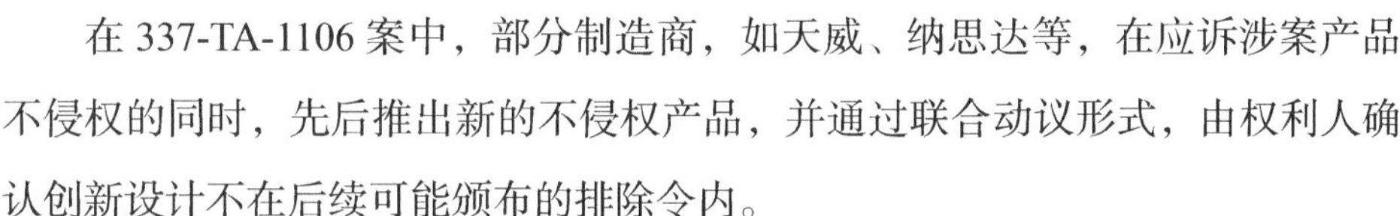

在 337-TA-1106 案中，部分制造商，如天威、纳思达等，在应诉涉案产品不侵权的同时，先后推出新的不侵权产品，并通过联合动议形式，由权利人确认创新设计不在后续可能颁布的排除令内。

通过规避设计获得争取进口机会时也要特别注意，申请人经常在协议中使用模糊的措辞，如将规避设计的进口机会仅给予被申请人，但不包含上下游企业；在海关进一步细化引发争议；换成其他非涉案专利继续控制美国市场等。

（二）337-TA-565 案中的专利不侵权抗辩

在 337-TA-565 案中，纳思达、格力磁电均第一时间提出了专利不侵权抗辩。

1. 纳思达的不侵权抗辩

纳思达在答辩状中针对涉及的部分进行抗辩，指出爱普生缺乏足够的证据和信息，难以让人相信侵权指控的真实性，因此，爱普生对其提出的侵权指控是不成立的。具体抗辩理由有：①涉案专利无效；②遵循“默示许可”原则，纳思达对爱普生墨盒的改装属于对墨盒的修复行为，不构成对爱普生专利的侵权；③纳思达不存在侵犯爱普生专利权的行为；④爱普生的行为会损害美国消费者的利益，对公众利益造成影响；⑤爱普生存在滥用其专利权的行为；⑥中美两国都是《海牙送达公约》的签署国，中国境内的公司须按照《海牙送达公约》的规定送达。由于纳思达是中国企业，未收到按照《海牙送达公约》规定送达的投诉书，因此 ITC 对纳思达没有管辖权。

纳思达在答辩状中向 ITC 提出如下请求：①裁定纳思达没有进口和销售侵权产品；②裁定爱普生的涉案专利无效；③拒绝爱普生在发起 337 调查中的全部救济措施；④其他进一步救济措施。

2. 格力磁电的不侵权抗辩

在纳思达抗辩后，格力磁电也进行了不侵权抗辩及专利无效抗辩，向 ITC

提出如下请求：①裁定爱普生指控的涉案专利无效；②裁定爱普生不符合美国国内产业的要求；③裁定格力磁电没有违反美国 337 调查的有关规定；④拒绝爱普生提出的所有救济措施。

四、反请求

在美国 337 调查的具体案件中，被申请人也有权对申请人向 ITC 提出反请求[1]。根据 ITC 规则 §210.14（e）规定，被申请人可以在立案后且不晚于证据听证会前的 10 个工作日内提出反请求。该反请求将被迅速移送到对同案具有管辖权的联邦地区法院进行审理。

反请求的文书应单独另行准备，并提交至 ITC，但反请求会被立即移送至具有管辖权的联邦地区法院审理，而非由 ITC 审理。因此，这样的反请求对 ITC 的美国 337 调查并无实质性的影响。

从上述规定来看，美国在受理进口产品与国内产品的专利侵权案时，仍然存在不同的程序。对专利权人而言，它可以选择向 ITC 请求发起美国 337 调查，或向美国联邦地区法院起诉，或者启动平行诉讼。而对被申请人来说，虽然它也有权通过在美国联邦地区法院提起诉讼行使类似的选择权利，但如果 ITC 受理了该案件，不论美国联邦地区法院是否受理同一案件，ITC 都将独立地进行案件调查与处理，直至下达禁止侵权货物进口的命令。从中可以看出，在被申请人提出反请求的情况下，被申请人只能通过司法解决的程序。对专利权人来说，这也反映了对被控侵权人的一种区别对待。

[1] 需要说明的是，这里的反请求在其他著述中被称作“反诉”。不过，在中国法律语境中，反诉有专门的含义，是指在一个已经开始的民事诉讼（诉讼法中称为本诉）程序中，本诉的被申请人以本诉申请人为被申请人，向受诉法院提出的与本诉有牵连的独立的反请求。反诉能够与本诉适用同一程序，也是反诉提起的要件，因为如果反诉不能与本诉适用同一程序，就不能实行诉的合并审理。正是因为存在不同程序适用的差异，为了避免引起误解，这里使用“反请求”一词。

第四节　调查取证

ITC 程序规则在很大程度上依据美国《联邦证据规则》（*The Federal Rules of Evidence*）制定，不过后者并未被严格适用。比如，在美国 337 调查的多数案件中，排除传闻的可接受性原则在 ITC 程序中并不适用，而是由主审行政法官通过排除适用或在特定环境下根据其所具有的适当价值判断传闻证据的可信度。也就是说，传闻证据[1]（hearsay）在美国 337 调查程序中可能会被接受。

一、证　据

根据《ITC 操作与程序规则》，美国 337 调查启动后，当事人有权就其申诉或抗辩有关的任何非保密问题进行取证，如书籍、文件或其他有形物是否存在及其具体描述、性质、保管情况、具体情况和位置；任何知道可取证事项的人员的身份和位置；合适的救济措施；被调查方合理的保证金等。取证一般包括承认要求、质询、传票、供词、进入财产和文件提供等形式。取证程序一般在 5~7 个月内完成。

需注意的是，在美国 337 调查案件中当事人对书面质询和文件须在收到后 10 日内答复。这是美国 337 调查程序中有关调查取证的加速程序，与联邦地区法院的调查取证不同。这个加速程序对申请人来说是有利的，因为申请人一般在提交起诉书之前就准备好了调查取证的要求。这就要求被申请人必须快速聘

---

[1] 按照普通法的定义，传闻证据是提供证言的人在法庭以外所作的陈述。美国《联邦证据规则》第 801 条第（C）款对“传闻”的定义：证人在审判或听证时所作的陈述以外的陈述。也就是说，证人在法庭外所作的陈述都是传闻，但传闻证据也可能是直接证据。

请律师，以尽早地向申请人提出调查取证的要求。[1]

ITC 有权对拒绝配合美国 337 调查取证的当事人采取制裁措施。这些制裁措施可能包括根据被申请人拒绝提交信息得出该信息对被申请人的主张不利的推论，从而作出不利于被申请人的裁决；在极端情况下作出对申请人有利的最终裁决。[2] 显然，这让被申请人产生很大的压力，而不得不主动配合、参与美国 337 调查及其调查取证程序。值得注意的是，这样的制裁措施同样适用于那些不予配合的申请人。

如果第三方掌握了重要信息，那么 ITC 具有在美国国内发出传票的权力。如果第三方拒绝履行传票列明的要求，那么 ITC 可以通过美国联邦地区法院强制执行。

二、证据开示的启动及准备工作

一方基于合理的理由向行政法官申请证据开示。[3] 所谓证据开示制度，是指诉讼当事人或诉讼外第三人所掌握的事实材料，只要与案件有关，除享有秘密特权保护的以外均应向对方当事人披露，任一方当事人均享有要求对方当事人及诉讼外第三人披露上述事项的权利的制度。证据开示的方式通常有问卷、提供文件、现场检查、调取证人证言、专家证人、承认、传票和电子取证等。证据开示程序结束后的 1~2 个月内，各方开始准备庭审前陈述和证据，为开庭作准备。

在案件的早期，双方律师应就如何开展证据开示的工作达成一致意见，如

---

[1] 汤姆·迈克尔·萧姆伯格．美国国际贸易委员会 337 调查律师实践指南 [M]. 4 版．钱文婕，李斯，译．北京：法律出版社，2022：121.

[2] 汤姆·迈克尔·萧姆伯格．美国国际贸易委员会 337 调查律师实践指南 [M]. 2 版．北京：法律出版社，2014：8.

[3] 一般来说，案件的立案通知公布后，意味着证据开示的工作可以开始。

就证据开示涵盖的证据内容[1]、范围、材料类型、证人人选的确定、证人询问的时间和地点等达成共识；不能达成共识的，可交由行政法官裁决。但在裁决前，行政法官一般要求双方尽量就此进行协商，并提供协商未果的记录。

证据开示的范围广，时间又较为紧迫，美国 337 调查中的被申请人在收到证据开示清单后 10 日内要予以回应。由于在证据开示工作中，哪些证据应当被提供，主要由各方代理律师完成，而不是由法官主持完成，因此证据开示工作还有较大的协商空间。

三、证据开示的重点

在专利案件的证据开示程序中，各方关注的重点待查明事实主要是权属情况及涉案产品的销售、适用情形、可能的侵权类型、需要满足美国 337 调查中其他特殊条件的证据材料及相应的抗辩证据等。

权属证据的开示主要包括涉案专利在申请过程中向官方提交的文件、涉案专利的转让和许可文件等。

证据开示一般从涉案产品情形的证据开始，主要包括被申请人（或其他进口方）对被控侵权产品的进口情况、被控侵权产品是否为某产品的一部分或一个部件、被控侵权产品的生产和销售情况（包括供应链情况）、产品样品、产品的设计和构造情况，以及产品在美国境内的库存情况等。

围绕可能的侵权行为开示证据，主要包括被控侵权产品的进口是否存在帮助他人实施侵权的情况、被控侵权产品的进口是否存在教唆他人实施侵权的情况等。开示也包括侵权成立的一些特殊条件，如是否满足国内产业要件（含申请人的产品样品情况及申请人对涉案专利的投资与研发情况）等。

[1] 与联邦法院诉讼相比，美国 337 调查程序中少了针对申请人经济损失部分和侵权行为是否构成恶意的证据开示，但侵权产品的价格、利润、费用等仍可在证据开示中被要求提供，因为这些信息对未来评估被申请人应缴纳的保证金数额有参考价值。

被申请人可能开示的抗辩证据主要包括涉案专利申请前对技术方案的披露和使用情况、可无效涉案专利的在先技术和在先产品情况，以及与被申请人可提出的专利无效有关的其他材料等。这些与专利有效性相关的质疑可以增加对申请人的压力，也是非常有用的。

另外，证据开示程序中，关于被控侵权产品进口方面的情况涉及的主要举证材料也是各方关注的重点待查明事实，主要包括产品进口的数量（若仅部件涉嫌侵权，则该部件的数量）、价值（实际市场价值与报关价值）及进口的时间、由 ITC 编定及发布的美国协调关税表产品号、海关报关文件、被申请人的产品生产能力和美国市场对其产品运营的重要程度、被申请人产品部件或材料的供应商的姓名和地址等。

四、证据的形式

证据的形式主要有以下几种：①证人质询（depositions，ITC 规则 §210.28）；②书面质询（interrogatories，ITC 规则 §210.29）；③要求对方提供文件［production of documents，ITC 规则 §210.30（a）(1)］；④要求对方提供样品等实物［production of tangible things，ITC 规则 §210.30（a）(2)］；⑤为勘查 / 勘察之目的要求进入对方现场［request for entry upon land or property of the party，ITC 规则 §210.30（a）(3)］；⑥要求对方承认事实（request for admission，ITC 规则 §210.31）；⑦传唤证人作证或提供文件（subpoenas，ITC 规则 §210.32）。[1]

（一）证人质询程序

一旦启动美国 337 调查的公告在美国《联邦纪事》上发布，任何当事人

---

[1] 国家海外知识产权纠纷应对指导中心．美国 337 调查程序详解与实务指南 [EB/OL].（2021-12-17）[2024-10-10]. https://scjgj.cangzhou.gov.cn/scjd/c124041/202412/853265e5c58244038edf16ae75537248/files/1cd16f7cfa2a4973a42fc095d3cfa6b4.pdf.

都可以对包括对方当事人在内的任何人寻求通过口头或者书面的方式获得证人证言。证人质询程序包括人选的评估与确定、程序前的准备会、持续数周的正式证人询问程序、程序结束后的事项处理等。被询问的证人必须宣誓，保证提供真实信息，否则应承担作伪证的刑事责任；对每一证人的询问可能会在一天内持续很久，不受美国《联邦民事诉讼程序规则》（*Federal Rules of Civil Procedure*）第 30 条第（d）款第（1）项中对证人询问不得超过 7 小时的限制。

证人可以分为两类：一是事实证人，二是为专家证人（expert witness）。事实证人又可以分为公司代表证人[1]（也称公司证人）和一般事实证人。美国法律规定，公司被申请人有义务派遣对公司有关情况较为熟悉的代表参加证人质询程序。专家证人是指基于特有的实践经验或专门知识对案件事实提出判断性意见的人。其责任是就专业问题发表专家证词，帮助陪审团或法庭理解某些普通人难以理解的复杂的专业性问题。[2] 通常专家报告不被允许作为证据采纳[3]，但根据行政法官和具体案件的情况，各行政法官经常自己制定补充规则。[4] 同时，对于证言突袭[5]的情况，即当一方专家证人在作证时发表了之前未披露的内容，另一方应申请排除此证言，而不应安排自己的证人发表反驳言论，否则会因此失去申请排除的机会。

---

[1] 美国《联邦民事诉讼程序规则》第 30 条第（b）款第（6）项规定了公司代表证人的作证义务。

[2] 对于诉讼中的案件事实查明，各国都采取了由一定专门人员进行专业性极强的案件事实的查明。大陆法系采用鉴定人制度，由鉴定人对专门事实进行鉴定，得出鉴定意见。英美法系不同，在对抗主义诉讼模式的影响下，由诉讼双方各自聘请专家，在案件审理中对专业性问题进行阐释和辩论，以发现更真实的案件事实。

[3] 汤姆·迈克尔·萧姆伯格．美国国际贸易委员会 337 调查律师实践指南 [M]. 4 版．钱文婕，李斯，译．北京：法律出版社，2022：121.

[4] 一些行政法官要求专家证人证言报告包括以下内容：最近 10 年内发表的文章清单；最近 4 年内以专家证人身份参加的证人询问或庭审程序案件清单；专家作证收取的报酬等。

[5] 证言突袭，即证据突袭的一种，是指一方当事人在举证期限内未进行举证或未完全举证，等到庭审程序进行时突然将证据出示，使对方当事人措手不及的现象。

（二）书面质询

调查公告在美国《联邦纪事》上发布后，一方当事人就可以开始向任何其他方送达书面质询要求。[1] 对对方法律主张所依据的事实之质询常见于书面质询的访谈问卷问题中。

若各方没有达成其他约定或行政法官另有要求，则每方在书面质询中只能向其他方发送不多于 175 个访谈问卷问题，收到书面质询的一方应在 10 日内答复。[2] 答复书面质询时，应重复问题后再答复、只能答复或针对问题提出反对意见及相应的理由、答复或提出的反对意见应由提交方签署等。

（三）文件的出示提供

类似于我国的书证提出命令，当事方有权要求对方提供在其掌握和控制之下的与本案待证事实有关的书面文件，被申请人在无正当理由的情况下不应拒绝提供。美国 337 调查中，任何一方当事人都可以向其他当事人送达出示文件的要求。被申请人可依据受法律保护的特权拒绝提供，如律师与客户保密特权（attorney-client privilege）、律师与客户工作成果特权（work product doctrine）等，但需要注意在美国 337 调查中，对律师工作成果的英文翻译并不受此特权保护，应当作为证据被提供。

被申请人可以通过文件的出示提供，请求申请人对自己的新设计予以确认。被申请人提出相关请求时，需要考虑以下因素：①新设计资料是否属于满足可采信证据的形式；②新设计产品是否已经进入美国；③新设计产品是否在证据调查报告制作结束前或案件进行中较有可能进入美国；④新设计产品是否在案件调查中进入美国的商业流通；⑤新设计产品是否具有可商业性。虽然上

---

[1] 美国《联邦法规汇编》（*Code of Federal Regulations*，C. F. R.）的相关规定，即 19 C.F.R. § 210.29（b）（1）。

[2] 双方同意对书面质询答复的截止时间进行延期的情况很普遍。

述标准是从案件中提炼出的，但它们并不是确定无疑的统一标准，不存在十分确定的可预测性。337-TA-1106 案中，天威有效利用文件的出示提供程序请求申请人对自己的新设计予以确认。这是一种突破美国 337 调查的颇为经济高效的方式，值得多数企业参考借鉴。

（四）进入现场或勘查的请求

任何一方当事人有权要求进入其他当事人场地对指定物件或者场地的运营情况进行现场勘查，被申请人在无正当理由的情况下不应拒绝配合。

请求勘查的现场设施与工业流程应具有合理的必要性，而且在合理的勘查范围内不应无限制地超出涉案事项范围。同时，勘查现场的请求应当与案件待证事实和法律问题有关，缺少关联性的现场勘查申请将被拒绝。

若给被勘查当事人带来更小的诉讼负担的其他证据难以被找到，且对其现场进行勘查的申请之范围、时间、地点和方式均合理，则行政法官一般会批准现场勘查申请。现场勘查并不仅局限在美国境内，还包括对被申请人在美国境外的工厂与设施进行现场勘查。从申请人的角度来说，这是美国 337 调查相对于美国联邦地区法院诉讼更关键的优势之一。[1]

从原则上讲，勘查方对在车间及生产流程、生产工艺、生产参数、指数与数据、生产配方等现场肉眼无法看到的信息进行询问时，被勘查方有权拒绝回答，但应配合勘查方对现场勘查场地或厂房的基本信息问题予以回答。与证人质询程序相同，被勘查方人员在勘查现场提供的信息仅为勘查方询问或询问范围内的信息，被勘查方人员的内部交流信息应被严格控制在保密交流范围内。现场的勘查与证人质询不同，勘查方人员并非有权对勘查中看到的情况进行现场询问，当被问到不确定能否回答的问题时，被勘查方人员可对勘查方回

---

[1] 汤姆·迈克尔·萧姆伯格．美国国际贸易委员会 337 调查律师实践指南 [M]. 4 版．钱文婕，李斯，译．北京：法律出版社，2022：142.

答："我不确定能否回答这个问题，我需要在休息期间向我的律师进行询问，之后再告诉您。"

现场勘查中，双方均有权聘请自己的专家证人参与其中，专家证人参与现场勘查的身份和价值与中国诉讼中的专家辅助人相似。若勘查方人员在现场向被勘查方陪同人员以外的其他现场工作人员提出问题，则被勘查方有权拒绝回答。

（五）要求对方承认某些事实的请求

任何一方可向其他当事人发送一份载明与案件事实有关的事项，如声明、对某个事实的观点、就此事实应该适用哪些法律及某些具体描述的文件的真实性等，要求对方予以承认或确认。收到书面要求的一方，若没有特别规定或者行政法官没有特殊要求，则应在 10 日内进行答复。对对方要求承认的事实予以答复时，被请求人应书面答复是否承认或拒绝答复此要求，对拒绝答复的应说明理由。未答复、未明确否认事实或拒绝答复此要求的，将可以被视为承认该事实。

答复时需要注意，对被询问的事实"并不知晓"的答复并不足以满足要求，除非被请求人可证明其尽其合理所能尝试获悉该事实，但仍未通过合理努力获悉。

类似于禁反言原则[1]，除非在后面的程序中查明相反事实，否则被请求人在之前联邦法院诉讼中承认的事实可在美国 337 调查程序中被使用。

在打印耗材美国 337 调查案件中，有些被申请人在证据开示环节中利用这套规则，提出规避相关专利的方案给申请人，要求申请人判断是否规避成功。

---

[1] 禁反言原则也称禁止反言，是普通法中的一项重要的法律原则，若一当事人因另一当事人之陈述产生依赖，则另一当事人不得否定其先前的陈述。当事人在进行民事活动、民事诉讼等行为时，在表示出相应的言辞后，要对自己的言辞负责，不得为己利而作出否定先前言辞的言论。大陆法系与中国的证据规则也有类似的规定。

如果规避成功，则有利于被申请人及时脱身，对申请人也具有吸引力，因为毕竟美国 337 调查对申请人而言花费较多，也是一个负担。

（六）第三方调查取证

虽然 ITC 允许对第三方进行范围较大的调查举证，但是要求进行调查举证的一方必须先尝试从对方当事人处获得信息后才能寻求第三方获得相应的信息。[1] 第三方调查取证可以分为 4 种类型：一是传唤第三方进行调查取证；二是对案件列明的当事人控制的第三方进行调查取证；三是对外国第三方进行调查取证；四是获取受保密协议保护的信息。

传唤证人作证的申请可以是单方提出的，且该申请无须发送给被传唤的证人，但行政法官可以决定是否向其他当事方披露此申请。行政法官对传唤证人作证的申请有权批准，可以决定证人被传唤的方式、证人提供文件的内容等。如果传唤第三方证人（非外国证人）作证且被拒绝作证的，那么申请人只能通过法院来执行（ITC 并无强制执行权），并向其他各方提供向法院申请执行的文件。被传唤的非当事方证人可以以受到法律保护的权利为由拒绝作证，如人身权等，该作证可因受到法律保护的特权而得到豁免。

ITC 规则 §210.32 规定了两种形式：一是证人在询问、听证或庭审中作证，无须携带文件；二是证人不但要出庭，还应携带指定文件或物品要求提供的文件。当然，ITC 应明确、具体地指明需要提供的文件，以及该文件与案件的关联性。传唤非当事方证人作证的，应确保与案件的直接关联性，传唤理由不应过于宽泛。[2]

非当事方证人可能因评估公共利益而被传唤。是否批准传唤证人作证或提供文件的申请应考虑 3 个要件：①传唤证人的关联性；②传唤证人的必须性；

---

[1] 汤姆·迈克尔·萧姆伯格.美国国际贸易委员会 337 调查律师实践指南 [M]. 4 版.钱文婕，李斯，译.北京：法律出版社，2022：148.

[2] 参见 337-TA-984 案、337-TA-428 案、337-TA-342 案。

③被传唤证人的负担和困难，但需注意的是仅不方便作证不能成为拒绝作证的理由。[1]

大陆法系和英美法系在证据制度上具有各自的特征，而这些特征反映在司法实践中成为其在处理案件时的差异。熟悉并研究这些差异能够帮助我们更好地理解、看待美国 337 调查的特点，增加我们对英美法系证明规则的理解，也易于我们对美国 337 调查中存在的烦琐证据及其对应的裁判结果进行客观梳理，更好地应对美国 337 调查。在开庭程序中，各方将在主审行政法官面前表明本方立场、反驳对方立场并提供支持证据。从打印耗材美国 337 调查的经验来看，庭审程序中的马克曼听证会是极为重要的一个环节。

第五节　庭审前美国 337 调查程序的终止

在美国 337 调查程序正式审理前，可能会因为以下情形的出现造成整个或部分美国 337 调查程序的终止，如当事人和解，当事人达成协议同意 ITC 颁布同意令，因一方当事人缺席直接作出缺席判决、仲裁或者撤回申请。[2] 鉴于打印耗材美国 337 调查案件的整体情况，下面对和解、撤诉两项内容进行重点介绍。

一、和　解

如果当事人提出和解，那么 ITC 可以主持和解，发布同意令。由于以和解裁定的方式结案不能被认为 ITC 作出违反 337 条款的决定，因此这种结案不会受制于总统审查。在颁布和解裁定后，ITC 还可以撤销裁定，如在 337-TA-823 案中，当事方和解后，ITC 撤销了和解裁定。

---

[1] 参见 337-TA-989 案。

[2] 参见 19 C.F.R. § 210.21（a）（2018）。

若未来涉案产品被认定为不构成侵权产品，则已提前获得和解裁定的一方可能会根据和解裁定无法进口、销售该产品，但未获得和解裁定的其他方则不然。因此，和解协议的拟定非常重要，需要对未来可能不构成侵权的产品进行协议排除。

支持达成和解协议的一般性政策体现在行政法官有权要求召开和解会议。行政法官有权建议或责令各当事方参加至少一次和解程序。这种和解会议通常在庭审前举行 2~3 次。[1] 不过要注意的是，即使行政法官对一方提出此建议或要求，也并不意味着该方在案件审理中处于劣势。调解成功则签订和解协议，调解失败则继续进行美国 337 调查程序。各当事方均有权参加和解会议。

二、同意令

在美国 337 调查中，除和解之外，双方当事人还可以通过同意令终止调查。同意令与和解协议类似，但保留了 ITC 的管辖权。一项同意令的内容可能包括对所指控事实管辖权的承认；放弃以司法和其他方式对同意令有效性的质疑；声明愿意配合或不妨碍 ITC 就同意令的实施收集有关信息；声明愿意根据 ITC 的有关规则实施、修改或撤回等。

一般而言，各方当事人应当在庭审开始前提交基于同意令终止该美国 337 调查的动议。如果各方当事人在庭审期间或庭审开始后提交该动议，就需要提出延迟提交的合理理由。另外，一旦该动议被提交，原则上不得撤回，除非能够提出合理的理由。

三、撤回申请

申请人撤回或者部分撤回美国 337 调查申请时，应在颁布初步裁定前提出，

---

[1] 汤姆·迈克尔·萧姆伯格．美国国际贸易委员会 337 调查律师实践指南 [M]. 4 版．钱文婕，李斯，译．北京：法律出版社，2022：174.

撤回申请可针对任何被申请人或全体提出。[1] 通常来说，只有在撤回申请会对重要公共利益产生影响的情况下，才会被 ITC 驳回撤回申请。

提出撤回申请时，应明确撤回理由是达成和解协议还是申请和解裁定。撤回是因申请人与被申请人之间达成和解协议提出的，申请人必须将各方签署的全部和解协议提交给 ITC。若和解协议包含保密信息，则申请人应向 ITC 提交一份删去或隐去保密信息的和解协议。

主审行政法官同意撤回申请的，应以初步裁决的形式批准撤回申请。申请人撤回申请并终止美国 337 调查程序对各方的实体权利及争议的实体问题并无影响，也不意味着申请人因此丧失今后另行提起诉讼内容实质相似的美国 337 调查的权利。

第六节　马克曼听证会

马克曼听证会是庭审前的一项准备工作。专利侵权判断中的一个重要的环节就是马克曼听证会。马克曼听证会是行政法官听取各方当事人对权利要求保护范围进行解释，以便确定权利要求保护范围的法定程序，但并非必需程序。然而，近年来，举行马克曼听证会的频率有所增加。2017 年，在超过一半的实用专利相关的美国 337 调查中，ITC 都举行了马克曼听证会。[2]

一、马克曼听证会简介

马克曼听证会通常由各方当事人共同参加，还包括不公平进口调查办公室

[1] 一些著述将该程序称为“撤诉”。由于前文提及美国 337 调查不属于司法程序，而且撤诉在中国语境下有特定含义，因此笔者采用“撤回申请”一说。

[2] 汤姆·迈克尔·萧姆伯格. 美国国际贸易委员会 337 调查律师实践指南 [M]. 4 版. 钱文婕，李斯，译. 北京：法律出版社，2022：199.

的专职律师及专业技术人员。该听证会的时长取决于专利数量、技术的复杂程度、各方当事人的数量、各方对权利要求解释的分歧多少等因素，但通常会在一天内完成。听证会一般在正式庭审前，约在 337 调查程序启动前 7 个月内完成，并在结束时由行政法官出具一份权利要求解释的裁定。

听证会可以不安排事实证人和专家证人作证。换句话说，行政法官可以仅根据律师的陈述意见，对存在分歧的专利权利要求解释作出裁定。因此，为了提高听证会的效率，在听证会前，双方可尽量就无分歧的权利要求解释达成共识，减少尚存分歧的部分。

马克曼听证会中，为了说服行政法官采纳对己方有利的专利权利要求解释，应尽可能作出清晰详细的描述。以书面审理马克曼听证会为例，可以采用多种形式，如 PPT 演示、文字解释、图表说明、图形对比等，来陈述己方意见。

打印耗材 337-TA-1106 案的马克曼听证会于 2018 年 8 月举行，持续一天。双方当事人、不公平进口调查办公室律师就权利要求的“从‘第一位置’运动到‘第二位置’”等 5 个争议术语，充分阐述了各方观点。

二、马克曼听证会的裁定

行政法官会根据马克曼听证会出具一份裁定，对专利的权利要求解释进行明确，各方将以此裁定作为基础准备后面的庭审等程序。鉴于中国参加 337 调查的抗辩情况，特别是打印耗材美国 337 调查案件应诉的经验，专利侵权与否是关系应诉结果胜负的重要内容。2019 年 2 月，打印耗材 337-TA-1106 案的 ITC 行政法官作出了专利权利要求保护范围的限制性解释，确定权利要求的解释范围，认为申请人权利要求中的“从‘第一位置’运动到‘第二位置’”只能包括 angular position，即旋转运动，不能包括轴向运动。这为被申请人的胜利奠定了坚实的基础。

第七节 庭 审

如果庭审前没能终止调查程序，那么根据 ITC 规则 §210.36 庭审通常安排在 337 调查案立案后的 9~12 个月内开庭，行政法官通过对各方提交的证据，结合庭审辩论的情况，以评估被申请人是否存在违反 337 条款的行为，并就事实和建议的救济方式作出裁决。

一、庭审简介

庭审一般不公开进行，不公平进口调查办公室作为独立第三方参加庭审。庭审通常开始由申请人的律师围绕证据陈词，然后由被申请人的律师和不公平进口调查办公室的律师分别陈词，各方都要对自己的陈述和主张承担举证责任。庭审结束后，行政法官审阅各方当事人和不公平进口调查办公室提交的庭审总结后作出包括事实认定、法律结论的初裁。

与国内的诉讼程序类似，在未涉及保密信息的前提下，庭审为公开庭审、集中庭审。虽然各方可在庭审后提交补充代理意见，但不得晚于庭审结束后的 14 天，收到对方的补充代理意见的一方应在 7 日内提交相应的反驳意见。行政法官会在庭审结束后作出初步裁决，并将上述意见和证据记录一并转交给 ITC。

二、打印耗材行业美国 337 调查中美国国内产业要件审查

现在，提起打印耗材行业美国 337 调查的企业不再仅限于美国国内企业。从 ITC 已裁决或正在裁决的案件来看，有关 337 条款案件的申请人与应诉人按

企业总部所在国家分类，可以分为美国国内企业起诉国内企业、美国国内企业起诉国外企业、国外企业起诉国外企业、国外企业起诉美国国内企业。

在理论上，存在中国企业在满足条款规定的国内产业要求的情况下，利用调查来影响其他国家企业甚至美国企业生产的打印耗材产品在美国市场中销售的可能性。在有关专利侵权的一个案件中，申请人之一就是日本的一家公司，应诉人包括美国国内公司、中国公司。初裁裁决认定部分应诉人缺席，ITC 经过调查后，支持申请人的请求，认定应诉人违反了 337 条款。ITC 终裁发布了普遍排除令。在打印耗材的 15 起美国 337 调查中，8 起调查由爱普生、佳能及兄弟提起，其中爱普生 2 起、佳能 5 起、兄弟 1 起。

337 条款规定有以下情形时，应认为关于专利、版权、商标、掩膜产品或设计保护的有关货物的美国产业存在：①对工厂和设备的实际性投资；②对劳动力或资本的实际性雇用；③进行开发的重大投资，包括工程、研究开发或许可。简言之，对于国内要件即美国国内是否存在或正在建立打印耗材相关产业，可从经济和技术两个方面分析。其中，技术要求指的是申请人要证明在美国国内实施了争议的专利、作品、商标、掩膜产品或设计保护；经济要求指的是实际性投资、重大投资、劳动力或资本的实际性雇用。

（一）经济方面

1. 不以制造活动作为判断标准

在上述美国国内产业要件的经济要求规定中，前两种情形源于名为 Airtight Cast-Iron Stoves 的 337 调查案（案号 337-TA-069），目的是使 337 条款能够适用于在美国并没有制造行为的国内产业。

1980 年 12 月，在 Airtight Cast-Iron Stoves 337 调查案中，ITC 判定虽然该案的申请人在美国国内没有制造行为，但有销售、修理及服务等行为，而且申请人的活动包括在美国设有 15 个发货站及 750 家零售商。ITC 认为，该案有 337 条款所称的美国产业存在，并将美国国内产业界定为包括申请人的发货站及零售商在内。ITC认为，虽然《福特尼－麦坎伯关税法》第316节和《1930年关税法》第337节中均没有关于产业的解释，但337条款不能被理解为仅适用于制造业。ITC通过该案确定了产业的标准：任何有系统的活动，只要该活动为了创造价值对美国的土地、劳动力及资本有重要的使用，就可构成337条款所称的国内产业。因此，美国产业并不要求整个产品的生产都在美国进行，为了创造价值在相当程度上使用美国的土地、劳动力、资本，即可构成打印耗材相关的产业。

在337条款的上述规定中，第三种情形是美国在《1988年综合贸易与竞争法》中增加的。该规定是为了保护那些对知识产权的开发利用有相当程度的投资，但在美国没有相关的制造或服务活动的开发利用者（如高等院校、科研机构等），其目的是保护知识产权的所有者积极将其权利授予制造商的情形。

需要注意的是，虽然1988年对美国国内产业定义的修改使美国产业增加了受保护的机会，但也在一定程度上加强了对某些国外企业利益的保护。由于对美国国内产业的划分并不以国籍为标准，所以国外企业同样可以利用337条款打击其他外国企业，甚至美国的国内企业，337条款也成为外国公司可以利用的工具，如飞利浦、汤姆逊、诺基亚、三星、LG、富士通、东芝、佳能、松下、夏普等国外企业均提起过美国337调查。[1]

2. 三种经济认定要件的适用

关于经济要求的3个条件之间的关系，ITC认为，只要满足3个条件中的任意一个，就可以认定满足美国国内产业经济要求的规定，并且对美国国内打印耗材行业规模的大小没有要求。申请人通常都会从各种角度证明自己满足这3个条件。比如，对于工厂和设备的实际性投资方面，申请人会从工厂的面积大小、用途、对设备的具体投资数额，产品每年的产量、销售量、收益，产品

---

[1] 丁菲菲．爱普生初胜“337墨盒调查”，20多家中国厂商4月惨别美国市场[J]. IT时代周刊，2007（4）.

品质管理，售后服务中心设在美国等方面进行证明。对于劳动力或资本的实际性雇用方面，申请人一般都会从雇用的员工人数、人员构成、每年在劳动力和资本上的开支等角度进行证明。对于进行开发的重大投资，包括工程、研究开发或许可方面，其中工程、研究开发可以从费用支出等方面证明，而许可的投资则可以从收取使用费等角度进行证明。

适用中认定经济要求的三个条件的证明标准是不同的。前两个条件规定的是实质性标准，第三个条件规定的是重大性的标准。对进行了实际性的投资或雇用和进行了重大的投资分别有不同的认定。

虽然关于实质性的标准存在一定的不确定性，但是“实质性”一词至少应当被理解为对工厂和设备的投资或者劳动力和资本的雇用是“有价值的、重要的、经过考虑的或者有意义的”。实质性标准不存在必须达到的最小规模，对员工人数也没有要求。ITC认为，美国国内产品的一部分或者全部是在国外生产的，就要比较申请人美国国内、国外生产活动的重要性。如果申请人在国外实施的生产行为比重大于在国内实施的生产行为比重，那么其在美国国内的行为就是不重要的，除非美国国内的生产行为十分关键或者整体上对知识产权的实施更加重要。在具体的实践中，ITC将根据申请人在美国国内的生产行为对产品总价值的增值情况进行认定。比如，在特定光刻机及其组件337-TA-1256案中，ITC认为产品增值的百分比不足以证明其满足实质性标准。

关于重大的标准，ITC认为要考虑与实施知识产权有关美国内投资行为的比重。从法律修改的目的及ITC以往裁决的案件来看，实质性标准要求比重大的标准要求要高。比如，在特定光刻机及其组件337-TA-1256案中，初审行政法官认为，申请人对扫描仪的投资满足重大的标准而不满足实质性标准。申请人在日本制造、装配调试产品，然后再将零部件拆分运到美国，最后在客户处将零件组装起来。该案法官在审查申请人的土地、设备、服务成本、专利产品的安装，国内的产品设计、研发、维修与服务成本后，认为申请人的美国国内行为对其为实施专利而进行的全球运作来说不是重要的部分，因为在美国国内只进行组装。但是，法官认为，设计、设备维修、研发成本都与知识产权的开发有关，最后认定满足美国国内产业要求。

进行开发的重大投资，包括工程、研究开发或许可是1988年修改后新增的认定美国国内产业的标准。修改法律的目的是扩大条款的保护范围，使“刚启动且还暂时不能制造产品的小公司”都能向ITC寻求可行的救济措施。前面已谈到，ITC认为，条款是为了保护美国国内制造的产品。但在1988年修改之前，在适用过程中发现高等院校和小企业往往在美国国内投资研究与设计，但自己不进行生产，没有自己的生产设备。此种情形在当时无法利用条款申请发起调查。为了方便高等院校和小企业这类实体能更好地利用调查，后来增加了第三个条件。

众议院报告认为，第三个条件并不要求在美国的实际生产，只要申请人能证明实际性的投资与条款列举的各种行为发生在美国境内即可，但是在美国只有销售行为而没有其他行为不满足第三个条件的要求。单是许可这一行为本身就能被ITC认定为满足美国国内产业要求。在特定数字卫星系统及其组件（Certain Digital Satellite System and Components）337-TA-392案中，申请人在美国只有9名员工从事有关的专利许可活动。初裁裁决认定，4名专利被许可人，5名从事专利许可活动的员工，只要专利权诉讼的大笔开支这些因素存在，就足以满足国内产业经济要求的标准，认定存在国内产业。只有专利所有权不满足条件的要求，知识产权所有人才必须积极地参与知识产权的开发，包括设计工作或者其他行为。因此，根据第三个条件的要求，如果中国打印耗材企业在国外制造某种商品，而在美国境内投资研发或有关生产设备，企业就可以向ITC寻求救济。但是，如果中国打印耗材企业在美国只设立销售部门，而在国外设立设计与制造部门，那么该企业无法向ITC寻求救济。[1]

---

[1] 肖明，马冬鸣．美国《关税法》337条款之法律解析及应对策略[J]. 经济研究参考，2007（2）：50-52.

3. 经济认定要件的不确定性

在经济认定要件方面，美国关于打印耗材的国内产业的认定方式不只有这 3 种，还存在国内产业已有或正在建立的其他认定方式。

实际上，ITC 一直试图扩大美国国内产业的范围。ITC 在确定美国国内产业的范围时，并不遵守已有的规则，而是审查每个案件的具体情况。基于专利权提起的调查，美国国内产业的范围应通过具体个案予以确定，不仅包括制造行为，还包括对产品的分配、研究与开发、销售行为。

在打印耗材美国 337 调查实践中，ITC 不仅依据“工程、研究与开发、许可”三种情形，还纳入其他因素，如打印耗材产品的品质担保、美国国内打印耗材产品的售后服务等。这些行为都可以被认定为有关企业在美国“进行开发的重大投资”。在 ITC 看来，研究与开发是产品生产前的行为，就应既包括生产之前的行为，又包括生产之后的行为。[1]

从以上分析可以看出，ITC 与初裁行政法官在分析申请人是否存在或正在建立美国国内产业时具有很大的不确定性。条款明确规定，申请人或美国 ITC 指控进口打印耗材产品侵犯美国有效的、可执行的知识产权时，要证明该打印耗材的美国国内产业存在。适用中，法律条文具体分为技术要求和经济要求，以认定美国国内该产业存在或正在建立。技术要求在案件中又明确规定，“只要在国内产业实施了专利权利要求范围内的任意一项权利，而不必与诉称的权利要求相对应”。该条款规定的经济要求具体包括三个条件，这三个条件又涉及证明要求不同的两种标准，即实质性标准和重大标准。除此之外，ITC 在适用中又不完全局限于法律规定，不断扩大美国国内产业范围，扩大条款的保护范围，以保护美国国内产业，在解决个案中明确表示“打印耗材的国内产业是否存在取决于每起调查的案件事实、产品及市场的实际情况”，而且对企业规模的大小没有要求。有的学者认为，美国国内产业要求不难达到，甚至在美国

[1] 宋其鲁，于正河．美国关税法 337 条款对我国贸易的影响与对策 [J]. 山东经济，2006，22（1）：152-154.

的外国小型公司都可以达到。不过，多次发起美国 337 调查的外国公司一般都是大型的跨国公司。外国的小型公司都可以达到美国国内产业的要求，固然在理论上没有任何障碍，不过恐怕美国的小型公司只有在进口产品对其不利时才会提起调查申请。

（二）技术方面

为满足技术要求，申请人必须证明其行使或利用的是争议的知识产权。打印耗材 337 调查有关案件均以专利为诉由。《美国法典》第 35 编第 101 条规定："任何人发明或发现新而有用的方法、机器、制品或物的组合，或新而有用的对上述各项的改良，均可以依本法规定及条件获得专利。"从该规定不难看出，专利法对两类不同的专利保护对象提供保护，一是方法发明，二是机器、产品和物质合成的产品，但它们必须满足《美国法典》第 35 编中授予专利权的条件，即新颖性、非显而易见性和实用性。

1. 关于美国国内产业的专利在实务中的审查判断

关于美国国内产业的专利在实务中的审查判断主要有如下情况。

（1）就美国专利在美国制造的情形而言，在因专利权问题提出的美国 337 调查诉讼中，美国国内产业通常被解释为专利权人及获得专利授权的人，在美国本土通过实质性的制造行为形成的生产链。如果专利权人授权国外厂商制造，而自己只负责在美国销售，就不符合 337 条款所规定的美国国内产业要件。

（2）就美国专利在外国制造的情形而言，如果该专利权在美国国内没有制造的事实，就不符合美国国内产业的要件。

（3）就美国专利在美国国内分别制造同一产品不同部分的情形而言，若侵犯部分专利权足以使美国国内产业受损，则该受损产业符合 337 条款规定的美国国内产业的要件。

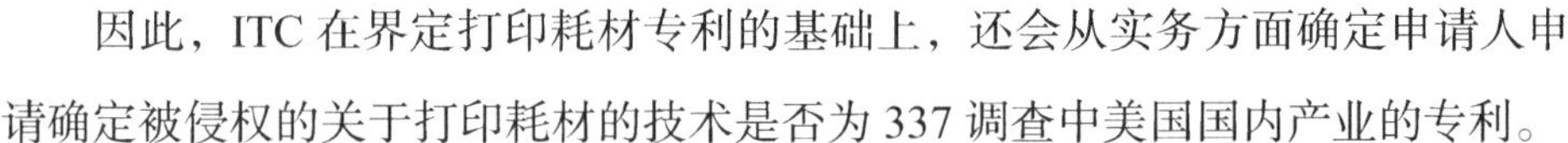

因此，ITC在界定打印耗材专利的基础上，还会从实务方面确定申请人申请确定被侵权的关于打印耗材的技术是否为337调查中美国国内产业的专利。

2.“国内要件”的技术层面构成

在已统计的15起打印耗材美国337调查中，发起人均为原装打印机国际制造企业，其中爱普生2起、惠普6起、佳能5起、兄弟和利盟各1起。这里以惠普为例，分析如何通过专利申请构成美国337调查中“国内要件”的技术层面。

1982年，惠普开始与佳能合作，引入其CX引擎技术，开始激光打印机的研制和生产。1984年发布的首款HP Laser Jet Classic随后迅速成为当时最流行的个人桌面激光打印机，进而引发了桌面激光打印机革命，1987年惠普又推出了第二代激光打印机。1991年，惠普发布世界上第一款使用内置打印服务器直接连接网络的打印机Laser Jet IIISi。1994年，惠普发布了第一台彩色喷墨打印机HP Desk Jet 525Q。2002年，惠普推出第一款纵向彩色黑白同速的彩色激光打印机，进入1000美元以下的彩色激光打印机市场。惠普喷墨打印机始于20世纪80年代初。1980年，惠普第一个热感喷墨式产品开发项目正式启动，历时4年，推出第一款热感喷墨打印机Think Jet，随后又设计出第二款喷墨打印机，但因其价格高昂而不具有市场优势。1994年，具有价格优势的喷墨打印机Desk Jet上市，提供了彩色打印机升级功能，使惠普当年卖出400万台彩色打印机。

惠普打印耗材进入中国市场的时间是1985年，中国首家中美合资的高科技企业中国惠普有限公司成立，1997年的惠普Laser Jet 6L进入中国市场，是惠普专门针对中国纸张特点设计的一款机型。2006年成立的惠普打印产品上海研发中心专注于喷墨打印机、激光打印机和大幅面印刷设备的研发。2017年，惠普完成对三星电子有限公司打印机业务的收购，获得三星打印机拥有的超过6500项打印专利和由近1300名研发人员和工程师组成的顶级团队，团队成员都是激光打印、电子成像及耗材和配件领域的专家。2016—2020年惠普的打印耗材行业专利申请量相对平稳，专利年均在 500 件以上。虽然惠普打印耗材行业专利年申请量占惠普全部专利年申请量的比重始终是一成以上，但近些年该占比处于波动状态。

当前，惠普在传统打印上的专利申请量分布呈现如下特点：喷墨打印专利申请量占绝对主导地位，激光打印专利申请量次之，针式打印专利申请量较少，尤其是近五年中仅两年有专利申请，且专利申请量均为个位数。考虑专利从申请到公开的延后性，从 2016 年至 2020 年 3 类打印的专利申请量可以看出，惠普的喷墨打印、激光打印和 3D 打印专利申请与打印耗材行业整体发展基本一致，趋势相对平稳。目前，从检索专利来看，惠普呈现出从对喷墨打印的集中创新到激光打印和喷墨打印平分秋色的趋势。

从惠普传统打印耗材相关专利各技术分支的分布来看，专利布局数量较多的 3 个分支分别是墨盒、颜料、添加剂和打印介质。惠普专利布局数量较多的技术分支主要集中在喷墨打印耗材和基础原材料上。近年来，惠普专利申请量最多的技术分支是墨盒；其次是硒鼓。

惠普传统打印耗材专利有效量的前 3 个技术分支仍然是墨盒、颜料和添加剂。在拥有专利有效量 100 件以上的技术分支中，专利有效量占分支全部专利申请量的比重最多的是成像辊和树脂原料。

从惠普在传统打印技术分支上的专利布局情况来看，喷墨打印的墨盒占绝对优势，近年专利申请较为活跃的分支则为软件算法。

从惠普打印耗材行业专利量在各目标市场国的分布来看，惠普的技术布局于美国本土较多。惠普在世界知识产权组织、欧洲专利局和中国也有大量的专利布局。

惠普以上申请专利行为和自行研发的打印耗材产品及其在美国国内实施的专利，都有被侵权的可能，都属于打印耗材行业 337 调查中的国内主体产业要件。

第八节　行政法官的初步裁定及 ITC 审查

虽然行政法官是事实的调查者，可以对所有问题作出裁定或者发布命令，但最终决策权还是属于 ITC。

一、行政法官的初步裁决

经过一系列调查取证与听证[1]，行政法官应该向 ITC 提交对该案的初步裁决。初步裁决的颁布日期早在案件被立案后的 45 日内就由行政法官予以确定，通常是在立案后的 16 个月内。初步裁决内容包括行政法官对事实的认定、论证、法律结论，还可能包括对公共利益部分的讨论。初步裁决的核心在于是否存在违反 337 条款的行为，并对救济措施提出建议。

ITC 下设总法律顾问处。在美国 337 调查中，总法律顾问处负责在审查行政法官的初裁时提出意见。

在 337-TA-565 案中，可能是产品与专利有冲突，也可能是对美国 337 调查规则不甚了解，很多企业缺席或被裁定缺席，但也有涉案企业进行了积极的抗辩。初裁情况为：2006 年 6 月，ITC 行政法官认定 5 家企业缺席，裁定侵权；2006 年 10 月，ITC 行政法官认定 3 家企业缺席，裁定侵权；而 10 家企业与爱普生签署同意令，从而终止本案调查；2007 年 3 月，ITC 行政法官发布初裁，建议 ITC 颁布普遍排除令及禁止令，同时建议在总统审阅 ITC 决定期间每个进口至美国的侵权墨盒需缴纳 13.6 美元的保证金。

值得注意的是，2021 年 5 月，临时初步裁决的相关规定开始施行。这

---

[1] 在调查启动 6 个月后，行政法官可以主持召开听证会，全面听取双方当事人的质证和答辩意见。在听证会上，各方当事人都有权进行询问、提供证据、反对、动议、辩论等。听证会一般需要 1~2 周。

是一种提高案件审理效率的裁决形式。行政法官可就临时初步裁决所涉及的事实问题安排庭审，并在庭审启动后 45 日内就所涉法律问题作出临时初步裁决。在该程序中，无须就涉案的全部法律问题进行逐一审查，并可暂停审理该初步裁决所不涉及的事项及相对应的证据开示等活动，直接对可能影响胜败结果的核心争议法律问题进行裁定，这样有助于将更多时间和精力放在临时初步裁决所涉及的核心争议法律问题上，以高效审理完结美国 337 调查程序。

提出临时初步裁决的申请无须在申请书提交后的数周内提出，这给申请人提供更大的自由空间。因此，在一定程度上，临时初步裁决比 2013 年开始实施的百日审[1]更灵活，且具有更广泛的适用效力。

二、ITC 审查

ITC 有权监督行政法官作出裁决。除对美国 337 调查作出最终的初裁之外，行政法官在其他方面作出的初裁也在 ITC 审查的范围。[2]也就是说，ITC 对行政法官的监督包括对其命令进行的中间审查及针对初裁进行的审查。ITC 可以在审查后作出终裁，维持、撤销、修改、驳回行政法官初裁的部分或全部，也可发回由行政法官重审。

---

[1] 为了加快案件审理速度、节省诉讼当事人的费用并保证各方获得公正裁决，2013 年 6 月，ITC 推出新的审判制度“百日审”，也称“百日速裁”。该程序授权行政法官在案件开始后 100 日内对具有决定性影响的事项进行裁决。作为 ITC 提供的一种快速的证据开示、事实查明和裁决机制，百日审旨在美国 337 调查程序中优先解决是否存在国内产业、专利是否有效等前置性问题。通过合理利用美国 337 调查的程序规则，向申请人施加压力可能达到迫使申请人撤诉、和解等目的。

[2] 作为初步决定发布的裁决包括修改起诉书或立案公告的决定，认定某一当事人违约的决定，对调查中的部分或全部争议问题作出简易裁决的决定，终止对某些当事方或某些权利主张进行调查的决定。汤姆·迈克尔·萧姆伯格．美国国际贸易委员会 337 调查律师实践指南 [M]. 4 版．钱文婕，李斯，译．北京：法律出版社，2022：253.

（一）对行政法官的命令进行中间审查

中间审查是一种在审理中请求 ITC 针对行政法官的裁定进行审查的程序，通常发生在案件审理期间，此时行政法官尚未作出初步裁决。根据 ITC 规则的规定，当事人可以对非初裁形式的行政法官的命令进行中间审查。在大多数情况下，只有在法官准许后才可进行中间审查。[1]

中间审查申请应在收到行政法官决定后的 5 日内提出。收到中间审查申请的另一方可在收到该申请后的 5 日内提交回应。ITC 决定受理中间审查申请的，除另有要求的之外，该审查不再安排口头审理，也不再考虑进一步提交的书面文件。根据 ITC §210.24 规定，在提出中间审查的通常情况下，该申请不会中止美国 337 调查程序。

（二）对行政法官初步裁决的审查

在行政法官作出初步裁决后，除被认定为缺席被申请人的当事人之外，当事人有权向 ITC 提出对初步裁决进行审查的申请，ITC 也可以主动对初裁进行审查。[2] 对初裁的审查一般为书面审查，不会再次安排开庭。

为了确保初步裁决中对自己不利的问题得到 ITC 的审查，当事方应在申请中明确需审查的问题。对于未提出申请的问题，ITC 将视为当事方放弃对该类问题提出审查的权利，而且这些未明确提及的对申请人与对方不利的问题在 ITC 审查及之后可能出现的美国联邦巡回上诉法院的上诉审中将可能不会被审理。因此，即使是胜诉方也可能提出申请，以便对行政法官没有支持的问题保留相关诉求的机会。例如，被申请人在未侵权方面得到了行政法官的支持，但专利无效的主张没有得到支持。如果该被申请人没有针对该专利无效主张的裁

---

[1] 汤姆·迈克尔·萧姆伯格．美国国际贸易委员会 337 调查律师实践指南 [M]．4 版．钱文婕，李斯，译．北京：法律出版社，2022：254.

[2] 当有不少于一位 ITC 委员认为应当对行政法官的初步裁决进行审查时，ITC 将启动审查程序。另外，若行政法官的初裁颁布日期超出原定的日期，则该裁决可被 ITC 复审。

决向 ITC 提出审查的申请，那么在将来出现未侵权裁决被推翻的情况时，他将失去继续主张专利无效的权利。

ITC 在审查中可审查初步裁决的全部内容或者部分内容。ITC 应在初步裁决送达之日起的 60 日内对其重新进行审查，否则该初步裁决结果即为本案的最终裁决。一旦最终裁定和救济措施（如有）被登载于美国《联邦纪事》上，终裁和救济措施就会生效。终裁发布后，被判侵权的外国产品可以保证金方式进口，直至总统审议期结束。[1]

（三）打印耗材 ITC 裁决的多数结果对被申请人不利

从裁决结果来看，截至 2020 年年底，在打印耗材行业的 15 起美国 337 调查中，9 起颁布了普遍排除令，1 起基于和解结案，2 起基于申请人撤诉结案，2 起基于同意令结案，1 起应诉企业胜诉。打印耗材行业的普遍排除令颁布率高达 70%，远高于木地板、LED 等行业的普遍排除令颁布率，同时反映出打印耗材行业美国 337 调查结果不利于被申请人的现实。这对打印耗材行业的发展产生较大影响，兼容喷墨产品基本被拒于美国市场之外，兼容激光产品出口美国也较多受阻。

普遍排除令频发的原因有以下几点：①打印行业是一种类似剃须刀的特殊商业模式，打印机不赚钱或赚钱少，打印耗材是原始设备制造商利润的主要来源，围绕打印耗材布局了大量专利；②核心专利是打印机与打印耗材相关的配合或连接结构，如爱普生 337-TA-565 案和 337-TA-946 案主要的核心专利是芯片相关的专利，佳能 337-TA-829 案、337-TA-918 案及 337-TA-1106 案的主要专利是耦联构件等；③一些兼容产品企业的知识产权意识及创新意识不强，时有侵权情况；④一些兼容产品企业面对调查，大多选择逃避；⑤原始设备制造商在美国 337 调查取证时提供了较多不明来源的产品，助力 ITC 发出普遍排除令，如 337-TA-918 案中不能指明来源供应商的产品比以往案件增多、337-TA-

[1] 现实中，美国总统否决 ITC 终裁结果的情况极少出现。

1174 案中不能指明来源供应商的产品增加更多。

随着打印耗材行业的发展，广东省打印耗材企业的创新意识和维权意识也在不断增强。在 337-TA-1106 案中，2019 年 3 月行政法官作出初裁，认定天威、纳思达等的涉案产品不侵权。2019 年 5 月，ITC 作出终裁，维持了行政法官作出的初裁裁决，并终止调查。申请人于 2019 年 5 月向美国联邦巡回上诉法院提起上诉，2020 年 4 月美国联邦巡回上诉法院作出判决，维持 ITC 作出的不侵权裁决。这是打印耗材行业美国 337 调查案中被申请人首次获得全面胜利的案件。该案对打印耗材行业及其他行业应对美国 337 调查具有重要的指导和示范作用，具有里程碑式的意义。

三、裁决中的具体措施及其适用

如果经美国 337 调查认定进口产品违反了美国 337 条款，那么 ITC 有权采取有限排除令、普遍排除令、停止和禁止令。[1] 如果当事人将违反排除令的产品出口到美国，那么 ITC 有权发布扣押和没收令（见表 2-6）。

表 2-6 美国 337 调查中的永久救济措施

救济措施	措施的英文名称	措施的英文缩写
有限排除令	Limited Exclusion Order	LEO
普遍排除令	General Exclusion Order	GEO
停止和禁止令	Cease and Desist Order	CDO
同意令	Consent Order	CO
扣押和没收令	Seizure and Forfeiture Order	SFO

一般来说，ITC 裁决的救济措施的有效期取决于涉案知识产权的有效期，除非 ITC 认为导致排除令的情形已不存在，否则排除令和禁止令可以一直执行。

[1] 这种措施的内容与前面提及的临时有限排除令、临时普遍排除令及临时禁止令的内容基本一致，仅是在效力和时间上存在差别。顾名思义，“临时”就意味着在 ITC 仲裁生效前有效，之后就没有效力了，被终裁的措施取代。

（一）排除令

虽然 ITC 认定被申请人存在违反美国 337 条款的行为，但是其仍有可能在评估排除令对公共健康和福利、美国经济中的市场竞争情况、涉案竞争产品在美国的生产情况、美国消费者的情况等因素的影响后，拒绝对被申请人颁布排除令。虽然颁布排除令在原则上应对申请人提供足够的救济，但也不应超出合理的救济范围。这个不合理的范围主要基于对公共利益的考量。所谓对公共利益的考量，就是对“公共健康和福利、美国经济的竞争条件、美国境内相似产品的生产及美国消费者”[1] 的考量。法律要求 ITC 在决定实施救济前必须对公共利益展开分析，而如今这方面也有一个如何权衡保护知识产权利益与排除某种产品进口对公共利益造成影响的问题。[2] 考虑到公共利益，ITC 可能会发布定制化的排除令。所谓定制化的排除令，是指若被指控侵权的涉案产品涉及多个部件，但被认定为构成侵权的部件只占其中一定比例，ITC 会考虑是否仅针对其中构成侵权的部分发布排除令，而不是对所有涉案产品均适用排除令。

根据案件情况的变化，ITC 在案件审理中途还可以对排除令作出相应的修订，如平行诉讼有新的认定结果、被申请人改变了侵权行为等。ITC 还可能会根据不同产品的特有情况和产业情况，针对某一类型的产品制定、发布排除令的特殊要求。

排除令和临时排除令与进口相关，由美国海关负责执行。

1. 普遍排除令的签发条件

申请人获得普遍排除令的难度大，ITC 对颁布普遍排除令的要求也非常高。就法律程序来说，普遍排除令是 ITC 进行 337 调查的一种处罚措施，其法源依据是 19 U.S.C. § 1337（d）（2）。根据该法条内容，ITC 有权根据案件情

---

[1] 详见《美国关税法》第 337 条。

[2] 汤姆·迈克尔·萧姆伯格. 美国国际贸易委员会 337 调查律师实践指南 [M]. 2 版. 北京：法律出版社，2014：6.

况决定是否签发此普遍排除令，其判断重点有：是否存在针对有限排除令做出规避行为的可能性；是否难以判断侵权产品的来源。另外，在司法实践中，根据 1981 年的特定无气喷漆泵及其部件一案（案号 337-TA-90）和 1996 年的特定钕铁硼磁铁、磁合金及包含此类磁铁或磁合金的制品一案（案号 337-TA-372），还总结出普遍排除令的两个判断条件：①是否有普遍的未经授权使用；②合理推断是否存在非被申请人的其他海外制造商尝试进口的侵权产品。❶

ITC 在 2018 年 11 月对 337-TA-1086 案所作出的普遍排除初步决定中，行政法官判断的主要因素有：根据侵权产品的网络销售信息难以判断其来源和制造商；从订单所包含的信息中看不出产品的来源和制造商；从货物包装上看不出其来源和制造商或者使用其他名称试图混淆；侵权产品直接被打上申请人商标并尝试在网上销售，而且卖方频繁变换身份。综合考虑上述因素后，ITC 认定被申请人存在隐藏实际身份的规避行为，因此最终决定发布普遍排除令。

在 337-TA-1092 案中，法官作出普遍排除初步决定的理由有：进口公司使用虚假、无关联或不存在的地址试图混淆；匿名销售，通过网络销售信息及货物包装信息都无法确定来源；无视此 337 调查程序；除被申请人之外，网上还存在许多其他侵权销售，构成普遍的未经授权使用。

前面提及的我国打印耗材行业遭遇的 15 起美国 337 调查的裁决结果不理想。其中，请求的救济措施为有限排除令的有 2 起，即 337-TA-731 案及 337-TA-960 案。请求的救济措施为普遍排除令的调查共 13 起，其中 9 起调查最终颁布了普遍排除令，普遍排除令的颁布率高达 70%，特别值得注意的是 337-TA-565 案针对不同专利最终同时发布了普遍排除令和有限排除令；其余 4 起调查中，337-TA-1106 案的被申请人被裁定为不侵权，337-TA-711 案的申请人自愿撤诉，337-TA-581 案、337-TA-1011 案基于和解结案。打印耗材行业美国 337 调查结果统计见表 2-7。

---

❶ Johnny Chen. 337 调查之“普遍排除令”简介及 2018 年度典型案例探讨 [EB/OL].（2019-02-16）[2024-10-10]. https://blog.csdn.net/weixin_41245949/article/details/87437208.

表 2-7 打印耗材行业美国 337 调查结果统计

案号	请求的救济措施	裁决
337-TA-565	普遍排除令；有限排除令；禁止令	普遍排除令；有限排除令；禁止令
337-TA-581	普遍排除令；禁止令	基于和解结束调查
337-TA-691	普遍排除令；有限排除令；禁止令	普遍排除令；禁止令
337-TA-711	普遍排除令；有限排除令；禁止令	申请人撤诉
337-TA-723	普遍排除令；有限排除令；禁止令	普遍排除令
337-TA-730	普遍排除令；有限排除令；禁止令	普遍排除令；禁止令
337-TA-731	有限排除令；禁止令	基于同意令结案
337-TA-740	普遍排除令；有限排除令；禁止令	普遍排除令；禁止令
337-TA-829	普遍排除令；有限排除令；禁止令	普遍排除令；禁止令
337-TA-918	普遍排除令；有限排除令；禁止令	普遍排除令；禁止令
337-TA-946	普遍排除令；有限排除令；禁止令	普遍排除令；禁止令
337-TA-960	有限排除令；禁止令	基于同意令结束调查
337-TA-1011	普遍排除令；有限排除令；禁止令	基于和解结束调查
337-TA-1106	普遍排除令；有限排除令；禁止令	应诉企业胜诉
337-TA-1174	普遍排除令；有限排除令；禁止令	普遍排除令；禁止令
337-TA-1259	普遍排除令；有限排除令；禁止令	普遍排除令；禁止令
337-TA-1260	普遍排除令；有限排除令；禁止令	普遍排除令；禁止令

从表 2-7 可知，打印耗材行业美国 337 调查的普遍排除令颁布率高发，且居高不下。在 2021 年 337-TA-1259 案及 337-TA-1260 案开始调查时，行业专家预计仍会颁布普遍排除令，2022 年两案最终均颁布了普遍排除令。

2. 有限排除令

有限排除令就是禁止申请书中列明的外国侵权企业的侵权产品进入美国市场。

前面提到的 337-TA-565 案既有普遍排除令，也有有限排除令，这种情况在一般案件中比较鲜见。337-TA-565 案的有限排除令概要如下：禁止侵犯 US5622439 第 165 项权利要求及 US5156472 第 29 项、第 31 项、第 34 项和第 38 项权利要求，由 8 家公司在国外生产或代表生产的墨盒进入美国市场；还禁止侵犯 US7011397 第 45 项、第 53 项及第 54 项权利要求，由 5 家公司在国外生产或代表生产的墨盒进入美国市场。

（二）禁止令

禁止令是指要求侵权企业停止侵权行为，包括停止侵权产品在美国市场中的销售、库存、宣传、广告等行为。与排除令和临时排除令的执行机构不同，ITC 负责禁止令和临时禁止令的执行，同时有权监督以同意令结案的美国 337 调查的执行情况。此外，如果申请人认为相关产品的进口已经违反 ITC 的救济措施，那么该申请人可以请求 ITC 启动执行程序。

1. 禁止令的发布条件

与禁止令相对应的是，申请人应举证证明被申请人保有大量侵权产品库存。若申请人没有证明被申请人有大量库存或者被申请人证明自己并没有大量侵权产品库存，则有可能被允许销售仅存侵权产品。[1] 但在一些案件中，ITC 可能会注明禁止转让不包含出口，即不禁止被申请人将被控侵权产品由美国境内出口到国外。[2]

337-TA-565 案中的禁止令概要如下：针对 7 家公司发布了禁止令，禁止其进口、销售、营销、分销侵犯专利 US5615957 第 7 项权利要求，专利 US5622439 第 18 项、第 81 项、第 93 项、第 149 项和第 164 项权利要求，专利 US5158377 第 83 项和第 84 项权利要求，专利 US5221148 第 19 项和第 20 项权利要求，专利 US5488401 第 1 项权利要求，专利 US6502917 第 1 项、第 2 项、第 3 项和第 9 项权利要求，专利 US6550902 第 1 项、第 31 项和第 34 项权利要求，专利 US6955422 第 1 项、第 10 项和第 14 项权利要求，专利 US7008053 第 1 项权利要求和专利 US7011397 第 21 项权利要求的墨盒。

---

[1] 参见 337-TA-275 案。

[2] 参见 337-TA-276 案、337-TA-829 案和 337-TA-532 案。

2. 违反禁止令的罚款措施及其救济途径

337-TA-565 案裁定，在发布禁止令后，如果有关当事人违反 ITC 的命令，将会面临 10 万美元 / 日的罚款或者相当于其每日违令输入美国产品的国内价值两倍的民事处罚，并且在两种处罚方式中选择处罚金额较高的方式。

337-TA-565 案中，申请人爱普生向 ITC 申请了强制执行程序，最终 ITC 认定相关被申请人违反了禁止令，并向相关被申请人处以罚款。

第九节　向被申请人提供的救济

在美国 337 调查程序中，为了保障被申请人的权利，ITC 也规定了一些适用于被申请人的救济措施。这类措施主要包括请求 ITC 出具评估意见、修订与撤销原裁决两种，均由 ITC 负责运作。由于我国企业现阶段基本上都是作为被申请人出现在美国 337 调查程序中，所以这两种救济措施值得我国企业重视，要善于利用。

一、请求 ITC 出具评估意见

出具评估意见、裁决后修订裁决、海关重新评估进口产品等程序都是我国企业不熟悉的程序，较少有中国企业在美国 337 调查案件败诉后积极通过这些法律程序进一步维权，以合法向美国进口产品。

（一）出具评估程序意见的基本规定

任何一方，尤其是欲进口与被控侵权产品相似的产品的当事方，都可就修改后的新产品是否违反 ITC 裁决（包括禁止令、排除令及和解裁定）请求 ITC 出具评估意见，当事人针对该申请的回应意见应于 10 日内提出。需要指出的是，在美国 337 调查过程中，被申请人也可以采取同样的做法，即被申请人可以选择通过对其产品进行重新设计来规避被申请人指控受到侵犯的专利，以便行政法官和 ITC 对新设计进行判断。如果能获得不侵犯申请人所主张的知识产权的肯定性认定，那么被申请人可以避免其进口新设计的产品时可能遭受的海关程序延误。时机是考虑重新设计的关键因素，如果在事实取证阶段结束前没有提供足够的证据证明被申请人的重新设计是确定的、最终的且准备紧急进口，ITC 可能会考虑拒绝新的设计。[1]

ITC 并非只要收到评估申请，就必然会出具评估意见。在对以下因素进行考量后，ITC 会在收到评估申请后的 30 日内对是否同意进行评估作出决定。这些因素包括待申请评估的产品及其进口是否为假设性存在；是否有助于裁决的执行；是否有利于公共利益；是否有利于消费者和美国的市场竞争；被申请人是否有寻求评估意见的迫切需求等。

ITC 对是否进行评估和所作评估结果的决定不能被提交给法院审理，ITC 系该程序评估结果的最终裁决人。

在出具评估意见的程序中，被申请人提出评估申请的，被申请人应就其新设计产品不侵犯申请人涉案专利权承担举证责任，尽管在出具评估意见程序之前的 337 调查审理中，申请人应就被申请人在 337 调查中的涉案产品侵犯其专利权承担举证责任。

在评估新设计是否构成侵权时，应将新设计产品与涉案专利权进行比对，而不是将新设计产品与被控侵权产品进行比对。[2]若评估意见仅涉及法律问题，不需要进一步查清事实，则 ITC 会将之交由总法律顾问处处理，后者通常在 60~90 日内完成评估。若还需要进一步查清少量事实，则 ITC 会将之交由不公平进口调查办公室的专职律师处理，后者通常在 90~180 日内完成评估。若还

---

[1] 汤姆·迈克尔·萧姆伯格．美国国际贸易委员会 337 调查律师实践指南 [M]. 4 版．钱文婕，李斯，译．北京：法律出版社，2022：125-126.

[2] 参见 337-TA-944 案。

需要进一步查清大量事实，则 ITC 会将之交由一位行政法官处理，后者通常在 6~9 个月内完成评估。

需要注意的是，在某种意义上应诉涉案产品不侵权要有足够的资金投入，而规避设计要有充分的技术研发及专利分析能力准备，不能在调查过程中简单应付，研发的相关过程需要进行有效的记录保留，对创新设计成果及时进行国内外专利申请布局。如果平时没有充分准备，那么临时应对很难在美国 337 调查中取得好的效果。

（二）被申请人对咨询意见请求的实践

经过多年应对美国 337 调查的历练，中国打印耗材企业对出具评估意见、裁决后修订裁决和海关重新评估进口产品等程序日益熟悉。在 337-TA-565 案和 337-TA-946 案中，纳思达充分实践了这 3 个程序。

在 337-TA-565 案结束后，纳思达在 2017 年 4 月向 ITC 提交了一份咨询意见申请，主张自己的再生墨盒产品没有被纳入 337-TA-565 案及 337-TA-946 案的普遍排除令的保护范围，并在咨询意见中引用了美国法院众多案例中提到的“专利权用尽”原则和“允许的修理”原则，表明自己销售的墨盒并没有侵犯爱普生的专利权，不应落入 337-TA-565 案及 337-TA-946 案的普遍排除令的保护范围。因为两个普遍排除令的专利相关联，涉及的再生墨盒产品与两个普遍排除令都相关，所以纳思达请求 ITC 对 337-TA-946 案及 337-TA-565 案的咨询意见进行并案审理。

由于纳思达对爱普生的墨盒主要有以下 3 种行为：切断墨盒接口；清洗、重新填充和标记墨盒；更换 IC 芯片。因此，纳思达在咨询意见中提出其墨盒不在 337-TA-565 案或 337-TA-946 案的普遍排除令的保护范围，并提出如下理由。

1. 声称的发明是由多种元素组成的

337-TA-565 案和 337-TA-946 案的普遍排除令所主张的专利涉及的是由墨

盒、墨水供应口和存储器组成的装置及位于该装置中的电触点。US8454116 专利中还提到了在墨盒上设置有电路板及多个端子，多个端子将墨盒连接在打印机上。因此，337-TA-565 案的普遍排除令和 337-TA-946 案的普遍排除令所主张的专利是由多种元素组成的，并不是单一的墨盒。

2. 收集的空墨盒符合首次销售原则

纳思达用于再制造的爱普生空墨盒是从美国购买的，符合首次销售原则。首次销售也称“权利穷竭”或“权利用尽”，是指享有某种知识产权保护的产品，由知识产权人或其所许可的人首次销售或通过其他方式转移给他人后，知识产权人即无权干涉该产品的使用和流通。就专利权用尽原则而言，当一个专利权人或者其许可的人将专利产品在市场中销售后，他就失去了对该专利产品在市场中进一步销售的控制权，其他人可以任意处置该专利产品，只要不损害专利权人享有的其他权利。权利用尽原则最早是由德国法学家柯拉（Kohler）提出的，其合理性在于消除知识产权的专有性对商品自由流通所产生的负面影响，以促进贸易的发展。这一设计既维护了知识产权人对产品的获益权，又维护了含有知识产权的商品的购买人的利益，使知识产权与商品所有权处于平衡状态，从而均衡了知识产权所有人的利益和社会公众的利益，避免贸易中的不公平竞争，为商品的自由流通扫清了障碍。

首次销售原则应用在本案中，就是爱普生的墨盒在售出后是不受限制的，对其进行重新修复的行为不应受到爱普生的干涉。

3. 清洗、填充和重新标记是允许的修复行为

在 337-TA-565 案和 337-TA-946 案所主张的专利中，没有一项专利是直接涉及油墨的，甚至没有一项权利要求是专门针对油墨进行限定的，因此纳思达清洗墨盒和补充墨水的行为是应当被允许的。同样，在爱普生空盒再生步骤中，删除爱普生的标志是允许的修复。在富士摄影胶卷有限公司诉爵士摄影公司一案中，爵士摄影公司移除包含富士商标的硬纸板包装，换上包含爵士标志的包装，美国联邦巡回上诉法院明确允许了这一行为。综上所述，清洗、填充和重新标记是允许的修复行为。

4. 收集的空墨盒没有被全部使用

爱普生和纳思达对空墨盒的使用方式不同。爱普生的墨盒仅是墨盒内部的墨水被用尽，但是纳思达在爱普生的空墨盒内注入新的墨水，使其能够继续使用。首次销售原则不允许购买者“制造新设备或对一个已经使用过的设备进行重建”。由于墨盒专利是由多种元素组成的，其他专利部分的使用寿命（如打印头）比墨盒的使用寿命长，因此墨盒中的墨水被用尽并不能看作这个墨盒被全部使用。

5. 更换电路芯片是允许的修复

在多个案件中，更换电路芯片是允许的修复。337-TA-565 案和 337-TA-946 案主张的专利是专门针对 IC 芯片在 US8454116 专利的第 18 项权利要求中提到的“一个电路板（IC 组件）安装在墨盒上”，并没有权利要求涉及 IC 芯片本身，更换 IC 芯片属于允许的修复。允许的修复包括更换既不损坏又不磨损的部件。

6. 切断墨盒接口是允许的修复

美国联邦巡回上诉法院认为，允许修复包括对专利设备的改进。由于切断墨盒接口是对墨盒的改进，改善了墨盒的功能，延长了墨盒的使用寿命，所以切断墨盒接口是允许的修复行为。在 337-TA-565 案和 337-TA-946 案主张的专利中，接口是一个非专利的元素。因为在 337-TA-565 案和 337-TA-946 案的普遍排除令所主张的专利中没有专利是专门针对接口的，也没有一项权利要求是专门对接口进行限定的。因此，对接口的修改属于可允许的修复行为。

二、请求 ITC 修订与撤销原裁决

当事人可向 ITC 提出修订与撤销原裁决的申请，或 ITC 也可自行审查后决定修改或废止原裁决，包括部分修改和部分废止排除令、禁止令或和解裁定。

该程序仅限于 3 种因素发生变化时方可提出，即事实、法律、公共利益。提出请求时，当事人应当说明待修改的内容和理由（如情形变更等），并附上相应材料。申请材料应被送达所有当事方，且非申请人如对此申请有异议，必须在 10 日内提出。

为使自己的产品可以在排除令生效后进入美国，被申请人作为受影响的进口商可以向 ITC 提起请求修改排除令的程序，确认他们的规避设计产品可以安全进口，而不会冒险支付可能产生的巨额罚款。根据 ITC 于 2015 年公布的"ITC 对裁决作出后评估新设计产品的试点程序：背景与事实"，申请人可依据新设计或规避设计向 ITC 提出申请，请求 ITC 修订已发布的排除令、禁止令或和解裁定，并主张新设计并未在排除令、禁止令或和解裁定的禁止范围内。申请人还应说明其在美国 337 调查案件中未能向 ITC 提交此新设计用于评估的原因，如当时新设计尚未完成等。[1]

美国 337 调查申请人作为权利人，也可以提出修改程序的申请，请求 ITC 裁决认定进口商规避设计产品仍受排除令的约束。ITC 可根据申请人的申请决定是否修订已发布的排除令、禁止令或和解裁定，以使新设计不在禁止范围内。

与 ITC 出具评估意见的程序相同，在 2015 年试点程序下的 ITC 修订与撤销原裁决的程序中，ITC 也可根据申请的复杂程度，决定将对申请的审理交付给总法律顾问处、不公平进口调查办公室的专职律师和行政法官中的任何一方。

---

[1] 2021 年 5 月，ITC 颁布了一项新的试点计划，允许行政法官就某些特定问题在全面听证前作出临时初步裁决，简称临时初裁。

当向 ITC 提出请求修改或废止（包括部分修改和部分废止）排除令裁定、禁止令裁定或和解裁定的申请时，ITC 可启动一个新的复审程序，并安排公开听证会（交由某行政法官主持）。如果是法律方面的调查，那么 ITC 的最终决定最快可以在 60~90 天内完成；如果是最低限度的事实方面的调查，那么 ITC 的最终决定最快可以在 90~180 天内完成；如果是需要深度调查的事实问题，那么 ITC 的最终决定最快可以在 6~9 个月内完成。

第十节　美国总统的审查

由于 337 条款属于影响美国国际关系的贸易法，因此美国总统对 ITC 的决定具有审查权。美国《1930 年关税法》第 337 节规定，ITC 作出的任何违反 337 条款的终裁均应提交美国总统进行审议。也就是说，如果 ITC 的终裁结果仍是认定被控行为违反 337 条款，那么 ITC 会将最终裁决结果发给美国总统审查。

多年来，美国总统的审查对 337 条款的实践几乎没有影响。[1] 在打印耗材美国 337 调查中，美国总统也从来没有否决 ITC 的裁决。

一、美国总统审查的内容及其决定的处理

美国总统审查的内容主要是公共利益，包括从美国国内经济要素、公共经济利益、外交关系等角度评估是否批准 ITC 的裁决。若美国总统在 ITC 裁决作出后 60 日内未基于政策因素予以否决，则该裁决将成为最终裁决。

美国总统审查并不包括对 337 调查案件的法律实体内容作出评价，这意味

---

[1] 汤姆·迈克尔·萧姆伯格 . 美国国际贸易委员会 337 调查律师实践指南 [M]. 4 版 . 钱文婕，李斯，译 . 北京：法律出版社，2022：260.

着美国总统不能因不认同案件的法律实体内容的裁判而拒绝批准 ITC 的裁决。美国总统对 ITC 裁决不予批准并不会导致该裁决无效，而仅产生该裁决无法被实施的法律效果。

美国总统的审查结果体现为全赞同或者全否定。若总统仅对裁决的救济方式不同意，则总统仍然要对 ITC 裁决全部不予批准。若 ITC 据此修订救济方式，则修改后的裁决仍然有效且可被实施。

二、美国总统审查期间的游说

2005 年，美国总统已经授权美国贸易代表办公室（Office of the United States Trade Representative，USTR）有权否决 ITC 的排除令。这也意味着美国总统的审查权力其实是由美国贸易代表办公室来行使的。[1] 虽然游说委员会官员是被禁止的，但在美国总统审查期间并不禁止游说美国贸易代表办公室。当事人及其他利害关系方的律师可酌情安排向美国贸易代表办公室的指定官员及执行部门介绍情况，美国贸易代表办公室可以针对某项命令征询前述官员和部门的意见。[2]

三、美国总统审查期间的产品进口问题

当认定被指控行为违反美国 337 条款时，ITC 会颁布排除令。在美国总统对最终裁决进行审查的 60 日内，若被申请人希望继续进口侵权产品，则 ITC

[1] 美国贸易代表办公室的主要职责是为美国企业打开国外市场，负责与外国政府谈判贸易协定，解决贸易争端，并且参与国际组织中的贸易政策制定活动。美国政府贸易政策审议小组负责制定、协调美国的贸易和投资政策，通常由 USTR 主持。由私营企业界人士组成的总统贸易政策与谈判咨询委员会（ACTPN）由 USTR 负责联络。USTR 还经常就贸易和投资问题在众议院筹款委员会和参议院财政委员会等国会委员会举行的听证会上进行作证。

[2] 汤姆·迈克尔·萧姆伯格．美国国际贸易委员会 337 调查律师实践指南 [M]. 4 版．钱文婕，李斯，译．北京：法律出版社，2022：260.

在评估后认定可行的，就可要求被申请人提供保证金，缴纳保证金后被申请人可在美国总统审查裁决期间继续进口侵权产品。

为了确保给申请人足够的救济，被申请人应缴纳的保证金数额根据个案具体情况进行判定。例如，ITC 可根据侵权部件价值占整个进口产品价值的比例等个案因素来评估和确定保证金的数额，最低为 0 元，最高可超过侵权产品的价值。虽然申请人也可以提出其认为合理的保证金数额，但应就其提出的建议金额承担举证责任。在对申请人有利的裁决结果生效后，申请人可在美国总统审查结束后的 90 日或美国联邦巡回上诉法院上诉程序完结后的 30 日内，向原行政法官提出申请，请求对被申请人缴纳的保证金是否应全部或部分归申请人所有进行裁决。

四、美国总统的审查结论与司法救济的关系

美国总统并没有权力推翻 ITC 作出的被申请人是否违反 337 条款的结论，而只能针对 ITC 对救济措施的裁决作出同意或者否决的审查决定。因为美国总统不仅要考虑公共利益，而且要考虑对外国际关系与国家经济利益等。因此，美国总统的审查结果是不能进入司法程序的。[1]

而后文介绍的美国联邦巡回上诉法院介入 337 调查裁决结果的制度与美国总统的审查结论并无关系，只是美国联邦巡回上诉法院受理 337 调查当事人诉讼的条件之一，也就是 ITC 的终裁生效。而在被申请人应诉失败的情况下，也就是 ITC 认定其存在违反 337 条款的行为，终裁只能等到美国总统 60 日审查期届满后才能生效，这个时候被申请人才能向美国联邦巡回上诉法院提起诉讼。至于申请人败诉，即 ITC 没有全部支持其申请，该终裁也就不会进入美国总统审查的环节，只要在美国《联邦纪事》上公布，就产生效力。此时，申请人可以直接提起诉讼。

---

[1] Duracell Inc. v. U.S. International Trade Commission，778 F. 2d 1578（Fed. Cir. 1985）。

第十一节　337调查程序后的司法程序

美国337调查属于行政程序，也有人认为它是一种准司法程序，但是遵循司法最终解决的法治理念，ITC对337调查的裁决结果不具有终局性。根据美国相关法律的规定，ITC作出最终裁决，且美国总统在60日内未否决该裁定的337调查案件，受到裁决不利影响的当事人如对最终裁定不服，可在法定时间内向美国联邦巡回上诉法院提起诉讼。[1]此时，争执相应进入了美国司法程序，不再属于美国337调查程序。对美国联邦巡回上诉法院的裁决不服，还可以再向美国联邦最高法院上诉，对美国联邦最高法院作出的具有终局性的裁决，当事人不得再提出上诉。

截至2009年，在美国联邦巡回上诉法院作出最终裁决的案件中，进入司法程序的337调查案件还是很多的，而且美国联邦巡回上诉法院一般会维持ITC的最终裁决。需要指出的是，美国联邦巡回上诉法院的司法审查毕竟是337调查案件中受到裁决不利影响的当事人"翻案"的一次机会，胜诉概率虽小但并不是没有可能的。

一、美国联邦巡回上诉法院

美国联邦巡回上诉法院是位于华盛顿的一个联邦上诉法院。该法院是由美国国会通过《1982联邦法院改善法》创设的，将原有的联邦关税及专利上诉法

---

[1] 很多著述将此种基于对ITC裁决不满而向美国联邦巡回上诉法院寻求司法救济的情况称为"上诉"。由于笔者考虑到ITC的337调查不属于司法审理，而且不能因为美国联邦巡回上诉法院的名称中含有"上诉"二字就将其定性为上诉，因此这里称之为起诉或者提起诉讼，当事人的称呼也由之前的申请人、被申请人变为原告、被告。

院、美国索赔法院中的上诉部门合并后建立，这些法院的法官成为巡回上诉法官。该法院共有 12 名法官，法官的选任方式是由美国总统提名后美国参议院通过，法官的任期也是终身制，12 名法官负责对所有涉及专利的上诉案件进行独家上诉审理，以确保案件处理的一致性。

在美国联邦巡回上诉法院的审理程序中，总法律顾问处负责代表 ITC 进行应诉，这也意味着被告是固定的，就是 ITC。原告可能是美国 337 调查程序中的申请人，也可能是被申请人。至于与原告对应的原来 337 调查程序中的对方是以诉讼第三人的身份出现的，其立场原则上应与 ITC 保持一致。

法院的审理范围包括事实问题、法律问题。司法裁判一般有下面几种：根据诉讼请求决定是否维持原判或改判，发回 ITC 重新调查。

美国 337 调查程序终局裁决由 ITC 作出，ITC 拒绝针对行政法官的初审裁决进行复审的，该初审裁决即是 ITC 裁决结果。如果 ITC 没有同意颁布排除令，那么受不利影响的任何一方均可立即上诉。当 ITC 同意颁布排除令时，受影响的一方可上诉至美国联邦巡回上诉法院，提起行政诉讼。起诉期为 ITC 裁决生效（总统审查期内并不生效）后的 60 日内。在爱普生墨盒 337-TA-565 案中，被申请人不服 ITC 裁决，上诉至美国联邦巡回上诉法院，但该法院维持了 ITC 的裁决。

然而，并非美国 337 调查中的每一个问题都适合诉讼。例如，如果 ITC 得出结论认为被申请人没有侵权，并没有违反美国 337 条款，那么不需要确定专利是否无效。在这种情况下，当事方只能对 ITC 的侵权认定提出诉讼请求。另外，以和解协议等方式结案的 337 调查案件不在此列。

在行政诉讼审理中，美国联邦巡回上诉法院一般仅对法律问题进行审理，很少会纠正 ITC 认定的事实。在行政诉讼中，请求对 ITC 认定的事实予以改判的，当事人应证明 ITC 对此事实的认定无证据支撑或属滥用其自由裁量权。若原告在 ITC 审理的阶段未提出某项法律主张，则原告不能将此主张在美国联邦巡回上诉法院的行政诉讼审理中提出。需要说明的是，对权利要求的解释的

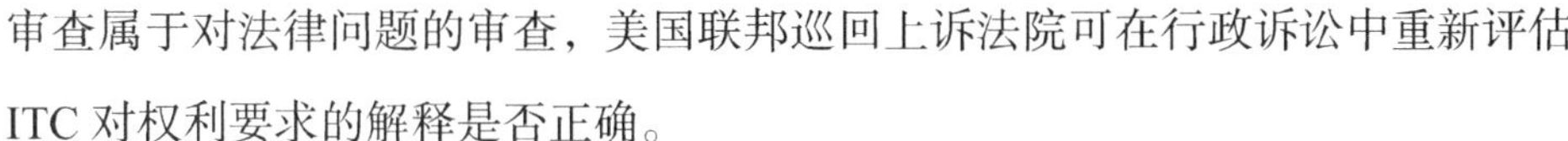

审查属于对法律问题的审查，美国联邦巡回上诉法院可在行政诉讼中重新评估 ITC 对权利要求的解释是否正确。

提起诉讼时，原告或被告也会向美国联邦巡回上诉法院提出申请，请求在审理期间暂停执行 ITC 救济措施的决定。

二、美国联邦最高法院

在美国 337 调查案件中，虽然当事人对美国联邦巡回上诉法院的裁决不服可向美国联邦最高法院上诉，但美国联邦最高法院极少受理此类案件，因此在司法实践中美国联邦巡回上诉法院的裁决通常是终局裁决。例如，在 337-TA-565 案中，美国联邦巡回上诉法院在维持 ITC 的终裁的情况下，纳思达等四个被申请人向美国联邦最高法院上诉，请求重审美国联邦巡回上诉法院的决定，但被拒绝。

美国联邦最高法院是美国联邦法院系统的最高审判机关，根据《美利坚合众国宪法》成立，位于首都华盛顿。根据《美利坚合众国宪法》第 3 条的规定，美国联邦最高法院对所有联邦法院、州法院和涉及联邦法律问题的诉讼案件具有最终（且在很大程度上是有斟酌决定权的）上诉管辖权，还具有对小范围案件的初审管辖权。在美国的法律制度中，美国联邦最高法院通常是包括《美利坚合众国宪法》在内的联邦法律的最终解释者，但仅在具有管辖权的案件范围内。法院不享有判定政治问题的权力，政治问题的执法机关是行政机关，而不是政府的司法部门。

第十二节　美国海关执法

美国海关隶属于美国国土安全部，是美国的边境执法机构，负责执行与进口相关的ITC颁布的（临时）排除令。另外，对于专利侵权，美国海关可以为专利权人提供帮助，如提供疑似侵权商品进口者的姓名或住所地等。[1]

一、美国海关的执法类型及其被动执法

美国海关对进口贸易中的知识产权侵权行为有权采取禁止入境、扣留、扣押、没收和罚款等执法措施。虽然美国海关对是否侵权等实体问题没有判断的权力，但是在执行排除令时，显然还有一定的自主性。

（一）美国海关的执法类型

美国海关的执法类型可分为两种：一是被动执法，即按照ITC或者美国法院的裁判采取执法措施。ITC发布的排除令、罚款和查封均由美国海关负责执行。美国海关以ITC的裁决为执行依据和基础，在发布普遍排除令的情况下主要针对涉案商品本身，而不管进口商是不是美国337调查中的当事人。二是主动执法，即依据法律赋予的主动执法权力采取执法措施，对注册商标（仅包括主簿注册）、注册版权、使用超过6个月的商号或商业风格适用电子备案系统监控，以及对假冒商标、抄袭或相似的商标和商号、灰色市场物品、版权等侵权行为主动采取执法措施。根据本书内容，这里仅对美国海关的被动执法进行介绍。

若ITC曾就某一产品发布排除令，而有关企业试图再次将其出口到美国市场，则美国海关可以根据ITC发布的扣押和没收令，扣押并没收所有试图出口到美国市场的侵权产品。此项规定的目的是惩罚那些无视美国法律，在排除令颁布后仍然进口侵权产品的进口者。存在以下3种情况时，美国海关可以对产品进行扣押和没收。

---

[1] 张平，黄贤涛．产业利益的博弈——美国337调查[M]．北京：法律出版社，2010：108-109.

（1）受控产品的权利人、进口商或代理人以前曾试图进入美国市场。

（2）该产品以前由于签发禁止进入命令而被排除在美国市场外。

（3）根据禁止进入的命令，美国财政部已经向受控产品的权利人、进口商或代理人送达书面通知，其中包括禁止进入美国市场的命令和违反规定进入美国市场将被没收受控产品的说明。

（二）被动执法的操作程序

（1）收到 ITC 的扣押和没收令后，美国海关将实施扣押并通知被扣押财产的利益相关方，利益相关方可以在 30 日内申请获得救济，否则美国海关将实施没收。发现被扣押财产不应被扣押时，美国海关将解除扣押。

（2）收到 ITC 的排除令后，美国海关将阻止涉案产品进入美国市场。进口商可以提前向美国海关缴纳 ITC 规定的保证金，来暂缓执行排除令。但是，在 ITC 的排除令最终生效后，美国海关将继续执行排除令，进口商缴纳的保证金将被没收并交给权利人，进口商须在 30 日内在美国海关监督下出口或销毁进入美国市场的涉案产品。

（3）注册掩膜作品、注册商标、版权权利人可以申请美国海关执行美国法院发布的禁止进口命令或扣押令。

（三）进口商的证明责任及其救济

美国海关第 177 节裁决是进口商自证清白的渠道，即进口商作为申请人通过向美国海关发送书面请求，申请按照美国海关第 177 节认定其拟进口的规避设计产品不受排除令约束。若美国海关认定规避设计的产品不属于排除令的范围，则美国海关将颁布裁决，允许这些产品进入美国。

如果美国海关根据现有的排除令拒绝规避设计产品入境，那么申请人可以向美国国际贸易法院（U.S. Court of International Trade，CIT）提出上诉。如对

美国国际贸易法院作出的最终决定不满，则受影响的主体可以向美国联邦巡回上诉法院提出上诉，并最终向美国联邦最高法院提出上诉。[1]

二、337-TA-565 案中 ITC 普遍排除令的执行情况

截至 2020 年 12 月，51 家公司进口侵权的墨盒及其组件，违反了普遍排除令。ITC 针对 51 家公司发布了没收令。

三、337-TA-565 案中 ITC 的强制执行程序

2008 年 2 月，因发现仍有被申请人公司向美国非法进口侵权产品，申请人爱普生向 ITC 申请了强制执行程序。最终，ITC 认定相关被申请人公司违反了 337-TA-565 案中的停止和禁止令，并对相关被申请人公司处以罚款。爱普生申请强制执行程序的过程如表 2-8 所示。

表 2-8 爱普生申请强制执行程序的过程

时间	申请过程
2008 年 2 月	在 337-TA-565 案终裁发布后，申请人爱普生因 5 家公司仍然继续向美国进口，为向美国进口而销售、刊登广告、批发、提供销售及销售涉案的墨盒，而向 ITC 请求执行强制执行程序。
2008 年 3 月	申请人爱普生又因 2 家公司在 337-TA-565 案终裁发布后，仍然继续向美国进口，为向美国进口而销售、刊登广告、批发、提供销售及销售涉案的墨盒，而向 ITC 请求执行强制执行程序。
2008 年 5 月	ITC 基于爱普生 2008 年 2 月的请求，正式对被申请的 5 家公司启动强制执行程序的相关调查。
2008 年 6 月	ITC 基于爱普生 2008 年 3 月的请求，正式对被申请的 2 家公司启动强制执行程序的相关调查。
2008 年 9 月	ITC 将两例强制执行程序的相关调查合并。

[1] 陈静. 337 调查排除令并非“大结局”：应对方案之美国海关 177 裁决重点关注事项 [EB/OL].（2022-04-09）[2024-10-10]. https://zhuanlan.zhihu.com/p/494624331.

续表

时间	申请过程
2009年1月	ITC作出初裁，认定被申请人中的3家公司缺席本次强制执行程序。
2009年1月	ITC作出初裁，认定被申请人中的一家公司因未能配合调查而缺席本次强制执行程序。
2009年4月	ITC作出强制执行程序的初裁，认定5家被申请人违反了337-TA-565案调查发布的禁止令。
2009年6月	ITC作出终裁，决定不再重审2009年4月的强制执行程序的初裁。
2009年8月	ITC决定对违反禁止令及同意令的行为处以罚款。

四、美国海关有关排除令排除的行政裁决

若美国海关机构因排除令拒绝某产品进口至美国境内，则被拒绝产品的进口方可向美国海关提出异议，并请求重新评估。

（一）基本规定

在请求海关重新评估时，申请人只能向美国海关主张待进口的产品不构成侵权，不能以涉案专利无效作为论证的理由。即使申请人提出专利无效，美国海关也不会考虑专利是否存在无效的情形。在此阶段，若对涉案专利的有效性提出质疑，则申请人只能另案提起专利的多方复审或者在满足立案要求的情况下向美国联邦地区法院提起确认不侵权的诉讼。

以前，美国海关是依据单方审查程序，依据申请人提交的材料进行审查，在此过程中海关无须邀请申请人以外的其他方参与裁决，也无须邀请各利益关联方提供书面意见。近年来，美国海关已经改为双方审查程序，会邀请双方参与，制定一个时间表、设有听证程序等。打印耗材337-TA-565案、337-TA-829案及337-TA-918案等最终颁布了普遍排除令。受制于排除令的产品进口方向美国海关提出申请，请求认定排除令不适用于其待进口的产品。打印耗材337-

TA-1174 案中，天威、纳思达等企业向美国海关提出申请，请求认定其产品不在排除令范围内。

虽然申请人无须向 ITC 通报该申请，但应在提出申请的文件中向美国海关列明所有利益关联方。如果权利人未对申请人的请求提出异议，那么一般审查期限是 3 个多月；如果权利人对申请人的请求提出异议，那么审查期限多为 7 个月，有的甚至超过 1 年。

根据 ITC 规则 §174 规定，若进口申请被拒绝，则进口方可在 180 日内向美国海关机构提出异议。海关在收到进口方异议后的 30 日内作出决定，不满此决定的进口方可将其起诉至美国国际贸易法院。该法院相当于行使行政诉讼一审管辖权的权力，且其判决还可进一步被上诉至美国联邦巡回上诉法院。在此程序中，美国联邦巡回上诉法院相当于行使行政诉讼二审管辖权的权力。不满此决定的美国 337 调查申请人并无机会直接请求行政机关或司法机关对此决定进行审查或以当事方介入此法律程序。

（二）美国海关在执行排除令方面的关键作用是推定侵权

美国海关处理侵权的方式与美国 337 调查或联邦诉讼存在明显区别，其中主要的区别是美国海关进行第 177 节裁决是举证责任倒置，即由申请方证明其产品不应当受普遍排除令约束，请求美国海关将其产品划入不受普遍排除令约束的范围，以达到其产品未来可以顺利进入美国市场的目的。美国海关普遍排除令执行局局长会负责此类事项，包括与专利权人及任何裁决申请方之间涉及包括听证在内的事宜。[1]

1. 美国海关第 177 节裁决的新机制赋予专利权人“挑战权”

从 2017 年开始，美国海关实施了一项新的当事人之间的程序，其目的是

[1] 陈静 . 337 调查排除令并非“大结局”：应对方案之美国海关 177 裁决重点关注事项 [EB/OL].（2022-04-09）[2024-10-10]. https://zhuanlan.zhihu.com/p/494624331.

解决在 ITC 获得排除令的专利权人与试图使规避设计产品进入美国且可能被判定侵权的主体之间的纠纷。虽然美国海关长期以来有权处理这类问题，但相比以往没有专利权人参与的机制，这项新的程序机制使任何可能受普遍排除令影响的主体或专利权人均可以与美国海关联系，并就新产品是否受排除令的约束寻求单方面的裁决，即新机制赋予了专利权人在美国海关相关程序中的“挑战权”。新程序机制的特点是通过当事人之间的程序允许双方在美国海关作出任何裁决前提出各自最佳抗辩供美国海关考虑，从而为美国海关程序增加更大的公平性和透明度。

理论上，美国海关第 177 节裁决的可预见周期为 2~4 个月。但是，如果可以把握好常规考量，并尽早得到专利权人的不侵权认定，那么可预见周期可以缩短至一个半月左右。

2. 中国企业申请美国海关第 177 节裁决的常见考量

从未参与美国 337 调查的主体作为申请人的角度而言，其难处是“如何不被挑战”。一是申请人的律师需要非常熟悉美国 337 调查案件中专利的不侵权抗辩、规避设计等问题，并理解美国 337 调查申请人就普遍排除令发布前后对疑似侵权主体的重点关注；二是申请人的律师需要预见美国 337 调查申请人为把普遍排除令执行到位所采取的主要措施；三是申请人的律师需要非常熟悉美国 337 调查申请人的律师团队对美国 337 调查涉案专利的保护重点，即明白如何保障从第一步在美国海关得到第 177 节裁决后可以进入第二步顺利经营，并扩大其美国业务。

3. 实践中美国海关和美国国际贸易法院互动的重点关注

普遍排除令带来的新产品进入美国海关的不确定性在于美国海关推定侵权，而且美国海关的执法相对不够透明，加上普遍排除令的措辞相对模糊，美国海关到底是怎样运用其自由裁量权对普遍排除令的执行问题作出解释，在实践中很容易引起争议。如果拟进口的货物已在此时到达美国，那么进口商可有如下选择。

一是提前向美国海关主动寻求不侵权裁决，目的是使经其裁决的产品划入不受普遍排除令约束的范围，也就是美国海关第 177 节裁决。

二是若美国海关不同意进口商的拟进口产品进入美国且第一次被发现，则美国海关有权拦截且已经拦截该货物入境；若第二次及以后被发现，则美国海关有权直接扣押或没收该货物。不管是被拦截、扣押还是没收，进口商均可以提出抗议，常见方式包括美国海关第 174 节裁决。如果美国海关拒绝审查进口商提起的抗议，那么会有后面第三种选择。

三是申请人就美国海关拒绝审查其抗议的决定，可以起诉至美国国际贸易法院，请求美国国际贸易法院审查该拒绝抗议的决定，但必须在被美国海关拒绝审查之日起的 180 天内提出。值得注意的是，因普遍排除令执行问题引起的这类争议进入美国国际贸易法院范畴即属于民事诉讼，美国国际贸易法院对这类争议的审查标准是重新审查。另一种思路是和美国 337 调查的申请人协商，尤其是在某些情况下未应诉的主体与 337 调查申请人达成了某种庭外和解协议，但该和解协议未明确说明排除令发生后规避设计产品入境美国的问题。这类企业与美国 337 调查的申请人可以协商得到其作为专利权人就产品问题作出不侵权的承认或授权安排，但这类企业需要为此做好可能的拉锯战准备。

第三章　美国 337 调查经典案例剖析

多年来，中国打印耗材企业应对的诸多美国 337 调查充分体现了“小产品”“大 IP”的特点，都具有重要的启示意义，值得深入剖析。打印耗材行业美国 337 调查的涉案产品具有明显的阶段性。第一个阶段主要集中于喷墨墨盒产品，就这类产品提起美国 337 调查的原装厂商主要是爱普生和惠普。第二个阶段主要集中于激光碳粉盒产品，就这类产品提起美国 337 调查的原装厂商主要是佳能。

第一节　爱普生喷墨墨盒系列产品经典案例剖析

爱普生提起两次美国 337 调查，分别是 337-TA-565 案和 337-TA-946 案，两个案件都拿到了普遍排除令，且其芯片专利基本产生了全面清场的效果。

这两起案件从某种意义上可以理解为爱普生精心布局的美国 337 调查“接力赛”。337-TA-565 案的专利主要是结构上的专利内容，如海绵、包裹或密封元件、紧缩件与芯片等；而 337-TA-946 案的专利则主要是芯片，特别是芯片触点排列方式及高低电压检测等。

在第一起美国 337 调查中，爱普生已基本达到清场效果。作为打印耗材第一起美国 337 调查，337-TA-565 案给中国通用耗材商以沉重一击；后来的芯片战再一次将中国通用耗材企业基本拒于美国市场外。

一、337-TA-565 案

鉴于前面章节已对 337-TA-565 案进行了详细的分析与描述，这里只作简要介绍。337-TA-565 案是爱普生在 2006 年提起的，是一起规模较大的专利纠纷案件，是打印耗材行业的首例美国 337 调查。当时，中国打印耗材企业并不了解美国 337 调查程序，没有应对美国 337 调查的经验，加上可能对自己产品不侵权的信心不足，以及涉案专利数量较多、应诉费用高昂等因素，大部分企业选择了缺席，因此没有能够很好地进行应对。该案的普遍排除令涉及当时爱普生旗下几乎所有喷墨耗材产品，给中国迅速发展的打印耗材企业带来了沉重打击。

在 337-TA-565 案的调查过程中，纳思达一直进行积极的应对，并数次进行上诉，几乎采用 ITC 、法院及海关等所有可能的法律救济手段来争取有利的结果。据了解，这场历时超过 10 年的美国 337 调查、强制执行、海关评审及 ITC 咨询意见等相关程序，纳思达仅花费的律师费就多达千万美元之巨，足见其应诉的决心和勇气。当然，这也给该企业的发展带来了不小的负担。

值得一提的是，337-TA-565 案是打印耗材行业 15 起美国 337 调查案件中唯一一起“双颁”的调查，既颁布了普遍排除令，又颁布了有限排除令。这在一般案件中还是比较鲜见的。“双颁”的原因是该案涉及的专利或专利的权利要求较多，有些专利或其某些权利要求颁布的是普遍排除令，有些专利颁布的是有限排除令，这样打击的面会更大、涉及的产品会更多、覆盖的范围会更广，对行业的威胁无疑是雪上加霜。

二、337-TA-946 案

2014 年 12 月，爱普生向 ITC 提交申请，指控包括中国珠海的企业在内的 19 家公司向美国出口和（或）在美国销售的墨水盒及其组件侵犯其在美国的 5

项发明专利权。该调查是继 2006 年第一起打印耗材行业美国 337 调查后，爱普生发起的又一起美国 337 调查。

（一）案件的发展过程及涉案双方的应对

申请人为爱普生请求 ITC 签发普遍排除令或有限排除令及禁止令。被申请人为 19 家公司，其中中国公司 16 家、美国公司 3 家。本案有 2 家企业应诉，其余 17 家企业均未应诉，最终被判缺席。337-TA-946 案历时约 17 个月。该案的主要调查过程如表 3-1 所示。该案是为数不多的没有平行诉讼的美国 337 调查之一。

表 3-1　337-TA-946 案的主要调查过程

时间	调查过程
2014 年 12 月	爱普生向 ITC 提交申请，指控中国公司、美国公司共 19 家向美国出口和（或）在美国销售的墨水盒及其组件，侵犯其在美国的 5 项发明专利权。
2015 年 1 月	ITC 进行了立案，案号为 337-TA-946。
2015 年 6 月	ITC 作出初裁，裁定 17 家被申请人公司缺席。
2015 年 7 月	ITC 作出初裁，批准基于和解终止对珠海氖锘数码科技有限公司（简称氖锘数码）的调查。
2015 年 8 月	ITC 发布对氖锘数码的同意令。
2015 年 9 月	ITC 作出初裁，批准爱普生撤回部分涉案专利中的部分权利要求，并终止了关于相关权利要求的调查。
2015 年 10 月	ITC 作出简易裁决的初裁，认定本次调查中有违反 337 条款的情况，并建议发布普遍排除令及禁止令。
2016 年 5 月	ITC 作出终裁，并发布普遍排除令和禁止令。

（二）337–TA–946 案的涉案专利和涉案产品

1. 涉案专利

337-TA-946 案涉及的美国发明专利 US8366233、US8454116、US8794749、

US8801163、US8882513，共5项。这5项专利属于同族专利，均涉及电子设备的触点排列方式。电子设备中，一种在相对低压下工作，如存储墨盒信息的存储设备等；另一种在相对较高压下工作，如探测墨水高度的传感器等。在将墨盒安装至打印机时，随之进入打印机内部的外来污染物及随时间积累而成的墨珠等污染物均有可能导致各触点之间发生短路。

为避免此类短路对打印机造成影响，涉案专利提出了一系列有效的技术方案。

（1）将触点分为两行后，垂直于墨盒安装方向布置（通常是重力方向）。此方案可以有效减少电路板上相邻触点的个数，从而降低短路出现的概率。

（2）将两个通高电压的触点布置在触点整体的最外侧，使通低电压的触点均分布在两个通高电压的触点之间。因为没有通低电压的触点刚好位于两个通高电压的触点的上方（或下方），所以可以有效减少高低电压之间的短路现象。

（3）将含有通高电压触点的排线布置在相对于墨盒安装位置的内侧。因为此方案增加了外来污染物到达该排线的距离，并且外侧排线的组成部分能在一定程度上阻挡外来污染物，所以可以有效减少高低电压之间的短路现象。

（4）在其中一个通高电压的触点与其余触点之间布置一个短路探测触点。墨盒被安装至打印机后，该短路探测触点会接通到打印机的短路探测电路，使通高电压的触点相比于因污染物而与附近的触点发生短路，更容易与短路探测触点发生短路。当短路探测触点发生短路时，短路探测电路通电，会在停止通高电压触点工作的同时，向用户发出报警信号，使用户及时处理此问题。同时，若通高电压与通低电压的触点发生短路，则该短路探测电路也能因短路通电，从而停止通高电压触点的工作并向用户报警。

（5）将短路探测触点布置在相对于墨盒安装位置处于外侧的排线的最外端，使外来污染物相比于与通高电压的触点发生短路，更可能与短路探测触点发生短路。

爱普生于2015年9月要求撤回部分权利要求。其撤回的权利要求与剩余权利要求见表3-2。

表3-2　337-TA-946案的涉案专利及撤回的权利要求

序号	专利号	专利名称	原权利要求	撤回的权利要求
1	US8366233	打印材料容器及安装在打印材料容器上的线路板	第1项、第4项、第10项	第4项
2	US8454116	打印材料容器及安装在打印材料容器上的线路板	第1项、第5项、第9项、第14项、第16项、第18项、第21项、第24项、第25项、第28项	第1项、第5项、第16项、第24项、第25项、第28项
3	US8794749	打印材料容器及安装在打印材料容器上的线路板	第1项、第3项、第14项、第15项、第17项、第18项、第20项、第30项、第36项、第49项、第60项、第61项	第3项、第14项、第15项、第17项、第20项、第30项、第36项、第61项
4	US8801163	打印材料容器及安装在打印材料容器上的线路板	第1项、第6项、第13项	第13项
5	US8882513	打印材料容器及安装在打印材料容器上的线路板	第1项、第3项、第7项、第14项、第15项、第19项	第1项、第3项、第7项

2. 涉案产品

爱普生指出，根据涉案侵权产品的内部运作形式，即墨水盒的触点排列形式及与该墨水盒相配合的爱普生打印机型号，可将其分为5组类型。这5组类型墨水盒可代替爱普生下列墨盒型号：T194120、T194220、T194320、T194420、T195120、T195220、T195320、T195420、T196120、T196220、T196320、T196420、T197120、T200120、T200220、T200320、T200420、T200XL120、T200XL220、T200XL320、T200XL420、T068120、T068220、T068320、T068420、T069120、T069220、T069320、T069420、T073120、T073120H、T073220、T073320、T073420、T077120、T077220、T077320、T077420、T077520、T077620、T078120、T078220、T078320、T078420、T078520、T078620、T079120、T079220、T079320、T079420、T079520、

T079620、T081120、T081220、T081320、T081420、T081520、T081620、T082120、T082220、T082320、T082420、T082520、T082620、T088120、T088220、T088320、T088420、T090120、T098120、T098220、T098320、T098420、T098520、T098620、T099220、T099320、T099420、T099520、T099620、TI03220、TI03320、TI03420、T115126、T117120、T124120、T124220、T124320、T124420、T125120、T125220、T125320、T125420、T126120、T126220、T126320、T126420、T132120、T133120、T133220、T133320、T133420、T135120、T138120、T140220、T140320、T140420。5 组类型涉案产品的侵权状况见表 3-3。

表 3-3　5 组类型涉案产品的侵权状况

涉案产品	侵权状况
组 1 墨水盒	US8366233 专利中的权利要求第 1 项、第 10 项； US8454116 专利中的权利要求第 1 项、第 5 项、第 9 项、第 14 项、第 16 项、第 18 项、第 21 项、第 24 项、第 25 项、第 28 项； US8794749 专利中的权利要求第 1 项、第 14 项、第 15 项、第 17 项、第 18 项、第 30 项、第 36 项、第 49 项、第 60 项、第 61 项； US8801163 专利中的权利要求第 1 项、第 6 项、第 13 项； US8882513 专利中的权利要求第 1 项、第 3 项、第 7 项、第 14 项、第 15 项、第 19 项
组 2 墨水盒	US8366233 专利中的权利要求第 1 项、第 10 项； US8454116 专利中的权利要求第 1 项、第 5 项、第 9 项、第 14 项、第 16 项、第 18 项、第 21 项、第 24 项、第 25 项、第 28 项； US8794749 专利中的权利要求第 1 项、第 3 项、第 14 项、第 15 项、第 17 项、第 18 项、第 20 项、第 30 项、第 36 项、第 49 项、第 60 项、第 61 项； US8801163 专利中的权利要求第 1 项、第 6 项、第 13 项； US8882513 专利中的权利要求第 1 项、第 3 项、第 7 项、第 14 项、第 15 项、第 19 项
组 3 墨水盒	US8794749 专利中的权利要求第 1 项、第 3 项、第 18 项、第 20 项、第 36 项、第 49 项
组 4 墨水盒	US8794749 专利中的权利要求第 1 项、第 3 项、第 18 项、第 20 项、第 36 项、第 49 项
组 5 墨水盒	US8794749 专利中的权利要求第 1 项、第 3 项、第 18 项、第 20 项、第 36 项、第 49 项

5 组类型墨水盒的具体特点如下。

（1）组 1 墨水盒。组 1 内的墨水盒触点均排为两行，位于上端（相对于墨水盒安装方向更靠外侧）的一行有4个触点，位于下端（相对于墨水盒安装方向更靠内侧）的一行有5个触点。虽然涉案组1产品的触点排列及排线等都如上所述，但可能存在如端子形状不同等区别。

（2）组2墨水盒。组2内的墨水盒触点均排两行，位于上端的一行有4个触点，位于下端的一行有5个触点。虽然组2墨水盒与组1墨水盒的触点排列一样，但组2内的其余元件及与组1不同的电路排线方式，使其侵权判定分析与组1不同。虽然涉案组2产品的触点排列及排线等都如上所述，但可能有着如端子形状不同等区别。

（3）组3墨水盒。组3内的墨水盒触点均排为两行，位于上端的一行有4个触点，位于下端的一行有5个触点。同时，位于组3上端一行从左数第一个触点和第二个触点及其所对应的端子由一根电线相连。涉案组3产品常将其上端一行从左数第一个触点和第二个触点布置在同一个端子上，从而实现两个触点的连接。虽然组3墨水盒与组1墨水盒、组2墨水盒的触点排列一样，但组3内的其余元件及与组1、组2不同的电路排线方式，使其侵权判定分析与组1、组2不同。

（4）组4墨水盒。组4墨水盒相比于组3墨水盒只有一处不同：其上端一行中从左数第四个触点被移去。虽然移去该触点使组4墨水盒的功能受限，但组4墨水盒仍能与组3墨水盒用于相同的打印机上。

（5）组5墨水盒。组5内的墨水盒触点均排为两行，位于上端的一行可能有2~4个触点，位于下端的一行有5个触点，即上端一行中最左端或（和）最右端的触点可能被移去。

（6）墨盒的组件。爱普生指出，部分被申请人将可以组装成涉案产品的墨水盒组件进口至美国售卖，而且为了使购买者将组件组装成涉案产品，这些被申请人向购买者提供了组装指导，将爱普生产品上的部分组件拆下后与该涉案组件组装成涉案产品。

爱普生还指出，还有部分被申请人将爱普生售出至海外的一手产品购入，

去除部分组件后，将剩余的组件重新为向美国进口而销售或向美国进口。因为被去除的组件在美国有广大的零部件售后市场，所以此类墨水盒组件也有一定的市场。

（三）裁决结果

ITC 发布了普遍排除令，禁止所有侵犯 US8366233 权利要求第 1 项、第 10 项，US8454116 权利要求第 9 项、第 14 项、第 18 项、第 21 项，US8794749 权利要求第 1 项、第 18 项、第 49 项、第 60 项，US8801163 权利要求第 1 项、第 6 项，US8882513 权利要求第 14 项、第 15 项、第 19 项的墨水盒及其组件进入美国市场。

ITC 还针对 2 家公司发布了禁止令，禁止其进口、销售、营销、分销侵犯专利 US8366233、US8454116、US8794749、US8801163、US8882513 的墨水盒及其组件。

（四）普遍排除令的执行情况

截至 2020 年 12 月，共有 11 家公司因进口侵权的墨水盒及其组件违反了普遍排除令。ITC 针对这 11 家公司发布了没收令。

（五）海关确认程序

在 337-TA-946 案中，一家公司提起海关评估程序，从可允许的修理角度抗辩，最终美国海关确认其再生墨盒产品未落入排除令范围。

2017 年 4 月，纳思达请求 ITC 针对该公司的“再生墨盒”不符合 337-TA-946 案及 337-TA-565 案普遍排除令的排除范围给出咨询意见。最终，纳思达与爱普生和解。

（六）案件小结

该案 19 个被申请人中，两家公司应诉，其余 17 家公司全部缺席，缺席率仅次于利盟提起的 337-TA-740 案调查。

三、爱普生经典案例总结

爱普生提起的 337-TA-565 案及 337-TA-946 案两起美国 337 调查，基本全面囊括从硬件到软件。如前文所述，337-TA-565 案的专利主要是海绵结构和芯片等，337-TA-946 案的专利保护核心基本是芯片。

截至目前，爱普生仍然密集利用两起案件中与芯片相关的专利维权，如 US6955422、US8794749 和 US8454116。2016 年，337-TA-946 案颁布普遍排除令后，同年 12 月，爱普生就 US6502917 和 US8794749 两个专利提起了专利侵权诉讼，并于 2017 年获得了同意判决和永久禁令。之后，有关这 4 个专利的侵权诉讼接二连三，截至 2020 年，仅 4 个专利的侵权诉讼就有近 20 件，而且数量还在增加。爱普生在这些诉讼中获得了大量的缺席判决及永久禁令。

由此可见，爱普生的专利布局颇有策略，爱普生在维权过程中采取了结构和芯片的双打与接力策略。虽然爱普生只提出两起美国 337 调查，但取得了很好的效果，两起调查都获得了普遍排除令。

第二节　佳能激光碳粉盒系列产品经典案例剖析

打印耗材行业美国 337 调查涉案产品的第二阶段以激光碳粉盒系列产品为主，这类产品的 337 调查申请人主要是佳能。佳能提起的 4 个案件分别是 337-TA-731 案、337-TA-829 案、337-TA-918 案和 337-TA-1106 案，其具体情况对比见表 3-4。

表 3-4　4 个案件的具体情况对比

对比内容	337-TA-731 案	337-TA-829 案	337-TA-918 案	337-TA-1106 案
涉案专利	US5903803 US6128454	US5903803 US6128454	US8280278 US8630564 US8682215 US8676090 US8369744 US8565640 US8676085 US8135304 US8688008	US9746826 US9836021 US9841727 US9841728 US9841729 US9857764 US9857765 US9869960 US9874846
涉案专利主体	扭曲齿轮	扭曲齿轮	万向节齿轮	万向节齿轮
请求的救济措施	有限排除令； 禁止令	普遍排除令； 有限排除令； 禁止令	普遍排除令； 有限排除令； 禁止令	普遍排除令； 有限排除令； 禁止令
终裁结果	同意令	普遍排除令； 禁止令	普遍排除令； 禁止令	不侵权判决

从表 3-4 可以看出，前两个案件的关联性很强，涉案专利完全相同，与扭曲齿轮相关，其区别是 337-TA-731 案请求的是有限排除令，337-TA-829 案将被申请人的范围扩大，请求的是普遍排除令；后两个案件是姊妹案，337-TA-1106 案所涉专利与万向节齿轮相关，是 337-TA-918 案相关专利的继续申请，即在原有技术的基础上修改专利保护范围，以获取新的专利。[1]

[1] 继续申请也称后续申请，是一种以原有的创新成果为基础、进一步创新产生了新的权利。如果原有创新与后续创新是由不同的主体完成的，就会因此出现基础主体与后续主体不是同一人的情形。本书提及的继续申请属于基础主体与后续主体为同一人的情形。2013 年，佳能对“万向节”设计进行升级创新；2016—2017 年佳能提出了新的专利申请，并在这批继续申请专利获得授权后，在 2018 年提起新的美国 337 调查，指控 49 家公司（含 14 家中国公司）在美国进口和（或）销售的碳粉盒侵犯其 9 项美国专利。ITC 的立案号为 337-TA-1106。

一、337-TA-731 案

337-TA-731 案是佳能提起的第一起美国 337 调查。1995 年前后，佳能开始布局一种具有扭曲齿轮（twisted gear）的驱动力传递部件的碳粉盒，并在日本、美国、欧洲及中国等国家和地区布局专利。2010 年 6 月，佳能向 ITC 提交申请书，指控 20 家中美企业侵犯其 2 件扭曲齿轮美国专利。该案的涉案企业开始积极应诉，后续可能由于涉案专利无效困难、应诉成本高昂，最终所有被申请人于 2011 年 4 月与佳能签订同意令，同意不在美国进口或销售涉案产品。该案历时近一年。

（一）案件的发展过程及涉案双方的应对

337-TA-731 调查案的申请人为日本佳能公司、佳能美国公司和佳能弗吉尼亚公司（统称佳能）。佳能请求 ITC 发布有限排除令和禁止令。该案是打印耗材行业 15 起美国 337 调查案中为数不多的没有请求普遍排除令的案件。涉案被申请人 20 家，为纳思达相关公司及其销售商。

从 2010 年 6 月佳能提交调查申请到 2011 年 5 月 ITC 停止调查，337-TA-731 案历时 11 个月，其具体调查过程见表 3-5。

表 3-5 337-TA-731 案的调查过程

时间	调查过程
2010 年 6 月	佳能向 ITC 提交申请。
2010 年 7 月	ITC 立案，确定案号为 337-TA-731。
2010 年 8 月	纳思达等被申请人对调查申请进行答复。
2011 年 4 月	佳能和纳思达提交联合动议，请求基于同意令停止调查。
2011 年 4 月	行政法官发布初裁，同意联合动议。
2011 年 5 月	ITC 决定不再复审初裁，并停止调查。

该案以全部涉案企业与佳能签订同意令结束。

2010 年 6 月，佳能在提起 337 调查的同时，在美国纽约南区地区法院提起平行诉讼，其案号为 1：10-cv-04999，该案的原告（申请人）、被告（被申请人）、涉案专利与 337-TA-731 案一致。2011 年 5 月，法院同意佳能的联合动议并发布裁决，申请人和被申请人双方和解，法院颁布同意判决及永久禁令。

（二）337-TA-731 案的涉案专利和涉案产品

1. 涉案专利

337-TA-731 案的涉案专利为佳能的美国发明专利 US5903803 和 US6128454，其中 US6128454 专利是 US5903803 专利的分案申请。US5903803 专利包含 146 项权利要求，US6128454 专利包含 62 项权利要求，而且两个专利在中国、德国、日本、韩国、欧洲都申请有同族专利，以对该技术方案进行严密的全球专利保护。虽然这两个专利都公开了相同的主题，但要求保护的是这个发明的不同方面。337-TA-731 案的涉案专利情况见表 3-6。

表 3-6 337-TA-731 案的涉案专利情况

序号	专利号	涉及的权利要求	专利名称
1	US5903803	第 128~130 项、第 132 项、第 133 项和第 139~143 项	碳粉盒、电子照相成像装置、驱动力传输部件和电子照相感光鼓
2	US6128454	第 24~30 项	碳粉盒、电子照相成像装置、驱动力传输部件和电子照相感光鼓

该组专利的核心保护内容是驱动头上的扭曲凸起，它被用于与打印设备中具有扭曲表面的孔配合，改善感光鼓的传动精度。两个专利中扭曲凸起的一个示例见图 3-1。

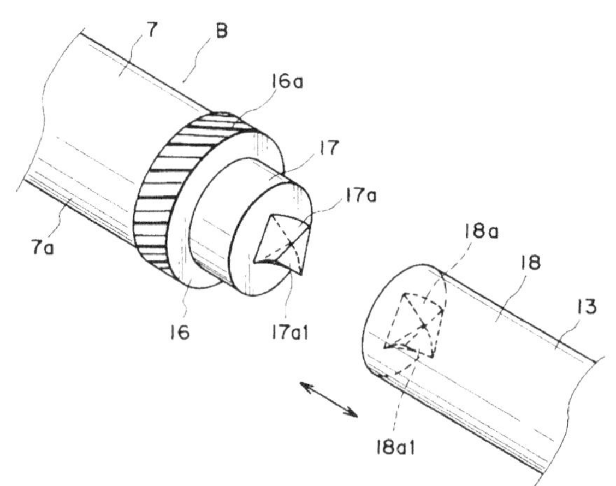

图 3-1　US6128454 专利和 US5903803 专利的扭曲凸起示例

资料来源：US6128454 专利、US5903803 专利的公开文本说明书附图。

2. 涉案产品

（1）申请人的产品。该案涉及的申请人的产品是用于激光打印机和其他激光打印机（包括佳能和惠普的打印机）的可替代碳粉盒，以及包含在这种碳粉盒中的感光鼓。

（2）被申请人的产品。

①涉案侵权产品。佳能在申请调查的附录中详细地列出了涉案侵权产品。涉案侵权产品的具体情况见表 3-7。

表 3-7　涉案侵权产品的具体情况

涉案碳粉盒的型号	用于原装厂商打印机的型号	对应原装厂商碳粉盒的型号
NT-C0106、NT-C0306、NT-C0706	Canon MF6530、MF6540、MF6550、MF6560、MF6570、MF6580	Canon 106、Canon 306、Canon 706
NT-C0FX6F（NT-C0FX6）	Canon Laser Class 3170、3175MS	Canon FX6

续表

涉案碳粉盒的型号	用于原装厂商打印机的型号	对应原装厂商碳粉盒的型号
NT-C0FX7QF（NT-C0FX7Q）	Canon imageCLASS 700 series、710、720i、730i、FAX L2000	Canon FX7
NT-C0S35/FX8	Canon FAXPHONE Ll70 series、imageCLASS D300 series、FAX-L3805	Canon S35、Canon FX8
NT-C0S35QF、NT-Cartridge T（NT-C0S35Q）	Canon imageCLASS D300、FAXPHONE L170、FAX-L3805	Canon S35
NT-C0FX9、NT-C0FXI0、NT-C0304、NT-C0104	Canon FAX L100、i-Sensys MF4150、imageCLASS MF4150、Satera MF4120、L140	Canon 104、Canon FX9、Canon FX10
NT-COL50QF（NT -COL50Q）	Canon imageCLASS 0660、0661、0760、0761、0780、0860、0861、0880、PC1060、PC 1061、PC 1080F	Canon L50
NT-COX25QF、NT-CEP26、NT-CEP27（NT-COX25Q）	Canon imageCLASS MF5550 series、MF3110、LBP3200、MF3100、MF5630、MF5650、FAXPHONE 5770	Canon X25
NT-C4096F（NT-C4096）	HP Laser Jet 2000、2100、2100M、2100SE、2100TN、2100XI、2200、22000、22000N、22000SE、22000T、22000TN	HPC4096A
NT-C4127XF（NT-C4127X）	HP Laser Jet 4000、4000N、4000SE、4000T、4000TN、4050、4050N、40500N、4050T、4050TN、4050SE，Canon LBP-52X	HPC4127A
NT-C4129XF（NT -C4129X）	HP Laser Jet 5000、5000N、50000N、5000GN、5000LE、5100、5100TN、51000TN、5100LE，Canon LBP-62X	HPC4129A
NT-C7115F（NT-C7115）	HP Laser Jet 1000、1005、1200、1200N、1200SE、1220、1220SE、3300 MFP、3320n MFP、3320 MFP、3330 MFP，Canon LBP1210	HPC7115A
NT-C7115XF（NT-C7115X）	HP Laser Jet 1000、1005、1200、1200N、1200SE、1220、1220SE、3300 MFP、3320n MFP、3320 MFP、3330 MFP，Canon LBP1210	HPC7115X
NT-C8061XF（NT-C8061X）	HP Laser Jet 4000、4050、4100、4100 MFP、4100DTN、4100N、4100TN、4101 MFP	HPC8061X

续表

涉案碳粉盒的型号	用于原装厂商打印机的型号	对应原装厂商碳粉盒的型号
NT-C8061XCF（NT-C8061X）	HP Laser Jet 4000、4050、4100、4100 MFP、4100DTN、4100N、4100TN、4101 MFP	HPC8061X
NT-C8543XCF（NT -C8543X）	HP Laser Jet 9000、9000N、9000DN、9000HNS、9000 MFP、9040N、9040 MFP、9040DN、9050、9050N、9050 MFP	HPC8543A
NT-C2610CF（NT-C2610C）	HP Laser Jet 2300、2300L、2300N、2300DN、2300DTN	HPQ2610A
NT-C2612	HP Laser Jet 1010、1012、1015、1020、3015、3020、3030	HPQ2612A
NT-H2612	HP Laser Jet 1010、1012、1015、1020、3015、3020、3030、M1005 MFP、M1319 MFP	HPQ2612A
NT-C2612X	HP Laser Jet 1010、1012、1015、1020、3015、3020、3030、M1005 MFP、M1319 MFP	HPQ2612X
NT-C2613F（NT-C2613）	HP Laser Jet 1300、1300N	HPQ2613A
NT-C2613XF（NT-C2613X）	HP Laser Jet 1300、1300N	HPQ2613X
NT-C2613XCF（NT-C2613X）	HP Laser Jet 1300、1300N	HPQ2613X
NT-C2624	HP Laser Jet 1150	HPQ2624A
NT-C2624XF（NT-C2624X）	HP Laser Jet 1150	HPQ2624X
NT-C0435C（NT-C0435）	HP Laser Jet P1005、P1006	HPCB435A
NT-C0436C（NT-C0436）	HP Laser Jet P1505、P1505N、M1120、M1120 MFP、M1522、M1522F、M1522N、M1522NF、M1550，Canon LBP-3250	HPCB436A
NT-C0364C（NT-C0364）	HP Laser Jet P4014、P4015N、P4015X、P4515N、P4515X	HPCC364A
NT-C0364CQF（NT-C0364Q）	HP Laser Jet P4014、P4015N、P4015X、P4515N、P4515X	HPCC364A
NT-C0364XCQF（NT-C0364XQ）	HP Laser Jet P4014、P4015N、P4015X、P4515N、P4515X	HPCC364X

续表

涉案碳粉盒的型号	用于原装厂商打印机的型号	对应原装厂商碳粉盒的型号
NT-C5942C Q1338A （NT-C5942）	HP Laser Jet 4250、4250N、4250TN、4250DTN、4250DTNSL、4350、4350N、4350TN、4350DTN、4350DTNSL	HPQ1338、 HPQ5942A
NT-C5942CFU （NT-C5942U）	HP Laser Jet 4200、4200N、4200TN、4200DTN、4200DTNS、4200DTNSL、4300、4300N、4300TN、4300DTN、4300DTNS、4300DTNSL、4240、4250、4250N、4250TN、4250DTN、4250DTNS、4250DTNSL、4350、4350N、4350TN、4350DTNSL、4345 MFP	HPQ1338A、 HPQ5942A
NT-C5942XCFU （NT -C5942XU）	HP Laser Jet 4200、4200N、4200TN、4200DTN、4200DTNS、4200DTNSL、4300、4300N、4300TN、4300DTN、4300DTNS、4300DTNSL、4240、4250、4250N、4250TN、4250DTN、4250DTNS、4250DTNSL、4350、4350N、4350TN、4350DTNSL、4345 MFP	HPQ5942X
NT -C5945XCFU、T-C1338XCFU、T-C1339、NT-C5942、NT-C5942X（NT -C5945XU、NT-C1338XU、NT-C1339、NT-C5942、NT-C5942X）	HP Laser Jet 1160、1160LE、1320、1320N、1320TN、1320NVV、3390、3392，Canon LBP 3300	HPQ5949A
NT-C5949XCF （NT -C5949X）	HP Laser Jet 1320、1320N、1320TN、1320NVV、3390、3392，Canon LBP 3300	HPQ5949X
NT-C6511C（NT-C6511）	HP Laser Jet 2410、2420、2420D、2420DN、2430TN、2430DTN，Canon LBP-3460	HPQ6511A
NT-C6511CF（NT-C6511）	HP Laser Jet 2410、2420、2420D、2420DN、2430TN、2430DTN，Canon LBP-3460	HPQ6511A
OA-4TC6511CF （NT-C6511）	HP Laser Jet 2410、2420、2420D、2420DN、2430TN、2430DTN，Canon LBP-3460	HPQ6511A
NT-C6511XC （NT-C6511X）	HP Laser Jet 2410、2420、2420D、2420DN、2430TN、2430DTN，Canon LBP-3460	HPQ6511X
NT-C6511XCQF （NT-C6511XQ）	HP Laser Jet 2410、2420、2420D、2420DN、2430TN、2430DTN	HPQ651lX

续表

涉案碳粉盒的型号	用于原装厂商打印机的型号	对应原装厂商碳粉盒的型号
NT-C7516XC（NT -C7516X）	HP Laser Jet 5200I、5200N、5200TN、5200DTN，Canon LBP-3500	HPQ7516A
NT-C7551CF（NT-C7551）	HP Laser Jet P3005、3005D、3005N、3005DN、M3027 MFP、M3027X MFP、M3035 MFP、M3035X MFP	HPQ7551A
NT-C7551XCQF（NT-C7551XQ）	HP Laser Jet P3005、3005D、3005N、3005DN、M3027 MFP、M3027X MFP、M3035 MFP、M3035X MFP	HPQ7551X
NT-C7553F（NT-C7553）	HP Laser Jet P2015、P2015D、P2015N、M2727NF	HPQ7553A
NT-C7553XF（NT-C7553X）	HP Laser Jet P2015、P2015D、P2015N、M2727NF	HPQ7553X
NT-C0278C（NT-C0278）	HP Laser Jet P1560、P1566、P1606、M1536 MFP	HPCE278A
NT-C0285C（NT-C0285）	HP Laser Jet P1102W、P1102、Pro M1130、M1212NF、M1213	HPCE285A

②其他销售商的涉案侵权产品。其他销售商的涉案侵权代表产品见表 3-8。

表 3-8　其他销售商的涉案侵权代表产品

序号	涉案侵权代表产品
1	NT-C2612X
	NT-C6511C
2	NT-C2612X
	NT-C7516XC
3	HE-CC364X
4	NT-C0364C
5	CT436A
6	CC364A，CPT
7	64A

续表

序号	涉案侵权代表产品
8	HE-CC364A
9	NT-C0364C
10	WL-CB436
11	CTCB436A
12	NT-C0364XCQF

（三）裁决结果

337-TA-731 案以所有被申请人与佳能达成同意令结束。该同意令规定，从发出同意令之日起，所有被申请人在3个月内处理所有在美国的涉案产品库存，并同意不再在美国进口、销售、诱导进口或销售任何涉案产品；如果被申请人违反该同意令，那么 ITC 将自被申请人进口或销售涉案产品之日起，每日处以不超过 100 000 美元的民事罚款，或以违反命令进口或销售的物品国内价值的两倍金额处以罚款。

（四）案件小结

1. 佳能与惠普的战略合作

337-TA-731 案涉及佳能的扭曲齿轮专利。作为原装厂商，佳能在制造打印机及打印耗材时，为最大程度地占领市场，限制与其竞争的通用耗材制造商，通常会进行严密的专利布局，并利用美国特有的 337 条款寻求以快捷有力的救济方式打击竞争产品。

有趣的是，佳能 337-TA-731 案是在惠普 337-TA-730 案的 3 天后提起，或许是巧合，或许是某种默契的借鉴。研究显示，惠普激光打印机是由佳能生产制造的，二者为战略合作伙伴。惠普在之前的数起美国 337 调查中，成功利用美国专利快速有效维权。或许二者有着某种战略上的信息分享互通或某种默契，佳能也紧随其后开启激光碳粉盒的美国 337 调查维权。

2. 同意令是经济有效的应对策略

在 337-TA-731 案中，纳思达及其销售商及时响应、积极应诉，组织律师团队进行答辩，提交专家意见，对涉案专利提起无效程序等。随着调查的进行，可能因涉案专利的无效不易，且应诉成本高，纳思达及其销售商在调查后期及时调整应诉策略，选择以同意令方式终止调查，使该案在 11 个月内结束。

同意令一般由涉案双方联合提交动议，也可由被申请人单独提出。同意令与和解协议类似，保留 ITC 的管辖权，由 ITC 强制执行，因此申请人愿意以同意令结束对被申请人的调查。同意令的内容可能包括对所指控事实管辖权的承认；放弃以司法和其他方式对同意令有效性的质疑；声明愿意配合或不妨碍 ITC 就同意令的实施收集有关信息；声明愿意根据 ITC 的有关规则实施、修改或撤回等。一旦签订同意令，被申请人即承诺将不再从事侵犯申请人主张的知识产权的产品的进口、进口销售及进口后销售。除其他要求之外，被申请人必须认可 ITC 拥有管辖权，自愿放弃对同意令的有效性提出质疑的权利，并声明将不会在任何行政或者司法程序中对该类知识产权的有效性提出质疑，以执行同意令。

二、337-TA-829 案

2012 年 1 月，佳能再次向 ITC 提起美国 337 调查，并就 337-TA-731 案中相同的两项美国专利 US5903803 和 US6128454，指控包括 4 家中国公司在内的 34 家公司侵犯其专利权。

ITC 随后在 2012 年 2 月宣布立案进行调查，案号为 337-TA-829。该案的涉案专利与 337-TA-731 案相同，提起调查的时间比较特殊，被申请人公司多达 34 家，受到行业内外的广泛关注，佳能最后成功获得普遍排除令。

（一）案件的发展过程及涉案双方的应对

337-TA-829 案的申请人为日本佳能公司、佳能美国公司和佳能弗吉尼亚公司（统称佳能）。佳能在申请中要求 ITC 发布普遍排除令或有限排除令及禁止令。

涉案的被申请人为 34 家公司，其中包括 4 家中国公司。337-TA-829 案历时约 17 个月，相较于 337-TA-731 案时间更长。

为获得损害赔偿，与 337-TA-731 案一样，佳能在提起 337-TA-829 案调查的同一天，即 2012 年 1 月，同时向美国纽约南区地区法院提起平行诉讼。

（二）337-TA-829 案的涉案专利和涉案产品

1. 涉案专利

337-TA-829 案的涉案专利为美国发明专利 US5903803 和 US6128454（见表 3-6）。该案与 337-TA-731 案的涉案专利相同，涉及的权利要求也相同。

该组专利的核心保护内容是驱动头上的扭曲凸起，它被用于与打印设备中具有扭曲表面的孔配合，改善感光鼓的传动精度。

2. 涉案产品

337-TA-829 案涉及的产品主要是在美国境外生产的，大多被申请人来自亚太地区。

（1）申请人的产品。涉及的申请人的产品是用于激光打印机和其他激光打印机器（包括佳能和惠普打印机）的可替代碳粉盒，以及包含在这种碳粉盒中的感光鼓。申请人的产品见表 3-9。

表 3-9　337-TA-829 案涉及的申请人的产品型号

佳能或惠普碳粉盒型号	兼容的佳能或惠普打印机型号
Canon Cartridge 104	Canon FAXPHONE L90、L120，Canon imageCLASS D420、D480、MF4150、MF4270、MF4350D、MF4370DN

续表

佳能或惠普碳粉盒型号	兼容的佳能或惠普打印机型号
Canon Cartridge 106	Canon imageCLASS MF6540、MF6590、MF6595、MF6595CX、MF6530
Canon Cartridge 306	Canon imageCLASS MF6540、MF6590、MF6595、MF6595CX、MF6530
Canon Cartridge 706	Canon imageCLASS MF6540、MF6590、MF6595、MF6595CX、MF6530
Canon FX-6	Canon Laser Class 3170、3170MS、3175、3175MS
Canon FX-7	Canon Laser Class 710、720、730
Canon FX-8	Canon Laser Class 510
Canon FX-9	Canon FAX-L100、FAX-L140，Canon imageCLASS MF4140、MF4150、MF4270、MF4680、MF4340D、MF4350D、MF4370DN、MF4380DN
Canon FX-10	Canon FAX-L100、FAX-L120
Canon L50	Canon imageCLASS D660、D661、D680、D760、D860、D861、D880、D780，Canon PC1060、1061、1080F
Canon S35	Canon FAXPHONE L170，Canon imageCLASS D320、D340
Canon X25	Canon imageCLASS MF3110、MF3240、MF5530、MF5550、MF5730、MF5750、MF5770
HP C4096A	HP Laser Jet 2100、2100M、2100SE、2100TN、2100XI、2200、2200D、2200DN、2200DSE、2200DT、2200DTN
HP C4127A/X	HP Laser Jet 4000、4000N、4000SE、4000T、4000TN、4050，4050 USB-Mac、4050N、4050SE、4050T、4050TN
HP C4129X	HP Laser Jet 5000、5000DN、5000GN、5000N、5100、5100DTN、5100TN
HP C7115A/X	HP Laser Jet 1000、1200、1200N、1200SE、3300、3310、3320、3320N、3330、3380
HP C8061A/X	HP Laser Jet 4100、4100DTN、4100MFP、4100N、4100TN、4101 MFP
HP C8543A/X	HP Laser Jet 9000HNF、9000、9000HNS、9000 MFP、9000N、9040 MFP、9050 MFP
HP CB435A	HP Laser Jet P1005、P1006
HP CB436A	HP Laser Jet M1522N MFP、M1522NF MFP、P1505、P1505N
HP CC364A/X	HP Laser Jet P4014DN、P4014N、P4015DN、P4015N、P4015TN、P4015X、P4515N、P4515X
HP CE278A	HP Laser Jet Pro P1606DN、M1536DNF MFP
HP CE285A	HP Laser Jet Pro P1102W、M1212NF MFP
HP Q1338A/X	HP Laser Jet 4200、4200DTN、4200DTNS、4200DTNSL、4200N、4200TN

续表

佳能或惠普碳粉盒型号	兼容的佳能或惠普打印机型号
HP Q1339A	HP Laser Jet 4300、4300DTN、4300DTNS、4300DTNSL、4300N、4300TN
HP Q2610A	HP Laser Jet 2300、2300D、2300DN、2300DTN、2300N
HP Q2612A/X	HP Laser Jet 1018、1012、1020、1022、1022N、1022NW、M1319F MFP、3050 A11-in-One、3052 A11-in-One、3055 A11-in-One、3015、3020、3030
HP Q2613A/X	HP Laser Jet 1300、1300N、1300XI
HP Q2624A/X	HP Laser Jet 1150
HP Q5942A/X	HP Laser Jet 4240N、4250、4250DTN、4250DTNSL、4250N、4250TN、4350、4350DTN、4350DTNSL、4350N、4350TN
HP Q5945A/X	HP Laser Jet M4345 MFP、M4345X MFP、M4345XM MFP、M4345XS MFP
HP Q5949A/X	HP Laser Jet 1160、1320、1320N、1320NW、1320T、1320TN、3390A1l-in-One
HP Q6511A/X	HP Laser Jet 2420、2420D、2420DN、2430、2430DTN、2430N、2430TN
HP Q7516A	HP Laser Jet 5200、5200DTN、5200TN
HP Q7551A/X	HP Laser Jet M3027 MFP、M3027X MFP、M3035 MFP、M3035XS MFP、P3005、P3005D、P3005DN、P3005N、P3005X
HP Q7553A/X	HP Laser Jet P2015、P2015D、P2015DN、P2015X、M2727NF MFP
HP Q7570A	HP Laser Jet M5025 MFP

（2）被申请人的产品。

①被申请人的涉案侵权代表产品见表 3-10。

表 3-10　被申请人的涉案侵权代表产品

序号	涉案侵权代表产品
1	CTG36AP、CTG39AP、CTG24AP、CTG42XP、DPCS35、CTG11AP、CTG12AP、DPC53AP、CTG35AP、CTG45AP、Myriad CTG12AP、PC RUSH CTG35AP、PC RUSH CTG45AP
2	LH2612A、LHCB436、LHCB435、LH364A、2612A
3	LT123R、LT138R
4	THR-C4129X、TH-Q7551A、CE278A、5949X

续表

序号	涉案侵权代表产品
5	TC-S35/FX8、TC-L50、CE278A、CHQ6511A、VHQ2612A、VT-FX6、CE285A
6	DM1020

②缺席的被申请人的侵权产品。

佳能还特别列示了在应对337调查时缺席的被申请人的侵权产品。缺席被申请人的涉案侵权产品包括用在佳能和惠普激光打印机上的非原装制造商碳粉盒，以及与这些碳粉盒相配的感光鼓。这些非原装制造商碳粉盒的结构大体都是相同的。每个涉案碳粉盒包含一个感光鼓，感光鼓又包含一个覆盖有感光层的柱体及安装在柱体一端的驱动传递部件。驱动传递部件由一个齿轮、一个与齿轮基本同轴的轴和一个凸起组成。此外，每个碳粉盒都包含带有连接到感光鼓一端的齿轮的凸起、显影辊、除粉刀和充电辊的组合。

佳能根据缺席被申请人的涉案侵权产品中凸起的形状来划分，将侵权产品分为Type Ⅰ和Type Ⅱ两种类型。在一些情况下，Type Ⅰ和Type Ⅱ都可能用于某种激光打印机。

（三）裁决结果

2013年6月，ITC发布普遍排除令，不分来源地禁止任何侵犯佳能美国专利US5903803和专利US6128454的产品进口到美国境内。美国海关将负责实际执行ITC法令，查处相关侵权产品。ITC在公布文件中表示，在美国总统审核期间（自ITC发布普遍排除令后的60天内），相关产品还能继续进口到美国，但进口商必须缴纳ITC所要求的担保金，担保金数额相当于进口货物100%的价值。在审核期结束后，排除令将成为终局性的指令，任何涉嫌侵犯涉案专利的产品将被禁止进入美国。

除普遍排除令之外，ITC还针对缺席被申请人发布禁止令，禁止已经制造并进入美国境内的产品在美国销售。

（四）普遍排除令的执行情况

截至2020年12月，ITC针对337-TA-829案的普遍排除令共发布22条没收令，其中2015年发布21条、2016年发布1条，美国海关根据这些没收令禁止将侵权产品进口到美国。

根据美国专利相关法律，美国发明专利的保护期限为自有效申请日起20年。该案中US5903803专利的申请时间为1996年3月，US6128454专利则是US5903803专利的分案申请，两件专利在2016年3月过期，基于这两个专利的普遍排除令也随之过期。2016年5月，ITC仍对一家公司发出没收令，该公司对此提出异议。随后，ITC确认该普遍排除令已过期，决定撤回针对该公司的没收令。

（五）海关确认程序

337-TA-829案中提出海关评审确认程序的企业有4家，其中一家公司申请了两次，两次均被驳回；一家公司获得美国海关确认其产品未落入普遍排除令范围；一家公司的部分产品获得美国海关确认未落入普遍排除令范围，另一部分产品被美国海关认定落入普遍排除令范围。

（六）案件小结

在337-TA-829案中，一些企业刚开始都是积极应诉，向ITC提交答辩。例如，该案中的一些被申请人在第一次答复申请人的申请书时，从不侵权、专利无效和（或）专利权用尽等方面进行了抗辩，但在后面的应诉过程中被申请人可能考虑到耗费巨大，申请人的涉案专利较强，或自身的涉案产品侵权风险可能较大，在法律及商业等方面综合考虑，相继选择与申请人和解，通过和解或同意令的方式结束 337 调查。

在 337-TA-829 案的 34 家被申请人中，所有被申请人除了以和解或同意令的方式结束调查之外，大部分被申请人选择缺席。另外，还有部分公司在美国 337 调查中选择缺席，而在法院的平行诉讼中选择和解，最终以“同意判决及永久禁令”结束诉讼。不同于缺席判决，同意判决相当于申请人和被申请人双方和解，而被申请人同意该判决，可能在同意令中获得了比全额赔偿低的和解赔偿金额。

由此可见，337-TA-731 案是先通过主张有限排除令对特定企业进行精准打击，而后步步为营；337-TA-829 案主张普遍排除令，对被申请人进行全面打击。

三、337-TA-918 案

2014 年 5 月，佳能向 ITC 提交美国 337 调查申请，指控 33 家公司（含 11 家中国企业）侵犯其 9 项发明专利 US8280278、US8630564、US8682215、US8676090、US8369744、US8565640、US8676085、US8135304、US8688008。ITC 在 2014 年 6 月 6 日宣布立案进行调查，案号为 337-TA-918。

337-TA-918 案涉及佳能万向节齿轮，是佳能继 337-TA-829 案后针对通用耗材厂商及销售商发起的又一次打击，其将中国的主要打印耗材制造商作为调查对象。另外，佳能还利用万向节齿轮专利，在中国、美国、巴西、俄罗斯、韩国及欧洲发起多起诉讼。

随着该案进展，佳能也向美国联邦地区法院提起平行诉讼，但与前述调查案不同的是，佳能仅对中国被申请人提起诉讼。

（一）案件的发展过程及涉案双方的应对

337-TA-918 案的申请人为日本佳能公司、佳能美国公司和佳能弗吉尼亚公司（统称佳能）。佳能要求 ITC 发布普遍排除令或有限排除令及禁止令。

佳能列出的涉案被申请人共 33 家，其中中国公司 11 家。深圳 1 家公司及 10 家在美国的销售商被判定为缺席，中山研拓打印机设备有限公司及其关联公司后面不再积极参与调查，但未被判定为缺席，被定为“非参与被申请人”。对于缺席被申请人和非参与被申请人，ITC 认为它们的涉案产品侵权违反 337 条款。

佳能在 337-TA-918 案中对不同的被申请人在美国纽约南区地区法院提起多个平行诉讼。部分诉讼在 2014 年 1 月提起，另一部分诉讼在美国 337 调查的同一天提起。

（二）337-TA-918 案的涉案专利和涉案产品

1. 涉案专利

该案的涉案专利有 9 个美国专利，即 US8280278、US8630564、US8682215、US8676090、US8369744、US8565640、US8676085、US8135304、US8688008（见表 3-11）。其中，US8280278 专利有 275 项权利要求，US8630564 专利有 311 项权利要求。佳能还在美国以外的区域进行了专利布局。

表 3-11　337-TA-918 案的涉案专利情况

专利号	专利名称
US8280278	处理盒、电子照相成像设备和电子照相感光鼓单元
US8630564	处理盒、电子照相成像设备和电子照相感光鼓单元
US8682215	处理盒、电子照相成像设备和电子照相感光鼓单元
US8676090	旋转力传递部件
US8369744	包括用于电子照相成像设备的感光鼓的处理盒
US8565640	耦联构件和电子照相感光鼓单元的拆卸和安装方法
US8676085	耦联构件和电子照相感光鼓单元的拆卸和安装方法
US8135304	具有调节部分和可倾斜耦联构件的处理盒
US8688008	电子照相成像设备、显影装置及耦联构件

上述涉案专利均涉及万向节齿轮的相关技术保护。下面以US8280278专利的权利要求第160项为例，对337-TA-918案涉及的技术进行简析。

A process cartridge comprising:

a casing;

a rotary member having an axis L1, the rotary member being rotatably supported in the casing to permit rotation about the axis L1; and

a coupling member having an axis L2, the coupling member having (i) a first end portion connected to the rotary member, (ii) a second end portion, and (iii) a connecting portion connecting the first end portion and the second end portion,

wherein the coupling member is movable between a first position in which the axis L2 of the coupling member is coaxial with the axis L1 of the rotary member, and a second position in which the axis L2 of the coupling member is inclined with respect to the axis L1 of the rotary member, and

wherein a maximum angle of inclination of the axis L2 with respect to the axis L1 is about 20 degrees to about 60 degrees.

第160项权利要求译为:

处理盒，包括:

盒体;

具有轴L1的旋转构件，所述旋转构件可绕轴L1旋转地支撑在所述盒体上;

具有轴L2的耦联构件，所述耦联构件具有（i）与所述旋转构件连接的第一端部;（ii）第二端部;（iii）连接第一端部和第二端部的连接部，

其中所述耦联构件可在所述耦联构件的轴L2与所述旋转构件的轴L1

同轴的第一位置旋转至所述耦联构件的轴 L2 相对于所述旋转构件的轴 L1 倾斜的第二位置，

其中所述耦联构件的轴 L2 相对于所述旋转构件的轴 L1 倾斜的最大角度为 20° 至 60°。

涉案专利中感光鼓末端的耦联部件可以旋转一定角度，实现处理盒沿着与主组件驱动轴的轴线大致垂直的方向被安装至打印设备主组件或从主组件中被拆卸。涉案专利中耦联部件与主组件配合的结构如图 3-2 所示。

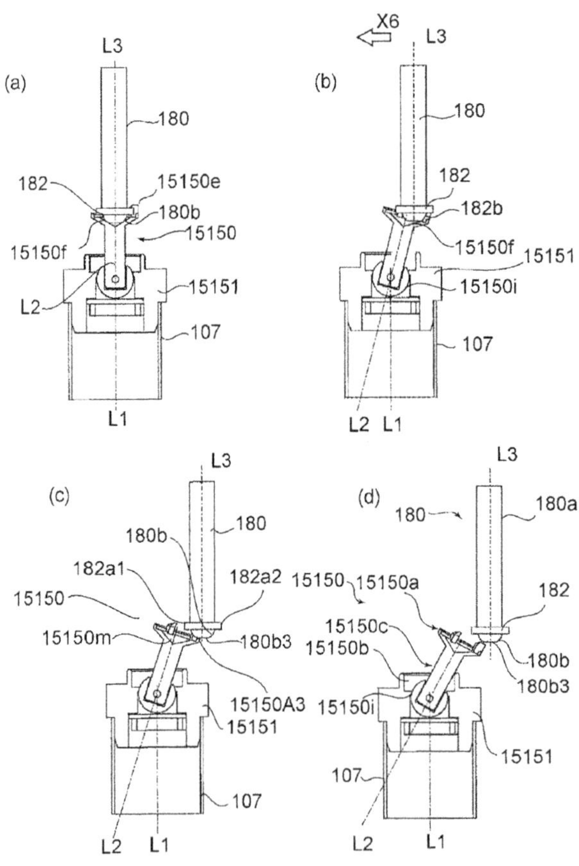

图 3-2 涉案专利中耦联部件与主组件配合的结构

资料来源：US8280278 专利的公开文本说明书附图。

佳能声称被申请人在国外生产、为进口而销售到美国、进口到美国和（或）进口后在美国销售的碳粉盒及组件（分为 MONO1、MONO2、MONO3 和 COLOR 4 个类型），分别侵犯了表 3-12 中专利的权利要求。

表 3-12　337-TA-918 案涉及产品涉嫌侵犯专利权的情况

涉案专利号	涉及的权利要求			
	MONO1	MONO2	MONO3	COLOR
US8280278	第 160 项、第 165 项、第 166 项	第 160 项、第 165 项、第 166 项	—	—
US8630564	第 171 项、第 176 项、第 179 项、第 181 项、第 189 项、第 192 项、第 200 项	第 171 项、第 176 项、第 179 项、第 181 项、第 189 项、第 192 项、第 200 项	第 179 项、第 181 项、第 189 项、第 192 项、第 200 项	—
US8682215	第 23 项、第 26 项、第 27 项、第 29 项	第 23 项、第 26 项、第 27 项、第 29 项	—	—
US8676090	第 1~4 项	第 1~4 项	—	—
US8369744	第 1 项	第 1 项	—	—
US8565640	第 1 项	第 1 项	—	—
US8676085	第 1~4 项	第 1~4 项	—	—
US8135304	第 1 项	第 1 项	第 1 项	—
US8688008	第 1 项、第 7~9 项、第 11 项	第 1 项、第 7~9 项、第 11 项	—	第 1 项、第 7~9 项、第 11~12 项、第 34 项

2. 涉案产品

涉案产品为：用于激光打印机和其他激光打印设备（包括佳能和惠普激光打印机）的可更换的单色碳粉盒和彩色碳粉盒；用于这种单色碳粉盒的感光鼓部件。

（1）申请人的涉案产品。

佳能制造的原装碳粉盒（用于美国国内工业的）都包含一个碳粉盒外壳、

一个感光鼓单元、一个显影辊、一个清洁刀片、一个充电辊及其他组件。

申请人的涉案产品见表 3-13。

表 3-13 申请人的涉案产品

佳能或惠普打印机型号	兼容的佳能或惠普碳粉盒型号
Canon imageCLASS LBP6300DN、LBP6650DN、LBP6670DN、MF5850DN、MF5880DN、MF5950DW、MF5960DN、MF6160DW、MF6180DW	Canon Cartridge 119、119 II
Canon imageCLASS D1120、D1150、D1170、D1180、D1320、D1350、D1370	Canon Cartridge 120
Canon imageCLASS LBP6780DN	Canon Cartridge 324 II
Canon image RUNNER LBP3560、LBP3580	Canon GPR-40
Canon image RUNNER LBP3470、LBP3480，Canon Laser Class 650I	Canon GPR-41
HP Laser Jet Enterprise P3015D、P3015DN、P3015N、P3015X，HP Laser Jet Enterprise 500 MFP、M525F、M525DN，HP Laser Jet Enterprise Fiow MFP M525C，HP Laser Jet Pro M521DN Multifunction Printer，HP Laser Jet P3010	HP CE255A/X
HP Laser Jet P2035、P2055D、P2055DN、P2033、P2034、P2036、P2037、P2033N、P2034N、P2035N、P2036N、P2037N、P2053D、P2053DN、P2053X、P2054D、P2054DN、P2054X、P2055、P2055X、P2056D、P2056DN、P2056X、P2057D、P2057DN、P2057X	HP CE505A
HP Laser Jet P2055D、P2055DN、P2053D、P2053DN、P2053X、P2054D、P2054DN、P2054X、P2055、P2055X、P2056D、P2056DN、P2056X、P2057D、P2057DN、P2057X	HP CE505X
HP Laser Jet Pro 400、M401DN、M401DNE、M401DW、M401N、MFP M425DN	HP CF280A/X
HP Laser Jet Pro 100 MFP M175NW、HP Laser Jet Pro CP 1025NW	HP CE310A(K) HP CE311A(C) HP CE312A(Y) HP CE313A(M)

（2）被申请人的涉案产品。

被申请人的涉案侵权产品为：假冒或可兼容碳粉盒，它们不是原装制造商产品，不包含任何原装制造商的部件；再生碳粉盒，据称它们是原装制造商的碳粉盒，其中一个或多个原装零件已被更换。

（三）被申请人的不侵权抗辩

1. 纳思达的不侵权抗辩

2014 年 6 月，一家美国律师所向 ITC 递交代表律师文件，宣布代表纳思达出席该次 337 调查诉讼。

2014 年 7 月，纳思达向 ITC 递交答辩状，对佳能声称的侵权行为进行不侵权抗辩。纳思达在答辩状中提出的主要抗辩理由为：①纳思达不存在侵犯佳能专利权的行为；②佳能没有证据证明纳思达存在向美国进口、销售侵犯佳能专利权的产品的行为；③纳思达请求 ITC 对佳能提出的涉案专利进行无效审理；④纳思达认为，佳能存在滥用专利权的行为；⑤纳思达认为，根据首次销售原则或专利用尽原则，纳思达对再生碳粉盒的制造、进口和销售的行为是合法的。

纳思达在答辩状中还请求以下救济措施：①请求 ITC 裁定纳思达没有进口和销售侵犯有效专利权的产品；②请求 ITC 驳回申请人请求的所有救济措施；③请求 ITC 裁定申请人主张的涉案专利无效；④请求 ITC 驳回申请人的诉讼，终止调查；⑤请求 ITC 裁定申请人不具备国内产业。

2015 年 2 月，佳能和纳思达向 ITC 递交一份联合动议，请求基于纳思达签订的同意令终止对纳思达的调查。2015 年 3 月，ITC 发布初裁，宣布基于签订同意令终止对纳思达的调查。

2. 天威的不侵权抗辩

2014 年 6 月，一家美国律师所向 ITC 递交代表律师文件，宣布代表天威出席该次 337 调查诉讼，并任命斯蒂夫·艾金斯（Steven E. Adkins）为首席律师。

2014 年 7 月，天威向 ITC 递交答辩状，对佳能声称的侵权行为进行不侵权抗辩。天威在答辩状中否认自己存在侵犯佳能专利权的行为，并声称自己没有进口和销售侵犯佳能有效专利权的产品，还在答辩状中主张自己的产品适用首次销售、佳能的涉案专利无效等。

2014 年 9 月，佳能和天威向 ITC 递交一份联合动议，请求基于天威签订的同意令终止对天威的调查。2014 年 10 月，ITC 发布初裁，宣布基于签订同意令终止对天威的调查。

3. 亿铂的不侵权抗辩

2014 年 6 月，一家美国律师所向 ITC 递交代表律师文件，宣布代表亿铂出席该次 337 调查诉讼。

2014 年 7 月，亿铂向 ITC 递交答辩状，对佳能声称的侵权行为进行不侵权抗辩。亿铂在答辩状中否认自己存在侵犯佳能专利权的行为。亿铂在答辩状中请求了下列救济措施：①请求 ITC 裁定亿铂没有进口和销售侵权产品；②请求 ITC 驳回申请人请求的所有救济措施；③请求 ITC 裁定申请人主张的涉案专利无效；④请求 ITC 驳回申请人的诉讼，终止调查。

在递交答辩状后，亿铂并未主动开展进一步应诉工作，直到 ITC 发布普遍排除令。经分析研判，其原因可能是亿铂出于对应诉成本和自身情况的考量，选择不再积极应诉。

（四）裁决结果

2015 年 8 月，ITC 发布普遍排除令，禁止任何侵犯佳能美国专利 US8280278、US8630564、US8682215、US8676090 和 US8688008 相关权利要求的产品进口到美国境内。ITC 在公布文件中表示，在美国总统审核期间（在 ITC 发布普遍排除令后的60天内），相关产品还能继续进口到美国，但进口商必须提交ITC所要求的担保金，数额相当于进口货物100%的价值。在审核期结束后，普遍排除令将成为终局性的裁决，任何涉嫌侵犯涉案专利的产品将被禁止进入美国。此外，ITC还针对缺席被申请人发布禁止令。

（五）普遍排除令的执行情况

在普遍排除令发布后，截至2020年12月，ITC针对337-TA-918案的普遍排除令共发布26条没收令，其中2015年发布2条、2016年发布15条、2017年发布4条、2018年发布3条、2019年发布2条。美国海关根据没收令禁止相关公司将侵权产品进口到美国。

（六）海关确认程序

在337-TA-918案中，13家企业申请进行海关程序，大部分公司的产品被认定未落入普遍排除令范围。

（七）案件小结

在337-TA-918案中，被诉的企业共33家，按照产品来源（生产制造、关联或经销）可将被申请人初步分为5个阵营，分别是纳思达系、天威系、ILG（International Laser Group，Inc.）系、深圳ASTA系、亿铂系。其中，除ILG及其经销商之外，其余31家被申请人的被控产品均产自中国，中国涉案产品占比94%。

另外，在所有中国被申请人中，除了深圳ASTA缺席、亿铂未积极参与调查之外，纳思达和天威及其关联公司和部分经销商均基于同意令结束调查。从时间上来看，天威在发起调查的5个月后的2014年10月，就被初裁基于同意令结束调查；纳思达则在2015年3月获得初裁，也被基于同意令结束调查，比天威晚了半年左右，可能因双方企业与权利人谈判的时间或条件不同所致。

该案中，天威一方面积极应诉，另一方面积极推出创新设计。通过积极应诉，天威用了不到半年的时间就与权利人达成了和解；天威创新设计产品，通过提交有关法律文件，获得美国海关的确认，不受普遍排除令的影响，顺利通过美国海关。

纳思达也推出了自己设计的 Blue Drive 技术，并获得美国海关不落入排除令的认定结果。调查显示，行业内的其他企业也纷纷推出各自的创新设计，并积极向美国海关申请评审程序，大部分创新设计获得美国海关的确认，未落入普遍排除令的范围。由此可见，打印耗材企业的创新意识在不断增强。

四、337-TA-1106 案

2018 年 2 月，佳能提起美国 337 调查，指控 49 家公司（含 14 家中国公司）在美国进口和（或）销售的碳粉盒侵犯其 9 件美国专利。337-TA-1106 案调查是 15 起打印耗材行业美国 337 调查中涉案被申请人企业最多的一起。

2018 年 3 月，ITC 正式立案，案号为 337-TA-1106。该案被诉的主要企业天威、纳思达等均进行积极应诉。该案历经 ITC 初裁、终裁及美国联邦巡回上诉法院审判等程序，均被裁定或判决涉案产品不侵权，最终取得打印耗材行业的里程碑式胜利。

（一）案件的发展过程及涉案双方的应对

337-TA-1106 案的申请人为日本佳能公司、佳能美国公司、佳能弗吉尼亚公司（统称佳能）。佳能在申请中请求 ITC 签发普遍排除令或有限排除令及禁止令，禁止被控名单中的公司和所有相关公司在美国境内进行与侵权产品相关的进口、销售、分销、营销等行为。

被申请人为 49 家公司，其中中国公司 14 家、美国公司 34 家、加拿大公司 1 家。被申请人中有纳思达、天威、诚威（傲威）打印耗材有限公司（以下简称诚威）、亿铂等中国的四大制造商及其销售商，以及一些未知产品来源的销售商。其中，不同制造商对应的销售商有所交叉，如 Ink Technologies Printer Supplies LLC 既是纳思达的销售商，又是天威的销售商等。

34 家被申请人选择缺席诉讼，其中主动请求缺席的有 18 家，这 18 家公司均为经销商，都提交了代表文件或答辩状；未答复申请书被判为缺席的有 16 家。与以往不同的是，积极应诉的企业明显多了起来，共有 14 家，包括天威、纳思达、亿铂等通用耗材生产商及其子公司，以及与这些公司合作的经销商。

天威的首席代表律师是斯蒂夫·艾金斯，与 337-TA-918 案相同。亿铂的代理律师事务所与其在 337-TA-918 案中的代理律师事务所是同一家，且首席代理律师为同一个人。被申请人常常倾向于选择合作过的律师帮助其应对新的美国 337 调查。337-TA-1106 案的主要调查过程如表 3-14 所示。

表 3-14　337-TA-1106 案的主要调查过程

时间	调查过程
2018 年 2 月	佳能向 ITC 提交申请书。
2018 年 3 月	ITC 立案，确定案号为 337-TA-1106。
2018 年 5 月	ITC 作出初裁，裁定 12 家公司缺席。
2018 年 6 月	ITC 作出初裁，同意申请人佳能对申请书的修改，并终止了对撤回的专利及权利要求的调查。
2018 年 7 月	ITC 作出初裁，同意佳能关于撤回两项权利要求的动议。
2018 年 8 月	举行马克曼听证会。
2018 年 11 月	ITC 作出初裁，同意佳能关于撤回部分权利要求的动议。
2019 年 2 月	ITC 行政法官马克曼听证会裁决。
2019 年 3 月	ITC 行政法官作出初裁，裁定天威、纳思达及亿铂不侵权，并终止调查。
2019 年 3 月	佳能请求 ITC 对初裁决定进行复审。
2019 年 5 月	美国国会议员向 ITC 致函，请求 ITC 修改初裁决定。
2019 年 5 月	ITC 决定对初裁进行复审。
2019 年 5 月	ITC 作出终裁，维持初裁决定，终止调查。

续表

时间	调查过程
2019年5月	佳能不服终裁，向美国联邦巡回上诉法院提起上诉。
2019年6月	天威、纳思达和亿铂向美国联邦巡回上诉法院提交动议，作为重要利益相关方请求参加诉讼。
2020年4月	美国联邦巡回上诉法院作出判决，维持ITC在337-TA-1106案中作出的不侵权裁决。

申请人在提起美国337调查的同时，一般还会向申请人所在地的美国地区法院发起平行诉讼，其目的是通过法院判决另外获得专利侵权赔偿。该案也不例外，佳能在申请本次337调查时，提起多个平行诉讼。与该案相关的平行诉讼共37起，其中对27家公司的平行诉讼已经基于ITC判决结果撤诉，9家公司选择在平行诉讼中与佳能达成同意判决。

一个被申请人在平行诉讼中与佳能达成同意判决。基于同意判决，该申请人向ITC表明已经停止销售被控侵权产品，所以不存在该次337调查声称的侵权行为。随后，该申请人向ITC申请不再参与相关的337调查，希望减少应诉的花费。

（二）337-TA-1106案的涉案专利和涉案产品

1. 涉案专利

337-TA-1106案涉及美国发明专利US9746826、US9836021、US9841727、US9841728、US9841729、US9857764、US9857765、US9869960、US9874846，共9项。这9项专利属于同族专利，涉及电子照相成像设备（如激光打印机）中的连接部件，该连接部件用于将动力从电子照相成像设备的传动轴传递至处理盒中的电子照相感光鼓单元。这些专利涉及的连接部件与感光鼓单元相连接，在处理盒安装、拆卸时连接部件可以做一定程度的运动（转动），此运动使在与传动轴轴线大致垂直的方向上安装、拆卸感光鼓单元及处理盒成为可能，无须改变传动轴与电子照相感光鼓单元之间的相对距离。

佳能在 2018 年 6 月提交修改的申请，要求撤回上述专利的部分权利要求，以简化调查过程、减少程序。337-TA-1106 案涉案专利的权利要求见表 3-15。

表 3-15　337-TA-1106 案涉案专利的权利要求

专利号	专利名称	原始权利要求
US9746826	处理盒、电子照相成像设备和电子照相感光鼓单元	第 1~4 项、第 6 项、第 7 项、第 9 项
US9836021	处理盒、电子照相成像设备和电子照相感光鼓单元	第 1 项、第 2 项、第 4 项、第 5 项、第 7 项、第 8 项、第 9~11 项、第 13 项、第 18 项、第 20 项
US9841727	处理盒、电子照相成像设备和电子照相感光鼓单元	第 1 项、第 2 项、第 4~7 项、第 9~12 项、第 15~17 项、第 19~22 项、第 24 项、第 26 项、第 27 项
US9841728	处理盒、电子照相成像设备和电子照相感光鼓单元	第 1 项、第 2 项、第 4~7 项、第 9-12 项、第 15~17 项、第 19~22 项、第 24 项、第 26~28 项
US9841729	处理盒、电子照相成像设备和电子照相感光鼓单元	第 1~3 项、第 6 项、第 8~11 项、第 14 项、第 16~21 项、第 24 项、第 26 项
US9857764	处理盒、电子照相成像设备和电子照相感光鼓单元	第 7~9 项
US9857765	处理盒、电子照相成像设备和电子照相感光鼓单元	第 1 项、第 3 项、第 4 项、第 6 项、第 13 项、第 16 项、第 17 项、第 19 项
US9869960	处理盒、电子照相成像设备和电子照相感光鼓单元	第 1~7 项
US9874846	处理盒、电子照相成像设备和电子照相感光鼓单元	第 1~3 项

2018 年 7 月，佳能提交动议，主动撤回 US9869960 专利的权利要求第 3 项及 US9874846 专利的权利要求第 2 项。

下面以 US9746826 专利的涉案权利要求第 1 项为例，介绍 337-TA-1106 案中涉案专利的技术要点。专利 US9746826 的权利要求第 1 项的译文如下。

一种处理盒，包括：

壳体，所述壳体设有开口及位于开口外侧邻近部位的弧形凸起；

具有轴线L1的感光鼓，所述感光鼓可旋转地支撑于壳体内，并能绕轴线L1转动；

具有轴线L2的联接构件，所述联接构件有：（i）与感光鼓连接的第一端部，（ii）第二端部，其设有至少一个向轴线L2方向开口的凸起，（iii）连接第一端部与第二端部的连接部，其中，所述连接部的至少部分在垂直于轴线L2的方向上、距轴线L2的最大距离小于所述凸起到轴线L2的距离，且所述第二端部的至少部分沿轴线L1方向延伸超出所述开口；

其中，所述联接构件能够在以下位置之间移动：（i）第一位置，所述凸起的尖端沿轴线L1方向与感光鼓间隔第一距离，以及（ii）第二位置，所述凸起的尖端沿轴线L1方向与感光鼓间隔第二距离，且所述第一距离大于第二距离；

其中，所述弧形凸起仅沿联接构件的部分延伸。

US9746826专利的结构如图3-3所示。

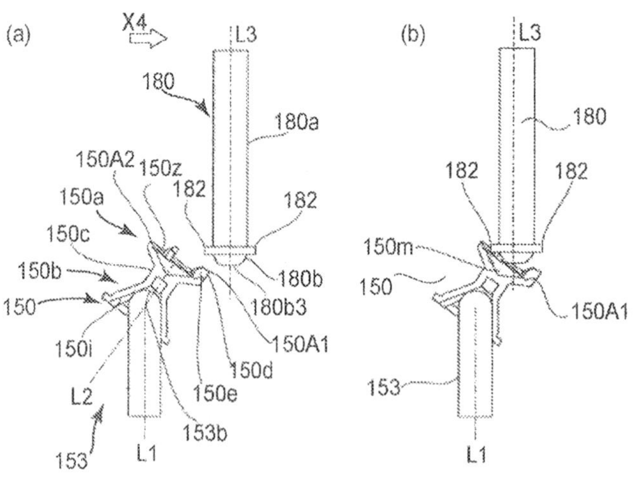

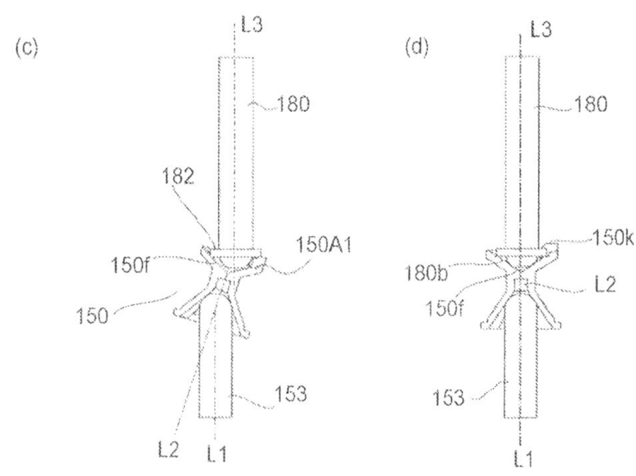

图 3-3　US9746826 专利的结构示意

资料来源：US9746826 专利的公开文本说明书附图。

从图 3-3 可见，在 337-TA-1106 案涉案专利说明书的具体实施例中，连接部件都是以倾斜或旋转一定角度的方式与成像设备中的传动轴接合或脱离的。与 337-TA-918 案的涉案专利不同的是，337-TA-1106 案涉案专利的权利要求中并没有连接部件“倾斜”“转动一定角度”等描述。相反的，337-TA-1106 案涉案专利的权利要求是通过连接部件的端部和感光鼓或处理盒的位置固定的部件的距离的变化来描述该技术特征的，从而扩大了权利要求的保护范围，将通用耗材厂商的 337-TA-918 案规避的设计产品，如连接部件沿轴 L1 运动的产品等，都纳入 337-TA-1106 案涉案专利的范围。

2. 涉案产品

（1）申请人与案件相关的产品。

申请人指控的涉案产品为碳粉盒，碳粉盒包括感光鼓，碳粉盒被用于激光打印机。通常情况下，在使用激光打印机时，碳粉盒上的感光鼓与打印机上的驱动轴相连接，打印机通过驱动轴带动感光鼓旋转，感光鼓在旋转过程中将自身的电荷附着在打印纸纸面上，在纸面上形成静电潜像，碳粉盒内的碳粉被吸

附到纸面的静电潜像上形成预留好的图像，再经过激光打印机上的稳压辊将碳粉压入纸面在纸面上形成需要打印的图像。337-TA-1106 案涉及的佳能、惠普产品见表 3-16。

表 3-16 337-TA-1106 案涉及的佳能、惠普产品

佳能或惠普激光打印机型号	兼容的佳能或惠普碳粉盒型号
Canon imageCLASS 312X、312I、312DN，Canon i-SENSYS LBP312X、LBP312I、LBP312DN	Canon Cartridge 041、041 H
Canon imageCLASS LBP6300N、LBP6650DN、LBP6670DN、MF5850DN、MF5880DN、MF5950DW、MF5960DN、MF6160DHW、MF6180DW	Canon Cartridge 119、119 II
Canon imageCLASS D1120、D1150、D1170、D1180、D1320、D1350、D1370	Canon Cartridge 120
Canon imageCLASS LBP6780DN	Canon Cartridge 324 II
Canon image RUNNER LBP3560、LBP3580	Canon GPR-40
Canon imageRUNNER LBP3470、LBP3480，Canon Laser Class 650I	Canon GPR-41
HP Laser Jet P3010，HP Laser Jet Pro MFP M521DN，HP Laser Jet Enterprise P3015D、P3015DN、P3015N、P3015X，HP Laser Jet Enterprise 500 MFP、M525F、M525DN，HP Laser Jet Enterprise Flow MFP M525C	HP CE255AX
HP Laser Jet P2033、P2033N、P2034、P2034N、P2035、P2035N、P2036、P2036N、P2037、P2037N、P2053D、P2053DN、P2053X、P2054D、P2054DN、P2054X、P2055、P2055D、P2055DN、P2055X、P2056D、P2056DN、P2056X、P2057D、P2057DN、P2057X	HP CE505A
HP Laser Jet P2053D、P2053DN、P2053X、P2054D、P2054DN、P2054X、P2055、P2055D、P2055DN、P2055X、P2056D、P2056DN、P2056X、P2057D、P2057DN、P2057X	HP CE505X
HP Laser Jet Pro M402N、M402DN、M402DW、M426FDN、MFP M426FDW	HP CF226A、CF226X
HP Laser Jet Enterprise Flow MFP M631H、M632Z，HP Laser Jet Enterprise M607DN、M607N、M608DN、M608N、M608X、M609DN、M609X、MFP M631DN、MFP M631Z、MFP M632FHT、MFP M632H	HP CF237A/X/Y/YC

续表

佳能或惠普激光打印机型号	兼容的佳能或惠普碳粉盒型号
HP Laser Jet Pro 400 M401DN、M401DNE、M401DW、M401N、MFP M425DN	HP CF280A/X
HP Laser Jet Enterprise M506DN、M506N、MFP M527DN、MFP M527F	HP CF287A、CF287X

（2）被申请人的被控侵权产品。

佳能指出，根据涉案侵权产品使用的连接部件的结构不同，可将其分为从类型A到类型I共9种类型的处理盒和感光鼓单元，下面介绍这9种类型的处理盒。

①类型A处理盒主要由亿铂及未知的制造商制造，某销售商共10家，涉及的产品型号共12种。其中，以亿铂为制造商的该类型产品在美国的销售商有4家，涉及的产品型号有5种。另外，通过未知制造商获得该类型产品，而后在美国进行零售的销售商有6家，涉及的产品型号有7种。

②类型B处理盒主要由亿铂及未知的制造商制造，其销售商共10家，涉及的产品型号共5种。其中，以亿铂为制造商的该类型产品在美国进行零售的销售商有7家，涉及的产品型号有3种。另外，通过未知制造商获得该类型产品，而后在美国进行零售的销售商有3家，涉及的产品型号有2种。

③类型C处理盒主要由天威及未知的制造商制造，其销售商共4家，涉及的产品型号共4种。其中，以天威为制造商的该类型产品在美国进行零售的销售商有3家，涉及的产品型号有3种。另外，通过未知制造商获得该类型产品，而后在美国进行零售的销售商有1家，涉及的产品型号有1种。

④类型D处理盒主要由天威制造，其销售商共1家，涉及的产品型号共1种。

⑤类型E处理盒主要由天威制造，其销售商共3家，涉及的产品型号共2种。

⑥类型F处理盒主要由纳思达及未知制造商制造，其销售商共9家，涉及的产品型号共8种。其中，以纳思达为制造商的该类型产品在美国进行零售的

销售商有2家，涉及的产品型号有1种。另外，通过未知制造商获得该类型产品，而后在美国进行零售的销售商有7家，涉及的产品型号有7种。

⑦类型G处理盒主要由纳思达和未知制造商制造，其销售商共9家，涉及的产品型号共9种。其中，以纳思达为制造商的该类型产品在美国进行零售的销售商有3家，涉及的产品型号有3种。另外，通过未知制造商获得该类型产品，而后在美国进行零售的销售商有6家，涉及的产品型号有6种。

⑧类型H处理盒主要由纳思达及未知制造商制造，其销售商共4家，涉及的产品型号共4种。其中，以纳思达为制造商的该类型产品在美国进行零售的销售商有2家，涉及的产品型号有2种。另外，通过未知制造商获得该类型产品，而后在美国进行零售的销售商有2家，涉及的产品型号有2种。

⑨类型I处理盒主要的已知制造商是诚威，其销售商共3家，涉及的产品型号共2种。其中，以诚威为制造商的该类型产品在美国进行零售的销售商有1家，涉及的产品型号有1种。另外，通过未知制造商获得该类型产品，而后在美国进行零售的销售商有2家，涉及的产品型号有1种。

（三）被申请人的不侵权抗辩

1. 纳思达的不侵权抗辩及专利无效抗辩

2018年3月，一家美国律师所向ITC递交代表律师文件，宣布代表纳思达应诉该次337调查。2018年4月，纳思达正式向ITC递交答辩状，对佳能声称的侵权行为进行不侵权抗辩，在答辩状中提到的抗辩理由如下。

①纳思达没有任何不公平行为和不公平竞争行为。

②纳思达没有直接或间接侵犯佳能的专利权。

③专利无效。

④纳思达对再生碳粉盒的销售符合首次销售原则、专利权用尽原则、许可修复原则。

⑤佳能存在滥用专利权的嫌疑。

⑥佳能不符合国内产业的要求。

⑦纳思达在对佳能提出的涉案专利提出无效申请的同时，还列举了一系列在先技术清单，在先技术清单包含美国专利、欧洲专利、日本专利等，用来佐证申请人佳能的涉案专利不具备专利性。

纳思达请求采取如下救济措施。

①拒绝申请人请求的所有救济措施。

②请求 ITC 裁定纳思达没有违反 337 调查的相关规定的行为。

③请求 ITC 裁定纳思达的产品不侵权。

④请求 ITC 裁定佳能主张的涉案专利全部无效。

⑤请求 ITC 裁定佳能不符合国内产业的要求。

⑥确定佳能要求的救济措施不符合公共利益。

2. 天威的不侵权抗辩及专利无效抗辩

2018 年 4 月，一家美国律师所向 ITC 提交出庭声明，由斯蒂夫・艾金斯担任首席律师，宣布代表天威应诉该次 337 调查。

2018 年 4 月，天威正式向 ITC 提交答辩状，对佳能声称的专利侵权行为进行不侵权抗辩，在答辩状中主张的抗辩理由如下。

①天威没有侵犯佳能专利权的行为。

②专利无效。

③天威对再生碳粉盒的销售符合首次销售原则、专利权用尽原则、许可修复原则。

天威认为佳能所主张的涉案专利并不能得到其说明书的充分支持，存在对其所主张专利的过度解读。天威除进行不侵权抗辩和专利无效抗辩之外，为安抚其客户，同时保证在美国 337 调查期间“有货可卖”，第一时间进行规避设计创新。在行政法官作出初裁决定前，天威快速推出新的不侵权产品——PR3 产品。2018 年 10 月，佳能与天威向 ITC 提交联合动议，接受天威新设计产品 PR3 不在后面可能颁布的任何排除令内。

3. 亿铂的不侵权抗辩及专利无效抗辩

2018 年 4 月，一家美国律师所向 ITC 提交代表律师文件，宣布代表亿铂应诉该次 337 调查。

2018 年 4 月，亿铂正式向 ITC 提交答辩状，对佳能声称的专利侵权行为进行不侵权抗辩。亿铂在答辩状中声称自己的被控产品并没有落入佳能主张的涉案专利的保护范围，自己没有侵犯佳能的专利权，并对佳能涉案专利提出无效请求。

（四）进入马克曼听证会程序

与前述案件不同的是，337-TA-1106 案中的部分被申请人积极应诉，按照美国 337 调查程序进入马克曼听证程序，即专利权利要求解释。因为当事人双方往往对权利要求中的词语的含义存在争议，所以需要组织马克曼听证会，由法官（美国 337 调查中则为行政法官及 ITC）给出一个明确的解释。申请人为了证明侵权，可能尽量会把权利要求解释得比较笼统，或为了避免专利被无效进行比较窄的解释；相反，被申请人为了避免侵权，会尽量要求比较窄的解释，如果要证明无效专利，就可能要求宽泛的解释。

337-TA-1106 案的马克曼听证会围绕 5 个权利要求术语展开（见表 3-17）。

表 3-17　337-TA-1106 案中马克曼听证会的权利要求术语解释

术语	术语解释
术语 1	所述连接部件在（i）第一位置及（ii）第二位置之间移动，在所述第一位置，所述至少一个凸起的末端与所述感光鼓在沿轴 L1 方向上的距离为第一距离；在所述第二位置，所述至少一个凸起的所述末端与所述感光鼓在沿轴 L1 方向上的距离为第二距离。
术语 2	轴 2
术语 3	连接
术语 4	连接部件具有或包括第一末端（部分），第一末端至少一部分位于感光鼓单元内。
术语 5	至少一个凸起向轴 L2 张开。

在表 3-17 中，术语 1 的解释是最重要的，双方就“movable”（可移动的）展开激烈辩论，即“连接部件移动的‘第一位置和第二位置’”是否包括“轴向运动”。

2019 年 2 月，ITC 行政法官作出马克曼听证会裁决，确定权利要求的解释范围。行政法官在马克曼听证会裁决中对申请人的权利要求进行解释，认为申请人权利要求中的“从‘第一位置’运动到‘第二位置’”只能包括“angular position”（带有倾角的位置），即旋转运动，不能包括轴向运动。而在被申请人的产品中，打印机驱动轴都是通过轴向运动的方式与感光鼓相连接的。因此，行政法官在马克曼听证会裁决中作出有利于被申请人的解释。

（五）裁决结果

1. 初　裁

2019 年 3 月，ITC 行政法官作出初裁，裁定纳思达、天威和亿铂的产品不侵权；而佳能没有展示出纳思达、天威和亿铂等违反美国 337 调查的相关规定，因此停止整个案件的调查。

2019 年 3 月，佳能请求 ITC 对初裁进行复审，认为行政法官不应当缩小解释权利要求的保护范围。

2019 年 5 月，美国国会议员安娜·爱舒（Anna G. Eshoo）致函 ITC，指出 337-TA-1106 案对美国经济和全球竞争力有广泛的影响。ITC 在使美国公司（如惠普等）能够竞争和成功中起到重要作用，而惠普依赖于与佳能的专利许可协议来使用佳能的涉案专利，这些涉案专利对佳能和惠普的商业利益至关重要。因此，请求 ITC 在决定是否复审该初裁时考虑涉案专利对美国的广泛经济影响。

2. 终　裁

在美国国会议员发出信函后，业内人士担心可能会影响 ITC 的复审判断。

2019 年 5 月，ITC 正式决定复审行政法官作出的初裁决定。ITC 在决定复审的两周后，作出了维持初裁的决定，天威、纳思达、亿铂等应诉企业获得了不侵权的全面胜利。

佳能于 2019 年 5 月向美国联邦巡回上诉法院提起上诉，请求美国联邦巡回上诉法院对 ITC 在 337-TA-1106 案中作出的不侵权裁决重新进行复审。

2019 年 6 月，天威、纳思达和亿铂向美国联邦巡回上诉法院提交动议，作为重要利益相关方，请求参加诉讼。2019 年 7 月，美国联邦巡回上诉法院同意天威、纳思达和亿铂参加诉讼。

2019 年 9 月，佳能向美国联邦巡回上诉法院提交对 ITC 337-TA-1106 案中最终裁决的上诉摘要。佳能认为，其在 337-TA-1106 案中针对 337-TA-918 案的涉案专利进行继续申请，继续申请专利的权利要求中采用的是“movable”（可移动的），“可移动的”表述将打印机驱动轴通过轴向运动的方式与碳粉盒的感光鼓相连接的技术方案包括在内，是继续申请的目的及意义所在。

2019 年 11 月，ITC 向美国联邦巡回上诉法院提交了一份摘要。在该摘要中，ITC 指出在佳能主张的涉案专利提供的实施例中，碳粉盒中的感光鼓是通过“pivotable”（可旋转的）方式与打印机驱动轴相连接的，但是佳能在权利要求的解释中试图将可旋转解释为可移动，试图将被申请人产品中轴向移动的技术方案纳入其专利的保护范围。ITC 认为，佳能的行为属于对专利权的过度解读，通过马克曼听证程序，行政法官已经作出了合理的限缩性解释。同日，纳思达、天威和亿铂也向美国联邦巡回上诉法院提交摘要。纳思达在摘要中指出，佳能就该案的涉案专利提交继续申请，在继续申请中试图规避关于可旋转的描述，以扩大其专利的保护范围，该行为属于过度扩张专利权。天威和亿铂也在提交的摘要中指出佳能过度解读专利权的行为，并支持 ITC 对可移动概念的限缩解读。

2019 年 12 月，佳能对 ITC 提交的摘要进行回应，否认自己存在过度解读专利权的行为，并认为 ITC 对“可移动”这一概念的理解是错误的，请求美国联邦巡回上诉法院撤销 ITC 在 337-TA-1106 案中作出的终裁决定。

2020 年，美国联邦巡回上诉法院没有线下开庭，而是在 2020 年 4 月组织电话线上听证。佳能代表律师、ITC 代表律师、第三方代表律师都作了发言。

申请人一如既往地认为其专利中对角度的描述包括 0° 或直线；ITC 方则认为 0° 并不能作为一个角度，即是行政法官在对佳能专利权进行限缩性解读时提到的“the zero is not an angle”（0° 不是一个角度），涉案专利中提到的“可移动”并不能将轴向运动包括在内；第三方代表律师对该案的实施例、附图、关于倾斜的各种描述等方面进行小结说明，认为佳能在其长达 19 个实施例、112 个附图及近 370 次关于倾斜的不同描述中，如 pivot（旋转）、swing（摆动）、incline（倾斜）等，表明就其发明整体无一不在说明其记载的碳粉盒中的感光鼓是通过可旋转的方式与打印机的驱动轴相连接，并不包括感光鼓通过轴向运动的方式与打印机驱动轴相连接。

2020 年 4 月，美国联邦巡回上诉法院作出判决，维持 ITC 在 337-TA-1106 案中作出的不侵权裁决。

在佳能向美国联邦巡回上诉法院的上诉失利后，从美国法律程序来看，佳能还可以向美国联邦最高法院提起上诉。但在上诉期限届满前，佳能宣布不会继续向美国联邦最高法院提起上诉，并撤回 337-TA-1106 案在美国法院尚未结案的所有平行诉讼。

（六）案件小结

337-TA-1106 案是在 337-TA-918 案专利继续申请基础上再次提起的美国 337 调查案。377-TA-1106 案在 ITC 的终裁结果作出后，以天威、纳思达、亿铂为代表的通用耗材生产商取得胜利，这是通用耗材行业与原装制造商的知识产权纠纷数十年博弈中难得的一次重要胜利。此案之前，中国的通用耗材和再生耗材制造商大多选择缺席或者以签订同意令的方式结束调查。因此，原装制造商往往可以获得普遍排除令，中国通用耗材行业在与原装制造商的较量中较

多处于不利地位。但是，在该起 337 调查中，中国企业积极应诉、有合有分、理性分析、专业应对，最终取得胜利，对中国企业、行业如何积极、专业、有效地应对美国 337 调查具有重要的参考借鉴价值。这是第一次生产商齐齐应诉，取得涉案产品（旧产品）不侵权的胜利。在积极应诉涉案产品不侵权的同时，各生产商及时推出创新设计（新产品），通过联合动议形式获得权利人的认可，可谓“双胜”，实则难能可贵。

五、佳能经典案例总结

（一）专利接力

佳能利用万向节齿轮传动专利提起 337-TA-918 案；2018 年 2 月，佳能利用万向节齿轮传动继续申请专利，又提起 337-TA-1106 案。可以看出，佳能围绕“传动”这个核心部件不断改进，完善专利保护策略，在扭曲齿轮专利保护到期后万向节齿轮接力，构建专利壁垒。

（二）有限排除令的“有限”打击试水

在 337-TA-731 案中，佳能并没有请求普遍排除令，而是请求有限排除令。这可能是出于策略原因。因为这是佳能在打印耗材领域提起的第一起美国 337 调查，佳能可能不想花太多时间，希望快速解决问题，而普遍排除令需要的证据更多，所以佳能认为可以先挑重点对象来打击。由于纳思达的相关产品销量大，显然对佳能的市场影响也大，所以纳思达成为佳能的首轮打击目标。337-TA-731 案的被申请人除纳思达之外，全都是纳思达的销售商。

结果是，佳能利用 337-TA-731 案试水，为其接下来的美国 337 调查打下基础，也就是 337-TA-829 案。在 337-TA-829 案中，佳能指控了 34 个被申请人，主张要求普遍排除令，被申请人除美国的一家公司之外，大多是比较小的销售商，它们基本全部缺席，佳能也顺利获得了普遍排除令。

（三）兼容行业理性分析、专业应对

虽然佳能已经通过 337-TA-918 案获得了普遍排除令，但其根据美国专利制度规则，在原有专利的基础上精心布局，进行新的继续申请，扩大专利保护范围，并就这些新专利提起 337-TA-1106 案。在开始收到 337-TA-1106 调查案信息时，中国打印耗材行业大感意外，因为该案的被诉产品基本都是 337-TA-918 案已经成功规避专利的创新设计产品，并已被美国海关认可可以不受普遍排除令的影响，是行业内的局部突围产品。中国涉案三大主要生产商在专业理性分析后，自己的涉案产品不侵权，涉案专利应该无效，都选择了积极应诉，最终获得有利结果，迎来打印耗材行业美国 337 调查的首次全面胜利。该案对兼容行业及其他行业来说是一个很好的提醒，专业应对、据理力争可以实现对企业及行业的生存和发展的积极维护。

第四章　打印耗材行业美国 337 调查案件的特点和启示

在从 2006 年 2 月的 337-TA-565 案到 2020 年年底的 15 年中，打印耗材行业发生了 15 起美国 337 调查案件。对这些案件进行梳理和分析，我们可以从中发现申请人和被申请人的不同策略，进一步挖掘打印耗材行业美国 337 调查的特点，从而对打印耗材行业甚至其他产业应对调查具有重要的启示。

第一节　原装制造商发起美国 337 调查的策略

在《1988 年综合贸易与竞争法》之后，美国 337 条款涉及的案件被分为两类：一类是针对知识产权侵权行为的案件，另一类是针对其他不公平竞争方法和不公平行为[1]的案件，而且规定了不同的适用立案条件。对打印耗材行业而言，美国 337 调查的案件类型基本是知识产权侵权案件，主要以专利权为重点，因此本章着重阐述美国 337 调查中对知识产权侵权行为的相关规定。美国 337 调查案件有两种启动方式，即由申请人向 ITC 提起和由 ITC 自行发起，但在现实中由 ITC 自行发起 337 调查的案件非常少见，更多的是因申请人向 ITC 提出申请而启动。打印耗材行业中的美国 337 调查也是如此，目前打印耗材行业美

[1] 其他不公平竞争方法和不公平行为包括涉案的不公平行为涉嫌侵犯普通法中的商标权利、侵犯商业秘密、错误标示来源和违反《数字千年版权法案》等。

国 337 调查案件均是由申请人发起的。[1]

打印耗材行业在 15 年里遭遇了 15 起美国 337 调查，由此可见，原装打印机制造商维权的密集持续。基于当事企业不同发展时期所涉产品、市场、商业的不同需求，在提起美国 337 调查时，不同权利人的策略也各有侧重，正所谓“知己知彼，百战不殆”。面对国外打印耗材企业频繁发起的美国 337 调查，我们必须清楚了解其发起策略，从而做到有的放矢。由于不同企业在不同时期的商业需求、市场规模、产品类型等都有所不同，因此他们在提起美国 337 调查时所采取的策略也不尽相同。下面对爱普生、佳能及兄弟等国际打印耗材巨头的调查发起策略进行介绍。

一、爱普生：以墨盒产品的芯片专利为核心

从 1978 年开始，爱普生就在墨盒产品上布局专利。虽然 1978—1994 年爱普生在墨盒领域研发的投入不大，但是其每年的专利申请量仍接近 70 件；1995—2003 年，爱普生的墨盒技术得到快速发展，其在墨盒领域的专利申请量快速增长，2003 年达到 686 件；从 2004 年至今，爱普生在墨盒领域的专利申请量虽有波动，但其年申请量基本保持在 500 件左右。

在爱普生的专利布局中，墨盒产品的芯片专利是其核心。在 337-TA-565 案、337-TA-946 案中，其墨盒产品的芯片专利起了关键作用，两案均获得普遍排除令和禁止令，产生极强的清场作用。例如，337-TA-565 案中的专利 US6502917 是芯片相关专利，可以简单理解为“一行或两行”的 7 触点芯片专利需要与打印机配合；337-TA-946 案所涉专利主要是与高低电压检测相关的 9 触点芯片，需要与打印机进行密切配合。

虽然两类芯片专利要与打印机配合，技术跟进也没有大的障碍，但专利权利要求保护之宽、之密让通用耗材行业几乎避无可避，对行业发展构成极大阻碍。

---

[1] 337-TA-565 案、337-TA-581 案、337-TA-691 案等是由爱普生、惠普等向 ITC 提起 337 调查程序的。

（一）7触点芯片

1999年，爱普生设计出具有7触点芯片的墨盒，该类芯片的结构如图4-1所示。

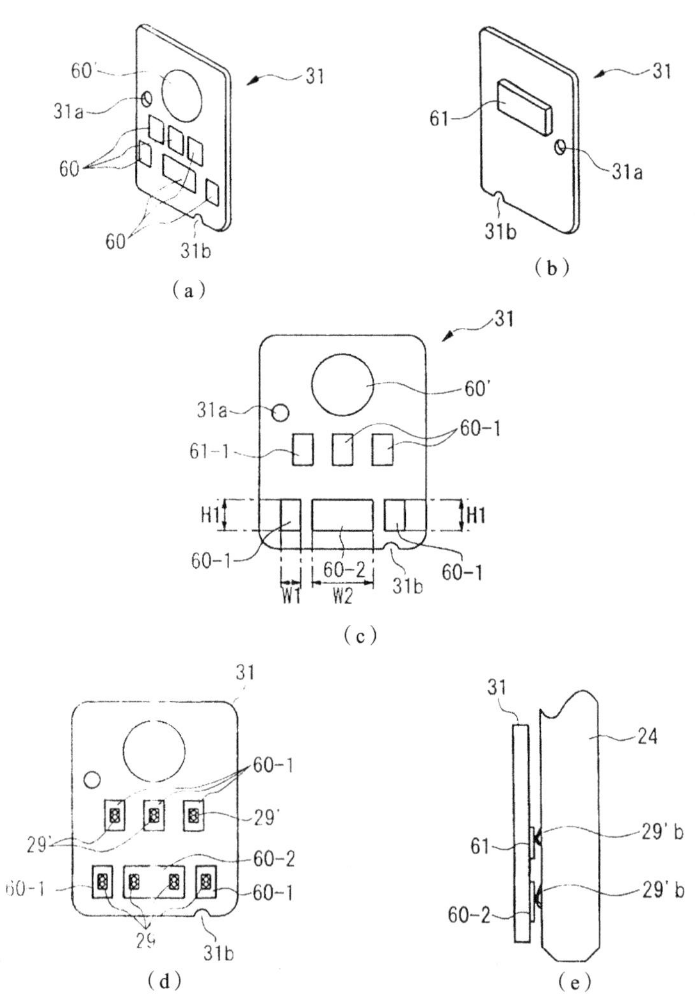

图4-1 爱普生7触点芯片的结构

资料来源：专利US6502917、US6550902的公开文本说明书。

之后，爱普生开始在全球的主要目标国家进行专利布局与申请，如在美国申请了7触点芯片墨盒的2个代表性的核心专利，即US6502917专利和

US6550902专利，对7触点芯片的墨盒技术进行了全方位的全球专利布局，构建了严密的专利保护网。

同时，爱普生利用7触点芯片的墨盒专利对全球竞争对手开展维权行动。2006年2月，爱普生首次提起美国337调查，指控24家公司（含9家中国公司）侵犯其专利权，ITC于2007年10月发布普遍排除令、有限排除令以及禁止令。

（二）9触点芯片

2005年，爱普生又设计研发出具有9触点芯片的墨盒，9触点芯片的墨盒适用于其喷墨打印设备（见图4-2）。爱普生立即开始在全球重要国家进行相关专利的布局与申请，构建全球专利屏障，保持其在墨盒市场中的主导地位和技术领先优势。其中，爱普生在美国的核心专利有US8366233、US8454116及US8794749等。

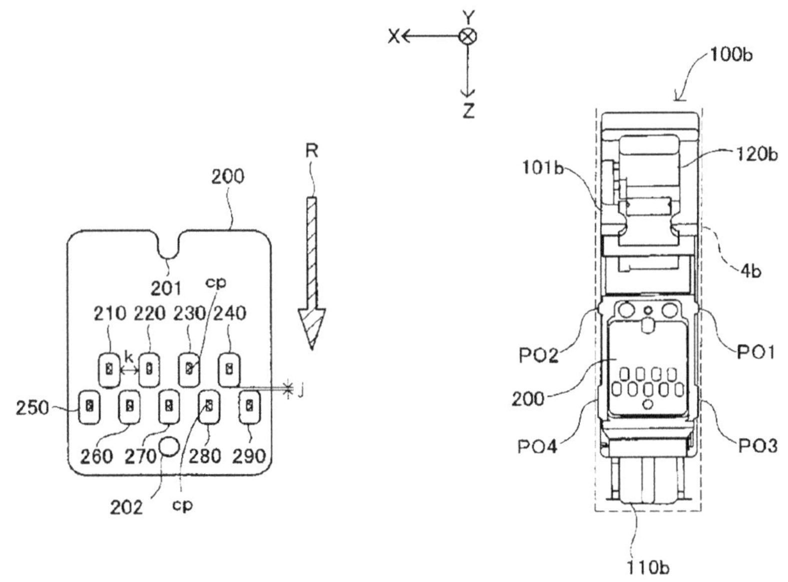

图4-2　爱普生9触点芯片的结构

资料来源：专利US8794749的公开文本说明书。

基于9触点芯片结构系列专利，2014年12月，爱普生又向ITC提起337调查，指控中国、美国的19家公司侵犯其专利权，最终ITC于2016年5月发布普遍排除令和禁止令。

除此之外，爱普生继续利用核心的芯片专利多次在美国法院提起诉讼，基本全部以绝对的优势获得一系列同意判决和永久禁令。

二、佳能：立足于驱动齿轮，不断升级，持续维权

佳能共发起过5起美国337调查，始终围绕扭曲齿轮、万向节齿轮进行碳粉盒的核心专利布局，而且多次就类似专利或改进专利对竞争对手发起美国337调查和平行诉讼。佳能的专利升级及维权情况如下。

（一）扭曲齿轮（twisted gear）

1995年，佳能开始设计布局一种名为扭曲齿轮的驱动力传递部件，并在日本、美国、中国及欧洲等地提出专利申请，具有扭曲齿轮的感光及扭曲齿轮的结构，如图4-3和图4-4所示。

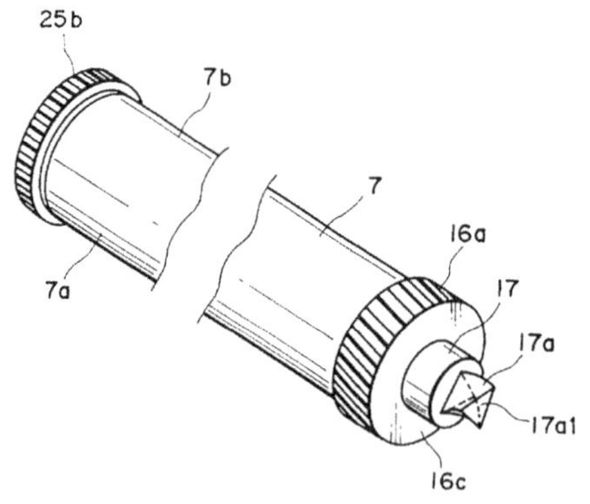

图4-3 具有扭曲齿轮的感光鼓

资料来源：专利US6128454的公开文本说明书。

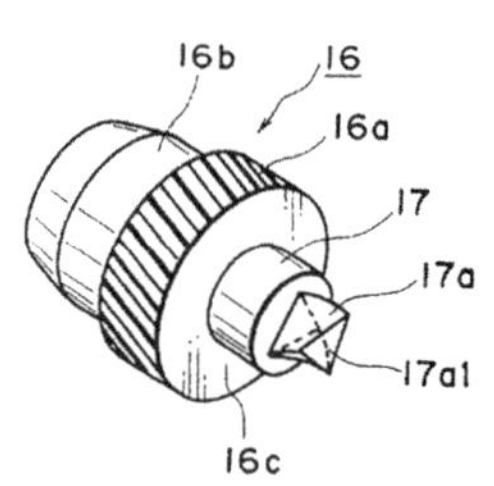

图4-4 扭曲齿轮的结构

资料来源：专利US6128454的公开文本说明书。

其后，佳能开始在全球多个重要市场进行相关专利的布局与申请，如在美国的两个核心专利为 US5903803 及 US6128454 等。同时，与这两个核心专利相关的专利又在中国、欧洲等地进行了布局。

佳能努力在全球进行专利布局的同时，积极进行专利维权。佳能首次提起美国 337 调查是在 2010 年 6 月，即 337-TA-731 案。在该案中，佳能指控纳思达等 20 个被申请人侵犯其两件美国专利，即 US5903803 专利和 US6128454 专利。

佳能仅要求 ITC 发布有限排除令，通过该案对同批被控产品进行精准打击。337-TA-731 案的调查结果是全部被申请人与佳能签订同意令，并承诺不在美国进口或销售涉案碳粉盒。

2012 年 1 月，佳能再次就 337-TA-731 案中的相同专利提起新的调查，即 337-TA-829 案。该案的被申请人更多，共 34 家公司。佳能要求 ITC 发布普遍排除令，最后对该案颁布了普遍排除令。显然，佳能在 337-TA-731 案中仅针对列明的被申请人采取有限排除令，最后所有被申请人都以签订同意令的方式结案。这应该是权利人的策略，先针对特定企业重点打击，后进行全行业普遍排除令打击。[1]

（二）万向节齿轮（dongle gear）

2007 年，佳能推出一种俗称万向节齿轮的驱动力传递部件。[2] 在推出万向节齿轮的设计后，佳能开始在全球进行相关专利布局，在美国申请万向节齿轮的 9 个专利号为 US8280278、US8630564、US8682215、US8676090、

---

❶ 段淑华，王锐．打印耗材行业典型 337 调查案回顾及展望 [EB/OL].（2021-11-26）［2024-10-10］. https://www.rtmworld.cn/news/law/view_id/4129.

❷ 万向节齿轮是权利人考虑到扭曲齿轮产品的性能及专利保护期限等进行的技术更新迭代产品，从技术创新到专利布局都不可不说是一个经典的典范。段淑华，王锐．打印耗材行业典型 337 调查案回顾及展望 [EB/OL].（2021-11-26）［2024-10-10］. https://www.rtmworld.cn/news/law/view_id/4129.

US8369744、US8565640、US8676085、US8135304 及 US8688008 的核心专利。这些专利分属 6 个专利族：第一个专利族包括 US8280278、US8630564、US8682215；第二个专利族 US8676090；第三个专利族 US8369744；第四个专利族 US8565640、US8676085；第五个专利族 US8135304；第六个专利族 US8688008。2014 年 5 月，佳能提起 337-TA-918 调查案。该案的被申请人有 33 家。与 337-TA-829 案一样，佳能同样请求发布普遍排除令。

2013 年，佳能又对万向节齿轮进行升级创新。在升级后的万向节齿轮传动中，鼓联接件的轴线能够相对于感光鼓的轴线处于不同的角位置，同时鼓联接件可沿着其轴线方向移动设置。通过该结构，鼓联接件能够沿着与设置在打印机中的驱动轴的轴线大致垂直的方向与驱动轴接合，同时能够沿着与驱动轴的轴线大致垂直的方向与驱动轴脱离。

在万向节齿轮的传动升级创新后，佳能紧锣密鼓地在全球 50 多个国家和地区进行专利申请，完成万向节齿轮传动技术更新后的专利布局。特别值得一提的是，佳能充分运用美国专利继续申请制度，进行新专利申请，扩大 337-TA-918 案涉案专利的保护范围，在美国再次布局核心专利，如 US9746826、US9836021、US9841727、US9841728、US9841729、US9857764、US9857765、US9869960、US9874846 等专利，并获得授权。

在此基础上，2018 年 2 月，佳能提起新的 337 调查，即 337-TA-1106 案，指控 49 家公司（含 14 家中国公司）在美进口和（或）销售的碳粉盒侵犯其 9 件新的万向节齿轮专利，请求 ITC 发布普遍排除令，并在美国多个地区法院提起平行诉讼。

由于天威、纳思达、亿铂等企业的积极应诉及抗辩理由充分，所以 ITC 行政法官初裁被控产品不侵权，终裁时维持了行政法官作出的不侵权裁决，并终止调查。佳能上诉至美国联邦巡回上诉法院，该法院维持 ITC 作出的不侵权裁决。

佳能在美国 337 调查中主张的这些专利都是打印机与碳粉盒相配合的耦合

件，并且与驱动齿轮相关。从这种技术路线可以看出，佳能围绕这个核心部件不断改进，完善专利保护策略。从扭曲齿轮到万向节齿轮，佳能坚持创新，持续进行全方位专利保护，立足于核心专利，采取步步为营、持续维权的策略。

三、兄弟：蓄势待发，首次出击，一击即中

在2006年打印耗材行业第一起美国337调查发生后的第13年，即2019年，兄弟提起美国337调查，337-TA-1174案是兄弟首次提出的337调查案，该案最后颁布了普遍排除令。

在该案中，只有1家生产制造商，其余近30家公司均为分销商或经销商，而且主要是线上电商；只有生产商应诉，其他分销商或经销商全都和解或缺席。兄弟采取的维权策略有：①仅提起337调查程序，没有同时提起法院平行诉讼，可能是为了节省费用和时间成本；②主要被申请人为电商，由于电商规模不大或经济实力较强等，基本不应诉，申请人容易达到目的；③通过联合协定，为后面其他企业的可能创新留下隐患。一些涉案企业通过联合协定的方式试图将自己的创新设计排除在后面可能的排除令之外，从表面上看这样既节省了时间，又提高了案件审判效率，但作为条件，联合协定的被申请人同意对涉案专利权利要求解释、专利有效性等均不提出挑战。这个策略有利于普通排除令的颁布，为后面其他企业进行创新设计、海关执行排除令、权利要求可能字面解释或过宽解释等留下隐患。

兄弟的涉案专利偏向于组合专利，相对而言更易被挑战。因此，兄弟可能会更多选择规模较小、不愿参加美国337调查的经销商作为被申请人，这样可以更容易获得普遍排除令。

此外，兄弟还持续同时提起“亚马逊下架”程序，不断向亚马逊平台投诉，下架相关企业产品的网上销售，迫使平台上的销售商无法销售相关产品，达到直接点到点清场的目的，线上下架经济高效。

兄弟第一次提起美国 337 调查的维权策略与爱普生、佳能各有不同。兄弟提起 337 调查的同时，没有提起法院平行诉讼，而是同时采用“亚马逊下架”方式，其打击精准程度和效果极强，通用耗材企业应该对其高度警惕、重点关注。

第二节 中国企业应对美国 337 调查的不同做法

打印耗材行业涉及的美国 337 调查共 15 起，其中 11 起调查涉及中国珠海的打印耗材企业。另外，在列名的国外被申请人中，有不少是上述珠海企业的分公司或经销商。其中，部分珠海打印耗材企业多次涉案。

面对原装制造商发起的美国 337 调查，涉案企业该如何应对？是主动迎战，还是选择逃避？是放弃市场，还是据理力争？不同企业采取了不同策略。我国打印耗材企业从 337-TA-565 案的应战不利到 337-TA-1106 案取得的全面胜利表明，我们愈挫愈勇、逐步突围。

一、天威：技术创新先行，实施专利护航，积极有效应对

在 15 起美国 337 调查中，天威涉案的 337 调查有 3 起，即 337-TA-740 案、337-TA-918 案和 337-TA-1106 案。1981 年创立的天威一直秉承创新驱动的理念，对原装制造商的专利进行前瞻性分析研究，不断推出不侵权设计的创新产品。

（一）86T 墨盒创新设计（预警 337-TA-565 案）

打印耗材行业的第一起美国 337 调查发生在 2006 年，被诉企业 24 家，其中中国 9 家（珠海 2 家），天威没有涉案。

早在 1999 年，天威就对爱普生喷墨相关的中国及国外专利进行深入研究，

在此基础上开展全面的创新设计，力争生产具有自主创新的专利产品。当时，天威成立了“技术研发 + 专利分析”的创新设计小组（Original Design Team，ODT），组织开展研发人员、知识产权人员及管理人员等共同参加的发明问题解决理论、六顶帽子及头脑风暴法等，围绕相关专利进行创新设计，经过不断的努力，得到 20 多个墨盒创新设计方案，后经专利成员的风险排查，皮老虎阀设计方案安全胜出。

皮老虎阀的创新设计初步解决了采用单向阀替代海绵控制墨流，如何稳定、均匀供墨，如何防止倒置漏墨、不同温度下运输储存不漏墨等一系列问题。经过不断地完善，历时一年多，2002 年年初，天威创新研制的 86T 墨盒问世。86T 墨盒系列产品主要是在内部采用了一个单向阀结构（见图 4-5）。

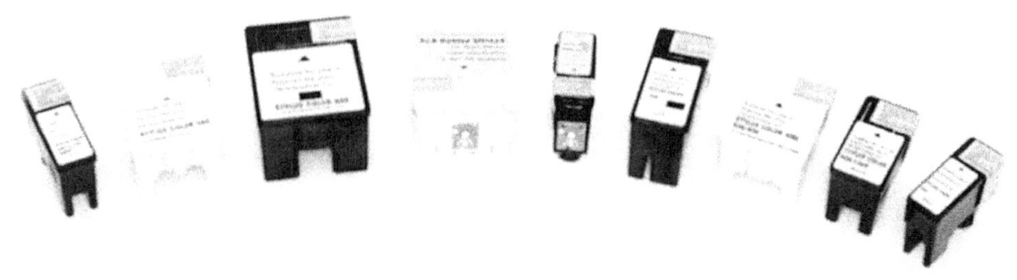

图 4-5 86T 墨盒系列产品

资料来源：https://www.rtmworld.cn/news/law/view_id/4129，2021 年 11 月 26 日。

围绕创新 86T 墨盒，天威进行了大量的国内外专利布局及国际专利申请。为了最大限度地保护创新设计的成果，天威采取发明、实用新型、外观设计相结合的立体保护策略，在 50 多个国家进行专利申请。2005 年，天威的 86T 创新墨盒产品获评第九届中国专利金奖。

（二）无扭曲齿轮（notwist gear）创新设计（规避 337-TA-731 案、337-TA-829 案）

佳能 2010 年提起的 337-TA-731 案及 2012 年提起的 337-TA-829 案涉及的

专利都是扭曲齿轮。虽然，天威生产制造与上述两案类似的扭曲齿轮产品，但没有涉案，究其原因是天威之前已做好创新设计并进行专利布局保护。早在 2007 年，天威就对扭曲齿轮相关专利产品进行了分析研究和创新设计，推出了无扭曲齿轮的创新产品。2007 年 8 月，天威对该创新设计进行了中国专利申请、国际专利申请，并在美国、欧洲等地进行专利申请。2012 年，该创新设计的美国专利获得授权，专利号为 US8275291。

2013 年，ITC 就 337-TA-829 案发布普遍排除令，打印耗材行业普遍受到影响，然而天威未雨绸缪、不断创新，其相关产品未受普遍排除令的影响，可以顺利通过美国海关。《珠海特区报》2013 年 9 月以“专利之利 天威之威”为题对天威进行专题报道。

（三）PR2 创新设计（应对 337-TA-918 案）

在 2014 年佳能发起的 337-TA-918 案中，天威成为被申请人之一。面对调查，天威在较短的时间内快速推出创新设计产品 PR3，并在不到半年的时间就达成和解，其产品被美国海关认可不侵权，并顺利通关。

2015 年 8 月，337-TA-918 案的行政法官发布普遍排除令，再生产品受到影响。天威及时提供美国海关所需文件，其产品顺利过关。天威成为首家突破普遍排除令的企业。

（四）PR3 创新设计（应对 337-TA-1106 案）

2018 年 2 月，佳能对天威、纳思达等提起 337 调查申请。天威立即组织专利、法律、研发团队对涉案专利进行分析研判，认为其产品不侵权，且涉案专利有较好的无效理由，决定采取积极应诉策略。

与此同时，天威进行创新设计，开发出 PR3 产品，以最大限度地解决客户关切的问题，继续销售创新产品。2018 年 10 月，佳能和天威向 ITC 提交了联合动议，接受天威创新设计产品 PR3 不在后续可能颁布的任何排除令之内。

天威对 337-TA-1106 案高度重视，全程参与涉案产品的不侵权应对，还派国内代表参加马克曼听证、仲裁调解等程序，最后其涉案产品经过 ITC 初裁、终裁及美国联邦巡回上诉法院判决，均裁定为不侵权。

从天威 86T 墨盒、无扭曲齿轮、PR2 及 PR3 等创新设计产品的推出过程来看，天威能做到早研发、早创新，做好专利布局，因而极少涉及美国 337 调查也在情理之中。

二、纳思达：积极应对推动技术创新，抢占上游市场

自 2006 年 337-TA-565 案后，纳思达又有 5 次作为被申请人涉及美国 337 调查。面对美国 337 调查，纳思达在 337-TA-565 案中采取顽强应对策略，坚持到底；在 337-TA-731 案、337-TA-740 案、337-TA-918 案等中，纳思达应对相对温和，选择和解结案；在 337-TA-1106 案中，纳思达选择积极应对。

（一）坚持应对 337-TA-565 案

2006 年，爱普生提起打印耗材行业的第一起美国 337 调查，该案案号为 337-TA-565，纳思达作为被申请人之一。

从收到 337-TA-565 案调查文件开始，纳思达牵头组建 337 案件应对团队，聘请美国属地的律师对涉案专利、产品进行分析，研判对市场的影响，决定参与 337 调查案件的过程。

ITC 发出普遍排除令和禁止令后，纳思达向美国联邦巡回上诉法院提请上诉，同时积极进行创新设计，2010 年就 R-series 分体墨盒产品申请海关认定。

2010 年 12 月，纳思达就分体墨盒产品向 ITC 申请咨询意见。2017 年，纳思达就再生墨盒产品向 ITC 申请咨询意见，最终与爱普生达成和解协议，确

定以一定再生步骤方法制造的再生产品可以进入美国市场。经过多年的坚持应对，纳思达成为极少可以突破普遍排除令以再生墨盒产品进入美国市场的企业。

337-TA-565 案历时 10 余年，其间纳思达进行大量的市场策划，坚持与原装厂商应对到底，以法律手段维护其在美国市场中的利益，在业界迅速产生影响。

虽然打印耗材行业第一起美国 337 调查距今已有 19 年，但是纳思达在其中穷尽多个程序的决心和不断尝试的勇气，对我国企业应对美国 337 调查仍然具有教科书一样的借鉴意义。

（二）主动和解，灵活应对

在 337-TA-565 案后，纳思达又经历了 337-TA-731 案、337-TA-740 案、337-TA-918 案及 337-TA-1106 案等。由于之前案件的锻炼和相关经验积累，纳思达及其法律团队日趋成熟。

在应对这些美国 337 调查中，纳思达一方面积极应诉，另一方面在控制成本的同时，尽可能利用资源争取在短期内快速结案，如 337-TA-740 案签订和解协议，337-TA-731 案、337-TA-918 案签订同意令，快速结束 337 调查程序。同时，在 337-TA-731 案及 337-TA-918 案应诉过程中，纳思达及时推出创新设计方案，积极寻求通过海关评审确认不侵权等程序进入美国市场。在 337-TA-1106 案中，纳思达则从专利不侵权、专利无效等方面全面应诉，特别是在专利无效方面进行了大量深入的检索、分析和抗辩工作。该案历经 ITC 初裁、终裁及美国联邦巡回上诉法院审判程序，均裁定纳思达涉案产品不侵权。

（三）积极应对，逆势而上

纳思达从 2006 年首次应对 337-TA-565 案到积极应对其他几起美国 337 调

查，不断进行科技创新，研发产出新产品，不断进行技术引进，在资本市场不断出击，在行业内一路高歌猛进，取得令人瞩目的成绩。

纳思达的产品从最初的打印耗材最终产品——墨盒、碳粉盒，逐步向上游延伸，包括芯片、墨水、碳粉材料、零件加工等全系列打印耗材，并于2010年研发出中国第一台拥有自主知识产权和核心技术的奔图激光打印机。

与此同时，纳思达在技术引进和资本市场方面全力出击，增强经济实力。纳思达2014年实现国内上市；2015年收购美国的静态控制部件（Static Control Components，SCC）公司；2016年收购美国老牌打印机巨头利盟国际公司，实现“小马拉大车”的转身。纳思达的业务发生巨大变化，业务范围在原有打印耗材、芯片的基础上增加打印机制造高端产品业务，从一家本土企业成长为参与全球打印机业务竞争的国际公司。

三、其他中小型打印耗材企业：被动不前，损失巨大

在打印耗材行业15起美国337调查中，中国大部分的本土打印耗材中小型企业在作为被申请人时没有应诉。中小企业没有应诉，一方面可能是因为自身实力不足，应对花费较高，耗费大量资源，面临维持生存困难；另一方面可能是因为企业主要从事组装制造，缺乏创新基础，少有专利积累，缺少必胜的信心，所以畏惧不前。与此同时，一些企业将被申请人的涉案产品停产，改换一个新的企业身份，重新销售被控的类似产品的情况也时有出现。此外，一些打印耗材企业采用中性包装等方式销售。不应诉基本等于放弃美国市场，改变商业模式也不是企业的长久发展之计，企业发展只能愈发被动。

通过对我国打印耗材行业历年美国337调查案件的被申请人的持续跟踪，我们发现：作为被申请人的一些中小耗材企业加入纳思达体系，存续发展；一些中小耗材企业则转移转产。另外，少量企业虽没有作为被申请人，但可能因为受到美国337调查案普遍排除令的影响，已经从市场上消失了。

第三节　应对美国 337 调查的经验教训

历经多年的专利纠纷，打印耗材行业的发展史也是一部知识产权竞争史。随着我国打印耗材企业应对美国 337 调查的经验和教训的不断积累，应对调查的策略也不断调整，最终我们迎来 337-TA-1106 案的全面胜利，给其他行业应对美国 337 调查提供宝贵的参考价值。

一、打击目标从制造端转向市场端，更易获颁普遍排除令

原装制造商对包括中国在内的通用耗材企业发起美国 337 调查的目的是将其产品逐出美国市场，巩固其在美国市场中的垄断地位。

在打印耗材的前期 337 调查中，原装制造商主要选择规模较大的制造商及其经销商进行打击，如纳思达先后 6 次被提起 337 调查。被调查制造商一般会直接应对或背后支持其经销商应对，特别是在 337-TA-1106 案中，天威、纳思达等打印耗材制造商积极应诉，并取得全面胜利。在某种意义上，这可能给兄弟公司有所启示，在 337-TA-1174 案中，兄弟提起的被申请人除了亿铂作为生产商之外，其他 30 家企业基本都是亚马逊平台经销商，调查直接将打击目标对准市场终端。中小型经销商因体量较小，经济实力有限，所以一般消极应对，这样原装制造商可以更加精准、有效地打击侵权产品的销售渠道，更容易获颁普遍排除令，更好地维护自身的利益。

此外，除利用美国 337 调查直接将平台经销商列为被申请人之外，原装制造商还利用网络销售平台本身的知识产权保护规则直接精准打击经销商。近年来，佳能利用亚马逊平台下架程序，在全球多个亚马逊的网店下架数万个打印耗材产品链接。

二、缺席、同意令、和解等策略相对更经济

在打印耗材行业的 15 起美国 337 调查中，被申请人大多以缺席或者签订同意令的方式结束调查。除 337-TA-1106 案被申请人全胜之外，在其余 14 起美国 337 调查案中，大部分企业选择以缺席、同意令、和解的方式终止调查，少数企业选择应诉。缺席、同意令、和解是大多数被申请人的应对策略。

与原装制造商相比，通用耗材企业规模和实力有限，缺乏产品原创、创新设计，而美国 337 调查的费用极高，被申请人需要选择较为经济的应诉方式。在这种情况下，缺席、同意令、和解等方式耗时较短，能较为快速结束案件，可能是较为经济有效的结案方式。

三、积极应对美国 337 调查有助于提升企业的创新能力

在 337-TA-1106 案之前的 13 起美国 337 调查中，申请人基本胜诉，并获得有利的裁决结果。在原装制造商的围追堵截下，我国企业通过对前面调查案件的研究与应对，不断积累经验，也逐渐认识到知识产权和创新的重要性，积极在技术研发方面进行投入，主动创新设计，规避竞争对手的专利，并在产品进入美国市场前进行不侵权评估，这样可在应对原装制造商的 337 调查申请时使自己掌握更多的主动权。

在 337-TA-829 案、337-TA-918 案及 337-TA-1106 案等调查结束后，或者在调查进行中，打印耗材企业都及时推出了不侵权的创新设计。在 337-TA-1106 案中，天威、纳思达、亿铂等通用耗材生产商在原装制造商对其创新设计的产品提起 337 调查时，坚信自己创新的有效性，积极应诉，在 ITC 和美国联邦巡回上诉法院均获“产品不侵权”的裁定或判决，取得全面胜利。可见，随着技术的不断创新，面对知识产权纠纷时，企业维护自身合法权益的意识越来越强，对维权应对更加自信、专业，从而获得调查的胜利，并推动企业的创新发展进程。

四、实现联合应对难度大

虽然打印耗材行业多家龙头企业多次被诉，但是这些企业从未在一起调查中实现联合应诉。打印耗材行业的专利问题本是一个行业共性问题，一般被申请人有几家，甚至几十家，特别是在行业屡屡被发布普遍排除令时，无论被诉或未被诉的企业都会受到不同程度的影响。虽然行业应该有很多理由可以联合应对，但现实中基本没有联合应对的例子，更多的是“小企业退避三舍，大企业单打独斗”的局面。这一局面主要是因为这些企业存在竞争关系，而且很多企业规模小、费用分担难，是助力企业应对美国 337 调查时需要着力解决的问题。

如果行业规模越来越大，中小型企业越来越多，就更容易被原装制造商各个击破。这在 337-TA-1174 案中体现得尤为明显，中小企业，尤其是线上经销商基本不应诉，因而更容易被颁布普遍排除令，对企业、行业发展影响更大。

五、重视平行诉讼及关联诉讼，减压减损

在打印耗材行业美国 337 调查中，申请人习惯将 337 调查和平行诉讼双管齐下，既要市场也要赔偿，目的更加明确。由于美国 337 调查对物具有管辖权，所以其救济措施通常是发布普遍排除令或有限排除令，但申请人并不能获得经济赔偿。申请人在提起美国 337 调查的同时，为了寻求经济赔偿，往往在美国法院提起平行诉讼。在 337-TA-711 墨盒案中，惠普在加州北区联邦地区法院向调查中涉及的 6 个被申请人发起了平行诉讼，因此除了美国 337 调查程序本身之外，被申请人还要应对可能的平行诉讼，并做好充分的准备。除了平行诉讼之外，申请人还可能在其他国家和地区提起关联诉讼。这种做法不但可以弥补 ITC 无法就损害赔偿问题作出裁决的不足，还可以向被申请人施加更大的维权压力。

平行诉讼一般与337调查的提起时间相近。为节省应诉成本、减少应诉压力，被申请人应当请求法院中止平行诉讼，在337调查结束后恢复平行诉讼。平行诉讼结果一般分为撤诉、缺席判决和永久禁令、同意判决和永久禁令。

通常，美国联邦地区法院在平行诉讼中会认可ITC的决定。在337-TA-565案和337-TA-918案中，美国联邦地区法院对大部分被申请人发布了永久禁令，同时ITC发布普遍排除令。由此可见，美国联邦地区法院的判决结果基本会与ITC的判决结果保持一致。

但是需要注意的是，由于ITC是行政机构，其裁决结果不具有终局性，所以被申请人可能在美国联邦地区法院诉讼中获得与美国337调查不同的结果。

六、选择友好、熟悉的国外律所及其代理律师

参与美国337调查的律师具体又可以分为调查律师和代理律师。这里阐述的是被申请人聘请的代理律师。

虽然337调查案并不会排斥当事人亲自参与诉讼，但由于337调查案的专业性和复杂性，所以当事人双方几乎无一例外地选择聘请相关律师参与美国337调查。从我国打印耗材企业被诉的情况来说，ITC一般不会允许中国律师接触337调查案件涉及打印耗材行业的商业秘密，并将中国律师排除在可以签署文件、受商业秘密保护令约束的名单之外。中国律师往往很难在实际程序中接触案件，再加上语言沟通、法律差异等方面的障碍，仅聘请中国律师在美国337调查中很难发挥全部作用，所以中国的被申请人一般会同时聘请有337调查经验的美国律师参与337调查。

在实际操作中，与其他行业应对美国337调查一样，打印耗材行业337调查案中，无论是申请人还是被申请人，都倾向于选择有过合作经验的律师事务所或律师参与新的337调查。例如，爱普生在337-TA-565案和337-TA-946案中的代理律师事务所都是昆鹰律师事务所；佳能在337-TA-918案和337-TA-

1106 案中的代理律师事务所都是菲茨帕特里克。亿铂在 337-TA-918 案、337-TA-1106 案和 337-TA-1174 案中选择的代理律师事务所都是福斯特墨菲。而纳思达在 337-TA-918 案、337-TA-1106 案和 337-TA-1174 案中的首席代表律师都是盖瑞·纳思；天威在 337-TA-918 案和 337-TA-1106 案中的首席代表律师都是斯蒂夫·艾金斯。

由于这些律师事务所和律师在之前的 337 调查、诉讼过程中积累了丰富的实战经验，所以如果申请人要在同一领域发起新的 337 调查，或者被申请人在同一领域遭遇新的 337 调查，一般会选择继续与之前合作过的较为认可的律师事务所或律师合作。

要注意的是，虽然聘请的外部代理律师在理论上只能为了委托人的利益处理案件，但实际上每一个律师或律师团队仍会有自己的利益考虑，只是程度不一样，国内与国外都存在。这种情形值得当事人注意。

第四节 应对美国 337 调查的突围之策

通过前面的阐述可知，美国 337 调查案件具有时间紧、任务重、费用高的鲜明特点。我国企业在“走出去”的过程中，应熟练掌握国际贸易的知识产权规则，提升海外维权和应对能力，同时相关管理部门与行业协会也应加强海外知识产权纠纷的应对指导工作。

一、对企业的建议

企业是美国 337 调查的主体。在被诉前、面对诉讼时及结案后 3 个阶段，企业应该根据自身情况选择不同的应对策略。

（一）诉前的预防策略

最好的预防策略是让对方无法提起美国337调查。一个企业只有拥有自己的知识产权风险评估体系、研发团队和创新产品，掌握产业核心技术，并进行专利布局，拥有自己的知识产权，才能在应对美国337调查或者其他知识产权纠纷时底气十足。

大型打印耗材企业要建立自己的专利与技术团队。例如，纳思达公司有自己的内部团队承担专利检索的基础工作，这不但有助于平时的创新与技术跟踪，还能在应对美国337调查的时候更加高效地承担专利检索与技术分析工作，减少成本。

1. 做好产品知识产权风险等级评估与管理

做好知识产权风险分析是企业避免成为海外知识产权纠纷中的被申请人、控制海外知识产权纠纷风险的关键。

企业在其产品进行立项或进入海外市场前，都需要进行知识产权风险评估，即针对产品进行专利分析，需要对拟立项产品进行专利检索，分析竞争对手是否布局专利，需要进行产品自由实施检索[1]（freedom to operate，FTO），判断产品是否涉嫌侵权，需要对生产国及目标销售国家或地区进行专利风险排

[1] 自由实施检索是指技术实施人在不侵犯他人专利权的情况下自由实施。自由实施检索与专利不侵权分析、专利风险分析、专利预警等专利侵权相关的分析容易混淆，实际工作中有时会有重叠，可根据不同情况下灵活运用。自由实施检索分析一般侧重于自由实施，侵权人在被诉专利侵权时，可以用自由实施检索报告证明自己非故意侵权，以避免惩罚性赔偿，所以自由实施检索分析既分析有效专利也分析失效的现有技术，目的在于证明当前技术可实施，不会侵犯他人专利权。专利不侵权分析侧重在已经知晓相关专利的情况下，将现有方案与已知晓的专利进行权利要求比对，以判断是否侵权。专利风险分析一般只分析有效的专利，这与自由实施检索不同。专利预警一般用在产品处于研发前段未最终成形时。现实中，这4种专利侵权相关的报告会有重合之处，需要哪种分析取决于具体的商业目的。自由实施检索的主要目的是证明非故意侵权，以避免可能的惩罚性赔偿。佑斌.如何进行FTO分析与报告制作（二）[EB/OL].（2018-01-20）[2024-10-10]．https://mp.weixin.qq.com/s/_qcKF-KA9i2TvJqUEWh1EA.

查。这是企业控制知识产权风险的基本手段。企业根据产品特点作知识产权风险等级评估，形成红绿灯式风险等级划分，即绿灯——低风险、黄灯——中风险、红灯——高风险。下面讨论企业如何定位自己的风险等级，以及对不同的风险等级如何应对。

首先，如果自由实施检索结果是拟立项开发或销售的产品专利不侵权，那么其风险等级为绿灯，可以放心销售。如果产品销量小、市场不大，那么企业也可以考虑将其风险等级暂时设为绿灯。一旦销量增大，就可以根据产品数量及利润等设定一个阈值，达到这个阈值时需要进行风险等级的转换。

其次，如果对自由实施检索拟立项开发或销售的产品专利是否冲突结果存疑，如对权利要求的理解有争议或对专利无效的可能性有争议，可能需要通过法律程序明晰权利要求的具体含义，才能确定专利的无效性等，那么通常将其风险等级设为黄灯。应对中等风险时，企业需要对规避专利创新的投入、冒险销售黄灯产品可能带来的诉讼成本及市场打击等进行综合考量。如果创新投入过多、冒险收益足以涵盖法律诉讼成本等，那么企业可以考虑准备一笔风险金，做好风险应对的预案，可以把这个中等风险确定为可控风险。

最后，如果自由实施检索的结果是拟立项开发或销售的产品与专利相冲突，产品出口面临的诉讼风险和成本高，那么该产品的风险等级为高风险，企业应以退为进，暂时放弃该产品的美国市场。当然，企业有时也要知难而进，进行规避专利的创新设计。

2. 常态专利分析，动态风险管控

专利风险通常是动态发展的。一个好的权利人往往会对自己的创新技术进行立体、密集、不间断的专利保护。相应地，企业专利风险管控必须是动态的全过程管理，如绿灯产品可能后面又有新的相关专利，需要进行分析、及时规避。例如，在 337-TA-918 案中，天威、纳思达等纷纷推出了不侵权的创新设计，由于权利人根据美国的专利继续申请制度重新撰写了权利要求，把这些

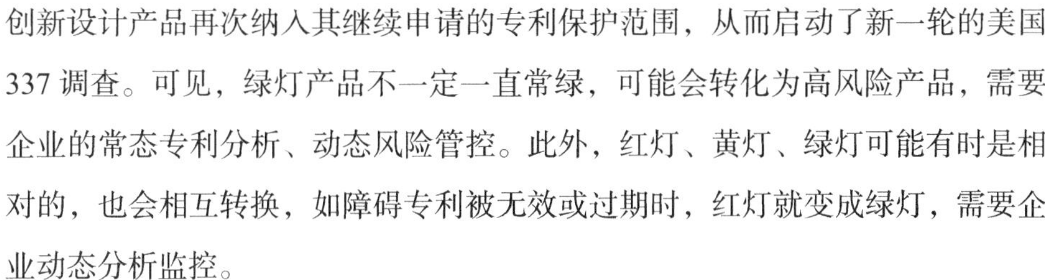
创新设计产品再次纳入其继续申请的专利保护范围，从而启动了新一轮的美国 337 调查。可见，绿灯产品不一定一直常绿，可能会转化为高风险产品，需要企业的常态专利分析、动态风险管控。此外，红灯、黄灯、绿灯可能有时是相对的，也会相互转换，如障碍专利被无效或过期时，红灯就变成绿灯，需要企业动态分析监控。

3. 有效管控知识产权担保协议的签订

一般来说，生产商往往会与多家经销商合作，以拓宽销售渠道。在实践中，销售商往往采取要求签订知识产权担保协议的方式最大限度降低自己的风险。同时，生产商为了稳定销售，也多被动签订知识产权担保协议。

对广大生产企业来说，如果必须签订知识产权担保协议，那么必须先确保自己的产品属于低风险产品，由自己内部的知识产权部门或外部专业机构出具专利不侵权的评估意见，这是签订知识产权担保协议的基础。同时，在签订知识产权担保协议时，对于如何有效管控协议风险，则有必要在协议中明确一些事项，如如果销售商被诉，需要生产商付费应诉的，就必须由生产商主导案件，包括但不限于聘请律师、制定诉讼策略、与对方和解必须得到生产商的同意等。

对广大经销商来说，在知识产权担保协议签订方面，除这个协议之外，还可以要求生产商提供专业机构出具的专利不侵权评估意见，之后要审核知识产权担保协议及其相关法律支持文件，不能仅是简单的一纸协议。一些打印耗材企业因对知识产权了解甚少，曾签订不少知识产权担保协议，后来被诉讼却不愿意履行，导致自身处于被动。

4. 技术创新是风险控制的根本

虽然我国打印耗材在全球市场中的占有率较高，但出口产品主要靠廉价劳动力、原材料等优势制造、运营，大多企业缺乏核心技术，没有自主知识产权，这也是我国出口产品频繁遭遇技术壁垒的根本原因。行业的发展需要掌握产业链的高端技术，拥有自己的核心技术，提高自主创新能力，削减低质低价产品的输出。

企业的专利风险等级取决于产品与专利的冲突程度。专利冲突程度可能因行业不同、专利密集程度不同、专利保护的相匹配特征不同而各有不同。如果是可以自由开发、设计的产品，那么企业可通过不同的创新设计赢得客户的青睐。对于一些设计受限，如一些电连接、机械耦合连接的专利，由于兼容耗材要与打印机配合，所以规避专利的创新设计有时会显得难上加难，但这也是企业必须面对的一个挑战和选择。例如，2010 年 337-TA-731 案之前，天威在 2007 年就对该案的相关专利进行了规避创新，因而避免成为被申请人；在 337-TA-918 案中，各被申请人企业在成为被申请人不久后纷纷推出了自己的创新设计，也得到了权利人不侵权的认可。可见，如果企业尽早进行技术创新，就可能从根本上规避专利风险。如果技术创新成为企业的自觉行为，那么企业的知识产权风险将会大大降低。

5. 专利布局护航技术创新

好的技术创新需要及时有效的专利布局保护。从对佳能发起的系列美国 337 调查的分析中，我们清晰地看到佳能注重持续技术创新，且特别注重技术的升级迭代及专利的布局技巧和策略。例如，佳能对其打印耗材产品的整体及零部件等都有周密的国内外专利申请，同时特别对耦联构件进行大量深入细致的专利布局，起初对扭曲齿轮相关的耦联结构进行了专利申请保护，后在该专利快要到期前研发了万向节齿轮，通过技术升级对这一耦联构件进行了大量的专利布局。例如，佳能从 337-TA-731 案、337-TA-829 案对扭曲齿轮的技术创新及专利保护，到 337-TA-918 案、337-TA-1106 案对万向节齿轮的升级保护，其中的专利 US9746826 是佳能最早在 2006 年申请的，后面不断继续申请，2016 年还在继续申请，2017 年获得该专利授权。该专利有 9 项权利要求、112 个附图，权利要求数上一改该专利母案 US8280278 之第 275 项权利要求的特点，体现佳能专利布局保护策略的变化，值得打印耗材企业技

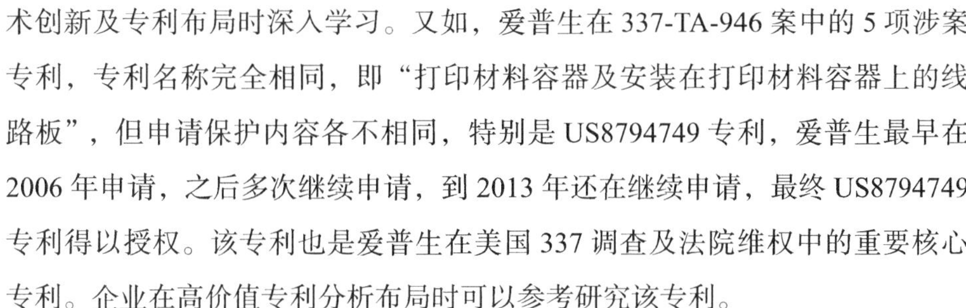
术创新及专利布局时深入学习。又如，爱普生在 337-TA-946 案中的 5 项涉案专利，专利名称完全相同，即“打印材料容器及安装在打印材料容器上的线路板”，但申请保护内容各不相同，特别是 US8794749 专利，爱普生最早在 2006 年申请，之后多次继续申请，到 2013 年还在继续申请，最终 US8794749 专利得以授权。该专利也是爱普生在美国 337 调查及法院维权中的重要核心专利。企业在高价值专利分析布局时可以参考研究该专利。

还有原装制造商对打印耗材容器这个保护主题持续不断地更换描述，如“ink tank”（墨水盒）、“ink cartridge”（墨水匣）、“ink container”（墨水容器）及“printing material container”（打印材料容器）等，使其含义更广，不断扩大保护范围。企业深入研究原装制造商的专利撰写策略，对打印耗材及其他行业产出高价值专利更有帮助。

在注重专利布局的同时，佳能也十分重视专利维权策略。例如，佳能利用扭曲齿轮专利发起了两次美国 337 调查，均取得胜利；利用万向节齿轮专利发起了美国 337 调查、法院诉讼及线上维权等，获胜后又通过专利继续申请的方式扩大权利要求，将兼容行业的创新设计纳入保护范围，重新提起美国 337 调查，通过专利布局升级达到进一步维护市场的目的。

6. 优化产品结构，提高核心竞争力

如果企业出口的产品仍以技术附加值较低的零散件产品为主，那么必然会因为低技术附加值而使企业陷入低价格竞争，在国际市场竞争中只能过度利用低价优势获得市场发展，但这不是企业发展的长久之计。一方面，低价竞争缺乏核心竞争力，在当前国际市场需求收紧的情况下，技术附加值较低的企业的竞争力下降；另一方面，目前主要国际市场受经济环境影响，贸易保护主义兴起，对低价竞争的现象专利权人更多地采取反倾销调查等措施限制技术附加值较为低的企业出口发展。低价出口策略是导致打印耗材出口企业国际竞争力下降的根本原因之一。也就是说，包括打印耗材在内的企业要掌握更多的核心技术，积极主动地提高核心竞争力。

7. 培育自主知名品牌

从对前面涉案打印耗材企业的数据分析可以看出，我国打印耗材行业的知名品牌少之又少，自主品牌的缺乏在一定程度上限制了我国打印耗材的出口。从珠海的打印耗材行业发展展望全国打印耗材行业可知，拥有一个知名品牌相当于拥有一个活招牌，知名品牌是较高市场认可度的代名词。

近年来，虽然我国对打印耗材行业的扶持力度不断加大，技术创新、专利申请方面也有所发展，纳思达、天威等公司也已颇具行业影响力，但这还远远不够，还未真正形成属于我国的本土知名品牌。我国打印耗材行业在知名品牌的建设上任重道远。

（二）诉讼中的应对策略

如果我国企业面临 337 调查，那么应如何决策、快速应对。一般来说，企业可以通过 ITC 网站了解美国 337 调查的案件情况。在现实中，往往是美国客户第一时间告知中国企业已作为被申请人涉案，还有一些案件是对美国 337 调查案比较关注的律师第一时间告知中国企业的。

1. 量力而行：综合考量是否应诉

若企业遭遇美国 337 调查案，因涉案企业的具体情况各不相同，则是否应诉一般要综合评估以下因素。

（1）权衡美国市场及客户的重要性。企业要综合评估已经从美国市场中获得的收益和未来可能的或潜在的收益，还要考虑客户的利益、客户关系的维系、企业品牌形象的维护等因素。如果美国市场或潜在市场大、客户关系重要，则企业应通过积极应诉维护企业品牌，树立负责任的企业形象。若所占美国市场份额不大，则可集中精力开拓他国市场，可选择不应诉，但要充分评估在其他国家的知识产权风险。比如，337-TA-918 案中，虽然天威的美国市场份额不大，但为了维护客户利益、品牌形象，天威选择积极应诉。

（2）分析产品是否存在侵权及专利无效的可能性。产品是否侵权是是否应诉的决定性因素，如果产品不侵权或专利无效的可能性大，那么可以考虑应诉，在应诉的过程中观察、分析对手，根据实际情况调整应诉策略。在 337-TA-1106 案中，天威、纳思达等不约而同地进行产品不侵权和专利无效分析，经初步评估认为产品不侵权、专利无效策略可行，所以不约而同地进行全面应诉。

（3）考虑应诉能力和应诉成本。根据美国 337 调查规定，在立案后，被申请人必须在文件送达后的 20 日内给出书面回复。被申请人在美国境外的，行政法官一般会延长 10 日，如我国企业的答辩期最多 30 日，答辩内容包括对申请书进行全面答复、提供事实依据，以及涉案产品在美国市场的出口量、销售额、生产能力等数据，可谓时间短、任务重。企业需在短期内集中人力、物力、财力进行处理，特别是聘请美国律师的费用较高。例如，在美国 337 调查案中，聘请经验丰富的律师费用高达 1200 美元 / 小时[1]，一个 337 调查案件支付 500 万美元律师费都较常见，所以各方当事人对此都需要有充足的费用预算。美国 337 调查案一般至少有 3 名律师，甚至更多。在 337-TA-1029 案中，高通公司聘请的两个律师事务所均是知名律师事务所，列明的代表律师有 11 个；在 337-TA-800 案中，华为技术有限公司（简称华为）列明的代表律师有 7 个。美国 337 调查案持续的时间一般为 12~18 个月，应诉费用可想而知。纳思达应诉 337-TA-565 案的 ITC 调查、普遍排除令上诉、海关程序、ITC 咨询意见等，估计花费超过 1500 万美元律师费。企业应诉能力主要取决于自身的财力或与行业联手应诉的能力，要充分评估市场效益或市场前景。

此外，企业可以对权利人的商业风格进行一定评估，这也是企业应诉成本的一个重要考量因素，如美国公司通常较为激进、日本公司可能相对温和等。当然，这也不是绝对的，需要结合具体公司以往的相关维权行动等进行具体

---

[1] IP Litigators Can Cost $1,200 An Hour [EB/OL].（2014-05-28）[2024-10-10]. http://www.law360.com/ip/articles/540494/ip-litigators-can-cost-1-200-an-hour.

分析和判断。根据不同权利人的商业风格，企业可以进行策略及程序的大致预判，对案件的时间、费用及应诉策略等可以综合参考。

（4）规避专利创新设计的可行性。如果涉案产品侵权可能性很大，或即便产品不侵权，也要考虑应诉成本，那么企业可以考虑快速进行规避专利创新设计的可能性。在 337-TA-918 案中，纳思达、天威选择积极应诉，并在应诉不到半年内快速推出了创新设计产品。

（5）组建应诉团队。应对美国 337 调查的核心要素之一是拥有一支强有力的专业应诉团队，其中要有研发、销售、市场、知识产权、法务等相关人员及美国律师，这些人员的有效配合是有效应对调查重要的保证。在 337-TA-1106 案中，天威应诉团队合作互信，在不侵权分析、专利无效分析、证据提供、客户沟通等方面密切配合，为案件的成功打下了坚实的基础。

（6）是否有可用的应诉资源。企业根据自身的经济实力及市场潜力等或者借助客户的力量，特别是在所涉案件是权利人要求普遍排除令时，可以寻求行业协会或海外维权援助的支持。

（7）分析申请人的真实意图。对申请人来说，美国 337 调查准备时间长，救济力度大；而对被申请人而言，美国 337 调查时间短、成本高，失败后果严重。如果申请人是为了获取专利许可费提起美国 337 调查，则可以进行和解谈判；如果申请人是为阻止被申请人进入美国市场，则被申请人须做好长期应对的准备。打印耗材的美国 337 调查尤其特殊，通常是美国 337 调查及法院诉讼同时提起，申请人既要市场也要赔偿，而且基本拒绝许可，所以企业要做好充分的思想准备，综合应对。

（8）分析涉案企业的整体情况。在打印耗材美国 337 调查案中，涉案的被申请人通常包括生产制造企业、被申请人在美国的分公司、经销商及下游企业。企业类型不同，应诉的动机或策略也不同。对一般生产制造企业来说，产品和技术是核心。一旦被裁定产品侵权，这一产品就必然被逐出美国市场，因此不应诉后果不堪设想，应诉通常成为这类企业的选项或不得已选项，而且这类企业不仅自己应诉，还要一并代表经销商应诉，或与经销商商量联合应诉策略。

虽然企业应诉不一定能胜诉，但应诉的企业毕竟能掌握一定主动权，在应诉过程中可以及时调整应对策略，而不应诉意味着基本放弃美国市场，因此在选择缺席时一定要慎重。

2. 实事求是：选择不同的应对策略

面对美国 337 调查时，由于时间紧迫，美国境外的被申请人需在接到申请书后 30 天内应诉，所以美国 337 调查程序进展相对紧凑。这种时间紧迫性对申请人会更为有利，特别是申请人列入大量的争议内容及听证会的迫近，会使被申请人的压迫感不断增加。因此，被申请人需要快速行动，选择专业的律师事务所，全面研究申请书等，分析商业策略，根据商业需要考虑应诉方案，要立即组建包括法务、专利、技术、市场、管理人员等在内的联合应对小组。

（1）抗辩和创新设计双管齐下，让创新设计先被可能的排除令排除。若企业决定应诉，则可以先进行抗辩。对于专利侵权的案件，抗辩理由通常包括不侵权抗辩、专利有效性抗辩、可实施性抗辩、违反禁止反言原则抗辩、权利用尽原则抗辩等。

无论不侵权或专利无效的理由多充分，为了让客户有货可卖，企业都应第一时间组织研发团队，进行规避涉案专利的创新设计，专利是否可以成功规避，可以先请中国专利代理师初步确认，之后请美国专利律师确认。确认后，企业可以利用证据开示程序或谈判等方式寻求权利人的意见，以便尽早让创新设计得到权利人的确认而不在后续的任何排除令覆盖范围内。在 337-TA-918 案、337-TA-1106 案及 337-TA-1174 案中，部分被申请人企业非常巧妙地采取了这个策略，让自己的创新设计很早就被排除在后续可能的任何排除令之外。这是美国 337 调查中较为经济高效的一个应对策略。

创新设计不侵权确认后，企业可以继续对涉案的被控产品进行不侵权抗辩，也可以选择表明后续缺席或同意被控产品将被任何可能的禁令覆盖等结

案，同时为应诉不成功时做好后备方案。例如，在 337-TA-1106 案中，天威积极应诉涉案产品 PR2 不侵权的同时，第一时间推出了 PR3 设计，并在证据开示程序中通过联合协议方式得到权利人认可该创新设计不在后续可能颁布的任何排除令之内；纳思达及亿铂也分别在应诉涉案产品的同时，第一时间推出了新的设计，最后实现了创新设计与涉案产品都不侵权的“双赢”。

（2）边抗辩边和解。在通常情况下，当事人有权就其申诉或抗辩有关的任何非保密问题进行取证，取证程序一般会持续 5~6 个月，取证后还要召开听证会进行动议、辩论等。若对方提出驳回动议，则 ITC 还需要时间取证、裁决，因此需要耗费大量时间。如果经过审慎考量后没有把握能够成功抗辩，那么企业可以通过签订和解协议解决争议、终止调查。

如果遇到没有办法规避的核心专利，那么被申请人可以与申请人协商争取成为其制造商，通过贴牌生产继续发展，或者获取专利使用许可，成立合资企业，实现“双赢”。

一份和解协议的内容通常包括停止进口或销售侵权产品；申请人放弃对被申请人的指控；允许在一定时间内处理库存的侵权产品；申请人授权被申请人使用专利或进口涉案产品；仅是 337 调查案和解，还是全球和解等。如果双方能找到合适的调解人，那么会有助于和解的推进。合适的调停人可以协调纷争，积极斡旋调解，让双方经济有效地进行和解。

（3）签订同意令。同意令是 ITC 基于申请人与被申请人双方协商一致同意结案作出的裁定，主要是被申请人同意不再向美国进口、销售涉嫌侵权的产品。同意令意味着当事人之间达成和解。如果被申请人愿意对被控产品停止销售，且同意一旦有排除令发布后，如被控产品继续销售，则愿意承担每天 10 万美元或货值两倍的罚款，那么可以与申请人协商以同意令的方式终止对自己的调查。

在美国 337 调查中，不少企业，特别是打印耗材企业大多选择以同意令方式结案。例如，在 337-TA-731 案中，20 家被申请人通过一段时间的积极抗辩，

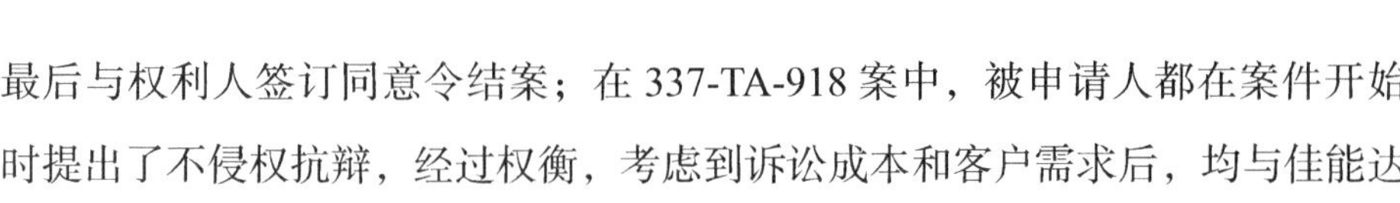

最后与权利人签订同意令结案；在 337-TA-918 案中，被申请人都在案件开始时提出了不侵权抗辩，经过权衡，考虑到诉讼成本和客户需求后，均与佳能达成和解或签订同意令。

（4）采取反击、反制措施。反击、反制措施在一定程度上可以作为迫使申请人接受和解谈判的筹码。被申请人可以在美国国内对该申请人及其关联公司或关联产品提起侵权诉讼，也可以在美国以外的其他国家与地区提起专利不正当竞争或反垄断诉讼等，实现对该申请人提起 337 调查行为的反击或反制，从而获得与竞争对手谈判的机会。这个策略在华为、中兴通讯股份有限公司（以下简称中兴）应对英特迪吉公司的美国 337 调查中应用得非常充分，华为及中兴在国内启动一系列专利及反垄断反击措施；魅族科技有限公司（以下简称魅族）在应对高通公司的美国 337 调查及中国诉讼时，也进行了 17 项涉案专利的全部无效反击。

（5）中止平行诉讼。为了获得损害赔偿，提起美国 337 调查的申请人一般也会在美国法院提起平行诉讼。由于美国 337 调查时间非常紧迫，涉案企业一般无法顾及平行的法院诉讼，所以涉案企业在同时面临美国 337 调查和美国法院平行诉讼时可以申请暂停美国法院的诉讼，这样可以节省成本和精力。

（6）缺席。应诉策略并不是一成不变的，也不是以绝对胜诉为目的的，和解、缺席等也是一种选择。企业可以根据实际情况、诉讼发展方向等，除了采取“边打边进”和“边打边退”的策略之外，还可以采取“积极”的缺席策略。如果被诉产品失去美国市场不会给企业造成难以承受的损失，或者继续应诉甚至胜诉反而带来难以承受的压力，那么企业可以选择缺席。例如，在 337-TA-740 案初期，纳思达所涉及的公司与立创国际公司都积极应诉，后来皆因为高昂的费用选择缺席，避免了更大的损失。这种缺席也不失为一种可取的方式。在 337-TA-1259 案中，纳思达从一开始就表明，由于涉案产品销量小、应诉费用高，因此选择缺席。

此外，虽然一些企业不是被申请人企业，但权利人要求的普遍排除令对其产品出口也有影响。企业是否需要以第三人身份加入调查，或前期不应诉，待美国 337 调查决定出来后再进行美国海关确认或 ITC 咨询意见等程序，则需要咨询专业律师的意见。

（7）聘请有经验的中国律师、美国律师互相配合。如果美国市场重要、应诉成本可承受或可集体应诉摊薄成本、胜诉概率高等，那么企业可以决定应诉。由于美国 337 调查程序复杂，技术性和专业性强，且美国和中国的知识产权保护立法规定存在一定差异，所以聘请既懂法律程序又熟悉知识产权专业的律师，特别是中国具有应对美国 337 调查经验的律师或专利代理师参加案件工作，可有效帮助企业制定有效的应诉策略，经济高效地保护企业的合法权益。

美国 337 调查案件律师的职责包括与企业技术人员进行探讨，了解涉案产品及知识产权的所有信息，协助企业收集涉案产品的技术文件；进行侵权分析，协助企业寻找抗辩点；对专利有效性进行分析，找出在先技术；协助企业获得其他当事人提交的法律文件；协助企业提交法律文件；协助企业寻找和聘请专家证人；协助企业分析风险并确定最佳应诉策略等。

聘请律师应综合考虑以下因素：是否具有丰富的美国 337 调查案件经验；是不是主办律师；是否代理过与涉案产品同类或类似产品的案件；是否熟悉法律程序和相关技术；以往代理案件胜诉的比例及经验；资深律师能否亲自参与案件工作；对企业没有偏见，理解企业文化；代理费用定价合理或可接受、亲和力强等。另外，我们建议美国 337 调查案件的执业律师掌握每位行政法官个人的基本规则，这些规则之间往往又有许多不同……遵守行政法官的基本规则，对 ITC 审理的美国 337 调查案件的胜诉非常重要。[1] 企业根据自己的实际需要，不一定选择知名的律师事务所或律师，寻找合适的律师事务所或律师更经济高效。

---

[1] 汤姆·迈克尔·萧姆伯格．美国国际贸易委员会 337 调查律师实践指南 [M]. 4 版．钱文婕，李斯，译．北京：法律出版社，2022：122-123.

取消律师资格的动议很少被ITC批准。行政法官认为，取消律师资格是超常规的做法。在决定是否取消律师资格时，ITC适用美国律师协会《职业行为示范规则》第1.7条和第1.9条，禁止律师在“同一事项或实质性相关事项”中代理与现有客户或老客户存在重大利益冲突的客户。违反道德规范本身并不会导致相关律师丧失职业资格。相反，关键的问题是继续代理是否会对另一方当事人在该事项上的权利造成损害或不利影响，以及这种损害是否超过另一方当事人律师的资格被取消所造成的损害。[1]

企业建立合适的应诉队伍至关重要，要选择具有美国337调查经验的律师。在337-TA-731案中，纳思达等多家公司首次聘请美亚博国际法律事务所（Mayer Brown LLP）的律师作为代表律师。纳思达在后续应对的多起美国337调查及法院诉讼中，如337-TA-740案、337-TA-918案、337-TA-1174案等，都选择该律师事务所及其律师。天威、纳思达和亿铂在337-TA-918案、337-TA-1106案、337-TA-1174案中聘请的都是各自聘请过的律师。亿铂在337-TA-918案、337-TA-1106案、337-TA-1174案中聘请的美国律师就是337-TA-565案中爱普生的代表律师。在美国337调查的应对中，专业人员的任何用心之举都可能为企业节省大量的费用。稳定的律师团队、熟悉的产品沟通及文化理解等，会使应对美国337调查时会事半功倍。

中国律师或专利代理师的参与也必不可少。他们主要负责进行前期的专利分析，及时解释案件进展，准确收集客户资料，尤其在证据开示程序中协调组织大量证据的筛选、提供。需要特别注意的是，ITC规则不允许当事人内部法务接触对方的保密信息，除非取得保密信息提交人的同意。[2] 此外，一些中国律师获得美国律师执业资格，他们可帮助被诉企业进行整体策划。

中国律师或专利代理师与外国律师应各有分工。中国律师除前述工作之

---

[1] 汤姆·迈克尔·萧姆伯格．美国国际贸易委员会337调查律师实践指南[M]. 4版．钱文婕，李斯，译．北京：法律出版社，2022：201-204.

[2] 19 C.F.R. § 210.5（2013）。

外，还有一个重要的职责就是对外国律师的工作进行监督，如聘请的外国律师是按时付费的，因此中国律师要对非必要的讨论会（如邀请专家的必要性及人数、次数等）提出意见。另外，中国律师还要帮助当事人进行证据管理，发挥专业能力，削减沟通时间和成本，协助外国律师提高工作效率。这对有效控制应对美国 337 调查的开支极为重要。例如，珠海智专专利商标代理有限公司及其专利代理师一直被天威聘为应对美国 337 调查的专家顾问团队。该团队对天威在企业产品、专利不侵权、专利无效等及斡旋谈判等方面为企业应对美国 337 调查提供有力支持。

（8）联合应诉增加谈判筹码。美国 337 调查中通常有多个或多组被申请人。如果被申请人能联合应诉，那么可共同聘请律师，整合资源，最大限度分摊应诉成本。尤其是存在利益关系的企业，如母公司及其子公司、生产商与销售商等，其被控侵权产品相同或存在交叉，在利益冲突较小的情况下可以联合应诉，这样既可以节省费用，也可以整合资源。例如，纳思达及其关联公司聘请同一律师事务所的律师。在打印耗材行业中，目前企业基本都是各自聘请律师，各自应诉，鲜有联合应诉，但对于一些共性问题，如专利无效等，被申请人可以互相支持。

通信行业企业多为单独应诉。虽然华为、中兴、魅族等涉案企业没有直接联合应诉，但他们互相借鉴答辩意见、互相支持观点。

LED 行业企业曾有联合应诉。在 337-TA-1114 案中，中国多家 LED 企业被诉，相关行业协会发布了较为积极的行业协会声明。被诉的广东省 LED 企业有多家采取联合应诉，而且在进行无效抗辩时几乎所有应诉的被申请人联合提出现有技术抗辩，形成了强大的应诉合力。最终被申请人成功应诉，该案以申请人撤诉结案。联合应诉使应诉企业形成强大的合力，增加谈判筹码。

（9）生产商联合经销商主动承担。在 15 起打印耗材行业的美国 337 调查中，多个案件的生产商及其关联公司与其经销商联合应对，即具有共同利益的被申请人企业共同委托律师代理，通常是生产商委托律师全面处理相关应诉事

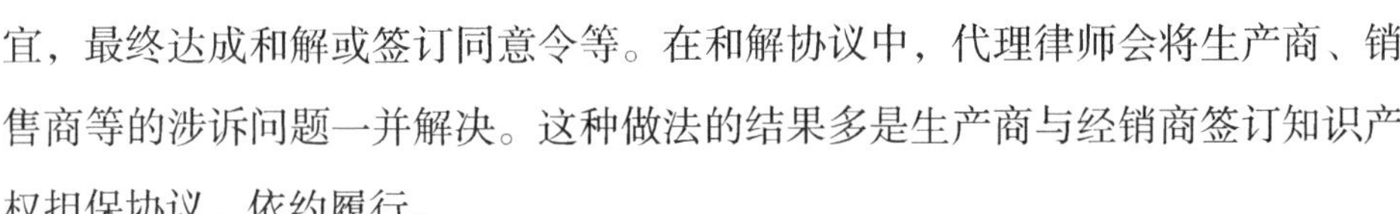

宜，最终达成和解或签订同意令等。在和解协议中，代理律师会将生产商、销售商等的涉诉问题一并解决。这种做法的结果多是生产商与经销商签订知识产权担保协议，依约履行。

在337-TA-918案中，纳思达和天威积极应诉，最后两家生产商及其关联公司和部分经销商均基于同意令结束调查。

在337-TA-1106案中，除未确定产品来源的10家经销商之外，其他39家企业的涉案产品均来自中国，39个被申请人又可以分为3个阵营，分别是纳思达及其关联公司和经销商、亿铂及其关联公司和经销商、天威及其关联公司和经销商，这3个阵营的主要被申请人全部积极应诉。

在337-TA-1174案中，涉案企业共32家，但仅有1家生产商，即亿铂。此外，兄弟还起诉亿铂的9家经销商。亿铂积极应诉，并代表其他9家经销商与申请人和解结案。

因此，在利益相关的情况下，生产商代表经销商应诉，不仅可以减少应诉费用，而且能最大限度地维护双方的共同利益。

（10）充分利用美国337调查程序与规则。美国337调查的程序、规则是公开的，除了涉及的保密信息被涂覆处理之外，一般的指控文件、答辩意见、程序安排、过程文件、专家意见及处理结果等，任何企业和个人都可在ITC网站上查阅。

例如，在337-TA-1106案中，ITC行政法官作出涉案产品都不侵权的初裁后，有美国国会议员专门致函ITC，指出该裁定会对美国企业及美国的竞争力产生影响，希望ITC复审时对此进行充分考虑。然而，ITC很快作出终裁，维持初裁。ITC没有受到美国国会议员的影响，仍独立作出专业决定，终裁认定涉案产品不侵权。这从某种程度上反映了ITC的独立性和专业性。

要利用调查规则，就必须深入了解规则，而了解规则的有效途径就是参与其中。例如，纳思达在应诉337-TA-565案时有些措手不及，但其在后面的历次应诉中聘请更专业的律师，应诉策略专业有效，也能结合商业和对337

调查规则的深入了解不断调整，最终取得了 337-TA-1106 案的成功应诉；天威也是始终坚持创新，未雨绸缪，尊重规则，理性分析，专业应对，最后成功应诉。

另外，百日审程序通过对一些决定性问题的尽早裁决提高调查效率，已被纳入正式规则。百日审是美国 ITC 提供的一种快速的证据开示、事实查明和裁决机制，旨在优先解决是否存在国内产业、申请人是否有权提起诉讼、涉诉专利是否有效等潜在的案件决定性问题。若案件适用百日审，则 ITC 可以在调查初期确定具有潜在决定性的问题，并指示行政法官在立案后 100 天内就该问题作出初步裁决。被申请人不仅可以利用此程序有效降低应对美国 337 调查的时间和费用成本，还可以压缩对方的准备时间，从而获得有利地位或者谈判筹码。在 2019 年的牛磺酸一案中，中国企业成功启动百日审程序，从而在不到一个月内迫使申请人撤诉。

（11）企业一旦涉案美国 337 调查，可积极寻求行业协会、联盟的帮助，与其签订协议，由其协助建立一支包括技术、法律、专利在内的专家队伍，积极应对。如果业内被诉的企业不止一家，那么各企业可以请行业协会、联盟协调联合应诉，企业可以分担费用、共享专业资源等。

（三）诉后的补救策略

结案后，企业要及时总结和反思。如果有和解协议、同意令或禁止令等，则需要及时跟进、有效落实。如果有排除令等，则要关注如何规避或寻找突破方法、完善企业的知识产权风险管控体系等。

1. 严格执行、跟进同意令及和解协议

如果企业签订了同意令，那么企业不能再向美国进口有关被控侵权的产品，要及时停止销售，否则企业会面临每天 10 万美元或进口货值 2 倍的罚款，一般取高者。某家公司签订同意令后出口新设计产品，仍被认为侵犯涉案专利

权，被ITC认定违反同意令，最后被判罚600万美元。

如果企业与权利人签订和解协议，那么协议有时可能是全球性的。企业的产品除了约定不能在美国销售之外，可能还不得在涉案专利同族所在国家销售。若企业违反和解协议，则可能面临专利侵权及违约的双重指控，这对企业非常不利。

因此，企业签订同意令或和解协议后，不可将其束之高阁，要严格注意善后工作，及时对企业内部相关部门就同意令、和解协议等涉及的主要条款进行解读、传达，严格执行同意令、和解协议的要求，在内部设置严格的风险管控流程及操作指引，最大限度降低企业的风险。

2. 利用海关行政确认程序突破排除令

ITC颁布的排除令主要由美国海关负责。排除令通常指向“侵犯”涉案专利的货物。为了执行排除令，海关必须决定进口货物是否侵权。[1]

进口商可以就海关法及相关法律对某些特定事实是否适用的问题请求美国海关作出裁决，美国海关对此有相关的行政程序。进口商可以利用这些程序获得关于ITC排除令的范围的裁决。值得注意的是，以前的海关行政程序“是保密的且单方的，意味着相关的美国337调查的申请人不能参与这些程序”，但目前的海关行政程序已经改为双方的，权利人也可参与其中。在多起涉及打印耗材的美国337调查中，在ITC颁布排除令后，许多进口商也选择了这种程序，获得美国海关的不侵权意见，得以继续进口。例如，在337-TA-565案、337-TA-691案、337-TA-723案及337-TA-946案中，一家公司4次均通过海关行政程序成功确认了自己的爱普生及惠普再生墨盒产品不在上述4案的普遍排除令的范围。

同时，ITC发布排除令后，在美国总统审核期间，企业如果继续出口产品

[1] 汤姆·迈克尔·萧姆伯格. 美国国际贸易委员会337调查律师实践指南[M]. 2版. 北京：法律出版社，2014：267.

到美国，那么需要交担保金，一般是货值100%的担保金，也有更高比例的情况。例如，在337-TA-1174案中，对于亿铂涉案的TN-221/225碳粉盒，其保证金率高达1463%。因此，企业要严格指导销售部门执行排除令，或者不出口，或者交担保金，或者请求美国海关进行不侵权确认，或者请求ITC咨询意见。

3. 寻求ITC发起咨询意见程序

排除令发布后，任何人都可以请求ITC发起一项咨询意见程序，以对一个计划中的行为是否违反一项ITC颁布的排除令、禁止令或同意令提供指导意见，如采用规避设计产品的进口行为等。面对请求发布咨询意见的申请时，ITC一般会考虑以下因素：①发布咨询意见是否便于337条款的执行；②发布咨询意见是否符合公共利益；③咨询意见是否有利于消费者和美国市场的竞争情况；④提出请求者对意见是否有强烈的商业需求，并且已做出尽可能完整及准确的请求。[1]

不过，企业要衡量提出咨询意见程序的实施成本。一项咨询意见程序相当于一个微缩的ITC调查程序，费用也不会太低，约为几十万美元，甚至上百万美元。在337-TA-565案及337-TA-946案中，纳思达提出咨询意见程序。最后历时半年，双方和解结案。

无论是海关行政程序还是ITC咨询意见程序，企业都必须持有筹码，即规避专利创新设计的新产品，或者属于权利用尽的再生产品，否则这两个程序都不可行。

4. 高度重视排除令及禁止令

中国企业及其美国经销商被诉后，如果ITC颁布了排除令及禁止令，那么企业要严格遵守，不能继续向美国进口涉案的产品或销售以前在美国市场上还

---

[1] 汤姆·迈克尔·萧姆伯格.美国国际贸易委员会337调查律师实践指南[M].2版.北京：法律出版社，2014：272.

没有售完的涉案产品。如果继续销售等，那么权利人可以请求ITC启动强制执行程序。

在337-TA-565案中，爱普生针对继续进口的两个被申请人提起了强制执行程序，行政法官颁布初裁，建议对其中一家公司罚款2050万美元，对另一家公司罚款970万美元。被罚款2050万美元的公司不服裁决，ITC重审后决定对该公司罚款1111万美元，对另一家公司的罚款保持不变。

5. 持续跟踪了解权利人新的专利动态及排除令的有效性

企业被诉后，除了想办法突破已有的排除令及禁止令留住海外市场外，还要持续跟踪了解权利人的新专利的动态，以避免新发起的美国337调查。企业要对权利人的专利持续跟踪。例如，337-TA-1106案是在337-TA-918案专利的继续申请基础上再次提起的调查案，权利人利用美国专利制度，通过改变权利要求的表述扩大了337-TA-918案涉案专利的保护范围，将337-TA-918案被申请人规避创新设计的产品重新纳入保护范围。如果337-TA-918案的涉案企业在案件结束后对相关专利及专利权人进行持续检索跟踪，就不难发现佳能新获得的专利授权，可以提早进行创新设计或提前对该专利提出无效，主动避开337-TA-1106案的调查。

同时，企业要主动避祸，还要对自己的产品进行专利检查，全面排查全部产品是否有侵权风险。这就是事前策略里的风险等级评估程序。企业要建立完整的企业知识产权风险管理体系。

此外，企业可以通过关注行业调查案件动态调整产品出口策略。例如，在打印耗材行业的15起美国337调查中，9起调查的结果是颁布普遍排除令。由于排除令保护的专利到期，所以惠普337-TA-691案和337-TA-723案调查颁布的排除令已经失效，目前仍有7个普遍排除令具有法律效力，部分有效的普遍排除令如表4-1所示。企业在出口相关耗材产品至美国市场时，应当避开这些普遍排除令，或利用失效排除令再出口。

表 4-1　打印耗材行业部分有效的普遍排除令

案号	申请人	普遍排除令的颁布年份	未到期的专利及到期时间
337-TA-918	佳能	2015	US8280278（2027 年 12 月 26 日） US8630564（2027 年 12 月 26 日） US8682215（2027 年 12 月 26 日） US8676090（2027 年 12 月 26 日） US8688008（2028 年 3 月 24 日）
337-TA-946	爱普生	2016	US8266233（2029 年 9 月 4 日） US8454116（2026 年 12 月 15 日） US8794749（2026 年 12 月 15 日） US8801163（2026 年 12 月 15 日） US8882513（2026 年 12 月 15 日）
337-TA-1174	兄弟	2020	US9785093（2032 年 8 月 30 日） US9575460（2032 年 8 月 30 日） US9568856（2030 年 12 月 22 日） US9632456（2030 年 12 月 22 日） US9846387（2032 年 8 月 30 日）
337-TA-1259	佳能	2021	US10209667（2032 年 6 月 6 日） US10289060（2032 年 6 月 6 日） US10289061（2032 年 6 月 6 日） US10295957（2032 年 6 月 6 日） US10488814（2032 年 6 月 6 日） US10496032（2032 年 6 月 6 日） US10496033（2032 年 6 月 6 日） US10514654（2032 年 6 月 6 日） US10520881（2032 年 6 月 6 日） US10520882（2032 年 6 月 6 日）
337-TA-1260	佳能	2021	US8565649（2030 年 6 月 28 日） US9354551（2030 年 3 月 30 日） US9753402（2030 年 3 月 30 日）

6. 与知识产权专业机构建立密切的合作关系

企业要占有稳定的市场，就要有稳定的知识产权法律团队支持，要与知识产权专业机构建立长期合作关系。长期合作的专业机构一般会对企业的文化、技术、产品、营销策略等比较熟悉，双方沟通顺畅，能精准地协助企业做好美国专利分析、案例跟踪，一旦有争议时能协助企业选择恰当的应对策略，同时为企业的海外市场决策提供参考，控制法律风险，更好地维护企业权益。例如，天威与珠海智专专利商标代理有限公司保持了20多年的合作关系。该公司对天威的企业文化、技术和产品等非常了解，因此在处理案件时能够快速作出相对准确的判断。在337-TA-1106案中，该公司提供了较好的不侵权及专利无效意见，天威据此坚持应诉，最后取得了应诉的全面胜利。

7. 化危机为商机

对企业来说，美国337调查既是威胁，又是机遇。在337-TA-565案中，纳思达进行了积极应对，花费巨大，同时进行了很好的市场宣传，赢得了客户的信任，从名不见经传到在业内的知名度迅速提高，直至后来收购原装打印机巨头利盟并上市，一路高歌猛进，很好地将危机转化为商机。因此，应对策略再好也必须使用才能有效，企业应该改变心态，积极应对美国337调查，巧妙运用策略，从危机中发现商机。

8. 创新始终是企业发展的第一要务

企业必须把创新作为重要战略，创新始终是企业发展的第一要务。“企业不是投资在前面的创新，就是投资在后面的诉讼。”[1] 历经诉讼，更要谨记：研发之前，对竞争对手的专利要充分检索、研究，想尽一切办法进行创新设计；一些权利要求非常宽泛，如果实在无法创新，那么专利无效也是一个可选项，但不能一味地依赖无效程序；一旦诉讼起来，无效抗辩等费时费力，且结果不能确定；技术创新投入是必需的，而且是首选。

企业创新的同时，要做好知识产权保护，特别是全球的专利商标布局，谨

---

[1] 段淑华，王锐．打印耗材行业典型337调查案回顾及展望[EB/OL].（2021-11-26）[2024-10-10]. https://www.rtmworld.cn/news/law/view_id/4129.

防竞争对手不当利用自己的创新成果，而且如果与原始设备制造商等出现专利纠纷，那么可以将其作为备用工具，与之谈判或交叉许可等。

9. 构建知识产权体系是企业风险管控的有效机制

美国 337 调查应对是个人、团队及企业智慧的结晶。在每次美国 337 调查或纠纷应对后，要对案例的经验和教训等进行复盘回顾，进行深入分析和总结；要对生产、研发、销售、采购、人力资源等各环节进行反思，在研发、采购、物流、供应链等多个环节融入知识产权管理，确立清晰的知识产权指引。例如，企业的研发要有严格的设计及归档等流程，不能随意销毁，要高度重视内部资料的安全，企业签订的知识产权担保协议等要有严格的前提条件，企业内部的电子邮件等沟通信息要有严格的保密措施、行为规范等。又如，在 337-TA-723 案中，惠普在调查中出示了大量公司之间的往来邮件的证据，正是这些证据推动了 ITC 认定被申请人的侵权行为。因此，构建知识产权体系是企业知识产权风险管控的有效机制。

二、对行业协会的建议

行业协会是介于政府和企业之间，商品生产者与经营者之间，为其服务、咨询、沟通、监督、公正、自律、协调的社会中介组织。行业协会作为政府和企业之间的桥梁与纽带，是应对美国 337 调查的有效支撑力量之一。

（一）协调联合维权

以珠海打印耗材行业为例，开展产品研发、制造、销售及其配套服务的各类企业超过 600 家，除纳思达、天威、珠海名图科技有限公司等大型企业（集团）之外，其余大部分为中小型企业。中小型企业规模较小，实力有限，自身缺少创新积累，一般没有内部法律团队，一旦遇到如美国 337 调查等涉外案件时则无所适从、只能逃避。

行业协会应建立健全相关章程与制度，在个案中做好相关的动员工作，减少同行企业之间的竞争及不共同应对可能给行业整体带来的负面影响，强化企业共同进退的责任感，将涉案的所有企业，尤其是中小型企业团结起来，进行合理分工，分摊合理费用，共同委托律师团队，积极进行联合应诉。例如，在电池行业（337-TA-493 案）、木地板行业（337-TA-545 案）、LED 行业（337-TA-1114 案）等美国 337 调查案中，各行业协会牵头组织涉案企业进行联合应对，寻求法律团队与技术专家的支持，分摊应对成本，分工合作寻找有力证据，均取得重大的突破，积极有效地维护了美国市场。虽然打印耗材企业具有明显的竞争性，但其面临的风险也有很多共性。面临美国 337 调查时，面对同样的专利，如果这些企业能联合应对，一起挑战专利有效性、分析研究专利无效策略、分担费用等，那么将对行业发展大有裨益。

（二）建立行业知识产权联盟

一些企业刚避开原始设备制造商的专利，又落入兼容同行企业的专利。行业协会可以统筹业内需求，针对产业特点、难点、痛点等，帮助企业充分了解产业竞争环境，鼓励企业协同创新，为企业技术发展路线、企业经营发展策略、技术贸易等决策制定提供有益支撑。协会可以联合行业内的企业，借助专业机构服务，组建行业知识产权联盟，搭建行业专利池，创新合适的专利运营模式，协调专利纠纷，消除行业壁垒，共享创新成果，实现共生共荣，促进行业高质量发展。

（三）开展实时专利风险预警

行业协会可以组建或聘请专业的知识产权团队，对行业专利及美国 337 调查等进行动态实时监控、制作预警报告及培训分享等，如行业专利授权信息跟踪、国内外法院诉讼、美国 337 调查动态及分析等，让行业、企业第一时间了解潜在风险预警，提前做好产品和专利布局，避免不必要的研发投入和侵权风险。行业协会若发现有共性专利，则可指导企业合作提出专利无效，尽早规避。

（四）加强对不明来源产品或不明供应商的协调监管

打印耗材行业普遍排除令频发的一个重要原因是原始设备制造商在专利维权调查取证时，发现市场上有不少不明来源的产品，这些产品没有具体的供应商。主张普遍排除令的每起案件基本都有“不能识别来源”的产品，而且这种产品有增多趋势，这样较容易导致颁布普遍排除令，因为普遍排除令可以阻止列明或未列明的被申请人的产品进入美国，也就是说普遍排除令对事不对人，对明确来源或不明来源的产品，都可将其阻挡在美国市场外。鉴于此，行业协会可为行业企业提供培训、咨询等，引导企业尊重知识产权，规范使用包装、规范标识厂名厂址等。同时，行业协会可以提请相关主管部门加强对行业的监督、检查及指导，引领行业良性发展。

三、给相关监管部门的建议

面对美国 337 调查，我国相关管理部门要了解企业的需求、行业的现状及相关专业服务机构的建议或意见，加强对海外知识产权纠纷应对的指导。

（一）健全美国 337 调查预警和海外纠纷应对协助机制

美国 337 调查的发起往往比较突然，而且调查期限短，涉案企业很难做好充分准备，一旦发布普遍排除令，受影响的就会是某一行业，因此应建立应对美国 337 调查的预警机制。

首先，加强部门联动，合力应对。我国相关主管部门，如商务部、国家知识产权局等应加强联动，建立联合应对指导机制，搭建美国 337 调查预警信息发布网站或信息传递通道，及时跟踪通报美国 337 调查预警信息和最新进展情况，提供针对美国337调查案件的应对建议，指导企业做好防范和应对。

其次，发挥国家海外知识产权纠纷应对指导中心的作用，帮助企业了解世界各国知识产权制度并维护自身合法权益，为企业“走出去”提供知识产权资讯与服务。相关管理部门应进一步完善海外知识产权纠纷应对指导中心的职能，如加强海外维权专家库、重点企业联系库、法规资料库的建设与维护；进行海外知识产权信息预警，重点行业知识产权竞争与布局调查，重大案件对行业影响的调查与预警；建立涉外知识产权重大纠纷协调处理机制，协调整个行业联合应对诉讼，通过政府之间知识产权交流机制推动知识产权重大案件的解决；分析研究国外政府发布的知识产权方面的报告，分析研究知识产权海外维权热点问题，举办知识产权海外维权论坛，针对企业的海外知识产权能力建设，组织培训、资料编撰、涉外应对典型案例经验分享等，特别是让涉案企业、经办律师举案说法、现身说法；提供境外展会知识产权服务，以及其他涉及企业知识产权海外维权方面的指导等。

（二）完善应对美国337调查的救济机制

我国相关管理部门应充分发挥宏观调控和组织协调作用，完善政府、行业协会、企业、法律服务机构的联动机制，通过政策指引、资源共享、联合应诉等方式，引导企业共同应对美国337调查；设立应对美国337调查及其他涉外知识产权诉讼的扶助基金或支持推广知识产权保险，为涉案应对企业提供保险服务，支持积极应诉的企业主体、协会组织、维权服务机构，避免企业因涉诉应对费用过高而放弃应诉；积极营造应对的氛围，鼓励企业进入国际市场敢于博弈并快速成长。对作为被申请人的中国企业而言，他们既有共同的利益，也有天然的竞争关系，特别是行业专利风险有很多共性问题，如面临同样的诉讼、同样的专利有效性挑战、同质化的产品等，相关管理部门可以积极推动行业协会联合专业服务机构促成行业建立知识产权联盟，共同应对，协同创新，共担费用，共享收益，共生共荣。

（三）确定类似美国 337 调查的中国规则

美国 337 调查的规则已有 90 多年，程序、规则、文件等透明、公开，同时专业性、时限性强，保护效果好、禁令威力大，对专利权人及美国产业等起到积极的保护作用。特别是将美国国际贸易委员会的准司法裁决与美国海关执行有机结合，有效地保证美国 337 调查救济措施的执行，充分保护权利人在美国市场的利益。我国相关主管部门，如商务部、国家知识产权局等，可组织知识产权、法律、技术及产业等综合专业团队，对美国 337 调查的规则、案例进行专门研究、分析借鉴，形成参考意见，结合我国企业的创新及知识产权保护实际，制定符合我国产业利益的进口贸易知识产权保护程序和具体制度，完善我国对外贸易中的知识产权保护制度，制定符合我国国情的相关规则，保护知识产权，维护市场竞争。

（四）关注跨境电商的知识产权纠纷应对

从打印耗材行业整体情况来看，原始设备制造商的美国 337 调查前期较为密集。随着打印耗材行业龙头企业的创新意识不断提升及中小型企业网络平台销售的日益便利活跃，有趋势显示，原始设备制造商或其他专利权人正在转向更多地利用网络平台开展知识产权维权。特别是随着跨境电商的快速发展，跨境电商领域的知识产权纠纷也越来越多，一些专利权人纷纷转向利用平台开展知识产权投诉，进行"短平快"的下架，我国企业频繁遭遇这种投诉。例如，佳能及兄弟等多次利用亚马逊平台下架商品。自 2018 年佳能第一次宣布亚马逊下架至 2021 年第三季度末，佳能在多个欧洲亚马逊站点下架了 24 082 个商品列表。[1] 据了解，其中不少涉及中国企业产品。我国相关管理部门应对企业在跨境电子商务中的知识产权风险与应对进行规范指导，推动我国跨境电子商务的规范、有序和可持续发展。

---

[1] Canon Inc.. Announcement [EB/OL].（2021-10-29）[2024-10-10]. https://global.canon/en/news/2021/20211029-2a.html.

（五）强化中小微企业的知识产权意识

虽然我国中小微企业规模庞大，但其缺少知识产权积累，尤其缺乏涉外知识产权应对能力，面对涉外知识产权纠纷时往往消极应对、被动缺席，既不利于企业自身发展，也影响企业进入国际市场并开展品牌建设。我国应建立符合中小微企业特点的知识产权培育体系，围绕中小微企业发展、定位进行个性化培育；对研发投入和专利成果达到一定水平、产品市场占有率较高的中小微企业，集中优势资源重点培育；加强对知识产权保护法律法规、典型案例的宣传和相关培训，增强中小微企业的知识产权保护意识，尤其是涉外知识产权保护意识；鼓励企业敢于维权、积极维权，不断丰富自己的知识产权保护经验，一旦面临涉外知识产权纠纷，就可以从容不迫、快速反应。

（六）推进重点产业专利导航

打印耗材行业是珠海的重点产业，也是知识产权国际纠纷较为密集的行业，应加强专利导航项目在其中的应用。在专利导航项目执行过程中，不仅针对专利信息进行导航分析，而且可以对竞争对手的专利布局策略、专利运营策略、专利维权策略等进行导航研究。例如，通过对打印耗材行业系列美国337调查的梳理、分析，可以清晰看到佳能非常注重创新，高度重视创新专利的保护及全球化专利布局。同时，积极配合市场进行专利维权，不仅在全球各个国家或地区法院提起专利侵权诉讼，频繁提起美国337调查，而且在线上销售渠道积极开展专利维权下架行动，维权手段、措施等立体丰富。对竞争对手的技术创新、专利保护、全球布局及专利维权策略等进行导航分析，对企业在风险防范方面具有极大帮助。佳能对技术创新的孜孜以求、对专利保护的精益求精、对专利维权的锲而不舍等，值得我们在开展专利导航项目时指导企业深入分析研究，使专利导航项目真正为企业、行业指引发展方向，高质高效地提升技术创新及专利布局保护能力。

（七）加强涉外知识产权人才的培养

目前，虽然我国对美国 337 调查的理论研究和实证研究已有不少成果，但研究深度还不够。其主要原因有：美国 337 调查发生在美国，我国企业信息收集滞后，资料来源相对匮乏；部分涉案企业和律师事务所因涉及商业秘密，不愿披露案件的具体细节；有参与应对美国 337 调查经验的研究人员较少。因此，我们要培养更多的研究人才和实务人才。

涉外应用型知识产权实务人才要具备良好的技术、法律及外语等综合能力，这种复合型人才的培养是一个系统工程。我国可开展政校企合作人才培养模式创新，依托高等院校知识产权学历教育平台，对企业总裁、知识产权总监等高级管理人员进行系统培训，侧重于提高企业知识产权管理水平，拓宽企业知识产权战略视野和国际视野，提高企业在参与国际市场竞争中的涉外知识产权博弈能力，助力企业“走出去”，开拓国际市场。在高等院校教育中，引入企业实务导师和实践课程内容，特别是让涉案企业、办案律师的实务办案经验得以分享，激发学生对知识产权的学习兴趣，鼓励专业知识产权服务机构或企业建立知识产权校企培训基地，切实培养一批具有较强实务能力的涉外应用型、复合型人才。

未来的竞争是人才的竞争。在知识产权领域，特别是涉外知识产权应对，复合型人才综合要求更高的领域，专业人才的培养尤为重要。

15 起打印耗材行业美国 337 调查案，其中跌宕起伏，充满挑战。打印耗材企业从 337-TA-565 案的懵懂应对，到 337-TA-1106 案的专业应对，逐步成熟，并获得全面胜利的突围。

对我国企业来说，根本的突围之策就是创新和人才，创新始终是企业发展的第一要务，人才是企业发展的基石。企业拥有自己的研发团队、技术创新积累和科技创新产品，甚至掌握产业核心技术，并提前进行国内外专利布局，拥有自己的知识产权风险评估体系，了解规则、尊重规则，在应对美国 337 调查或者其他知识产权纠纷时就能底气十足，掌握竞争主动权。

总之，突围无捷径，创新是根本；创新无疆界，人才是基石。

结　语

40 年来，我国打印耗材行业发展一路披荆斩棘，取得了长足的进步。回望来路，打印耗材行业经历了原始设备制造商的全球密集维权，如欧美法院诉讼、亚马逊线上维权及美国 337 调查等，尤其是美国 337 调查频发。相较于美国联邦地区法院提起知识产权诉讼，发起美国 337 调查具有若干独特的优势，如宽泛的管辖权、宽容的共同诉讼规则、快速的庭审程序、专业的法官及有效的救济措施等。这些优势使美国 337 调查在当前经济形势下成为一种重要的执法机制。[1]

在面对海外知识产权诉讼时，企业应当专业理性，积极应对。企业只有做到“打铁必须自身硬”，持续不断投入技术创新，尊重知识产权，运用知识产权规则，才能在日益激烈的市场竞争中稳扎稳打、勇立潮头。[2] 与其他适用正当程序原则审理的案件一样，在由 ITC 作出的最终裁决的案件中，认定被申请人违反 337 条款或不违反 337 条款的比例几乎相当，分别占所有案件的 20% 和 19%。[3] 虽然美国 337 调查案件有两种启动方式，即由申请人向 ITC 提起和由 ITC 自行发起，但是 ITC 依职权发起的 337 调查非常少见。绝大部分案件是由申请人向 ITC 提出而发起的。截至目前，打印耗材美国 337 调查案件均是由企

---

❶ 汤姆·迈克尔·萧姆伯格．美国国际贸易委员会 337 调查律师实践指南 [M]. 2 版．北京：法律出版社，2014：7.

❷ 段淑华，王锐．打印耗材行业典型 337 调查案回顾及展望 [EB/OL].（2021-11-26）[2024-10-10]. https://www.rtmworld.cn/news/law/view_id/4129.

❸ 汤姆·迈克尔·萧姆伯格．美国国际贸易委员会 337 调查律师实践指南 [M]. 4 版．钱文婕，李斯，译．北京：法律出版社，2022：4.

业发起的调查。美国市场是当今世界较有活力的国际贸易目标市场之一，我国也已融入世界经济一体化进程。那么，对我国企业而言，应直面挑战：一方面努力寻找国际技术领域的制高点；另一方面掌握美国 337 条款并为我所用。

有人认为，美国 337 调查是一套可行且充满活力的立法，能够快速响应发展迅速的贸易与技术环境的要求，我们可以对其进行深入研究、分析借鉴，建立适用于我国市场有序发展的相应机制。值得注意的是，美国 337 调查的建立是以其强大的创新能力及具有核心竞争力的知识产品为前提的。这也是我国建立相关机制的一个重要前提。

参考文献

一、著作

[1] 汤姆·迈克尔·萧姆伯格 . 美国国际贸易委员会 337 调查律师实践指南 [M]. 2 版 . 北京：法律出版社，2014.

[2] 张平 . 产业利益的博弈——美国 337 调查 [M]. 北京：法律出版社，2010.

[3] 齐树洁 . 美国司法制度 [M]. 厦门：厦门大学出版社，2006.

[4] 汤姆·迈克尔·萧姆伯格 . 美国国际贸易委员会 337 调查律师实践指南 [M]. 4 版 . 钱文婕，李斯，译 . 北京：法律出版社，2022.

[5] 冉瑞雪 . 337 调查突围——写给中国企业的应诉指南 [M]. 北京：知识产权出版社，2015.

[6] 克雷斯蒂安·冯·巴尔 . 欧洲比较侵权行为法：下卷 [M]. 焦美华，译 . 北京：法律出版社，2001.

[7] 张平，黄贤涛 . 产业利益的博弈——美国 337 调查 [M]. 北京：法律出版社，2010.

[8] 王敏，田泽 . 中美 337 调查贸易摩擦研究 [M]. 北京：知识产权出版社，2014.

二、论文

[1] 丁菲菲 . 爱普生初胜“337 墨盒调查”，20 多家中国厂商 4 月惨别美国市场 [J]. IT 时代周刊，2007（4）.

[2] 朱鹏飞 . 美国关税法 337 条款的国内产业要件研究及其应对 [J]. 南京社会科学，2011（7）：103-108.

[3] 丁丽瑛 . 中国应对美国“337 调查”的知识产权策略思路 [J]. 厦门大学法律评论，2007，13（1）：249-259.

[4] 肖明，马冬鸣 . 美国《关税法》337 条款之法律解析及应对策略 [J]. 经济研究参考，2007（2）：50-52.

[5] 宋其鲁，于正河 . 美国关税法 337 条款对我国贸易的影响与对策 [J]. 山东经济，2006，22（1）：152-154.

三、网络文献

[1] 阿耐 . 美国 337 调查详解 [EB/OL].（2016-12-22）[2023-09-19]. http://www.iprdaily.cn/article_15102.html.

[2] 国家海外知识产权纠纷应对指导中心 . 美国 337 调查程序详解与实务指南 [EB/OL].（2021-12-17）[2024-10-10]. https://scjgj.cangzhou.gov.cn/scjd/c124041/202412/853265e5c58244038edf16ae75537248/files/1cd16f7cfa2a4973a42fc095d3cfa6b4.pdf.

[3] Johnny Chen. 337 调查之“普遍排除令”简介及 2018 年度典型案例探讨 [EB/OL].（2019-02-16）[2024-10-10]. https://blog.csdn.net/weixin_41245949/article/details/87437208.

[4] 陈静 . 337 调查排除令并非“大结局”：应对方案之美国海关 177 裁决重点关注事项 [EB/OL].（2022-04-09）[2024-10-10]. https://zhuanlan.zhihu.com/p/494624331.

[5] 段淑华，王锐 . 打印耗材行业典型 337 调查案回顾及展望 [EB/OL].（2021-11-26）[2024-10-10]. https://www.rtmworld.cn/news/law/view_id/4129.

[6] 佑斌 . 如何进行 FTO 分析与报告制作（二）[EB/OL].（2018-01-20）[2024-10-10] . https://mp.weixin.qq.com/s/_qcKF-KA9i2TvJqUEWh1EA.

[7] IP Litigators Can Cost $1,200 An Hour [EB/OL].（2014-05-28）[2024-10-10]. http://www.law360.com/ip/articles/540494/ip-litigators-can-cost-1-200-an-hour.

附　录　15起打印耗材行业美国337调查案件

1. 337-TA-565案

1.1 时间：2006年2月

1.2 涉案当事人

1.2.1 申请人：精工爱普生公司、爱普生美国公司、爱普生波特兰公司

1.2.2 被申请人：9家中国公司、13家美国公司、1家德国公司、1家韩国公司

1.3 涉案专利（见附表1）

附表1　337-TA-565案的涉案专利

序号	专利号	专利名称	涉及的权利要求
1	US5615957	用于点阵式打印机的供墨罐	第7项
2	US5622439	用于点阵式打印机的供墨罐	第18项、第81项、第93项、第149项、第164项和第165项
3	US5158377	用于点阵式打印机的供墨罐	第83项和第84项
4	US5221148	包括一个几乎充满整个墨水罐的吸墨元件的点阵式打印机墨水供应系统	第19项和第20项
5	US5156472	包括一个几乎充满整个墨水罐的吸墨元件的点阵式打印机墨水供应系统	第29项、第31项、第34项和第38项
6	US5488401	喷墨记录装置及其墨盒等	第1项
7	US6502917	喷墨打印设备及其墨盒	第1项、第2项、第3项和第9项
8	US6550902	喷墨打印设备及其墨盒	第1项、第31项和第34项
9	US6955422	喷墨打印设备及其墨盒	第1项、第10项和第14项
10	US7008053	墨盒和记录装置	第1项
11	US7011397	墨盒和调节液体流动的方法	第21项、第45项、第53项和第54项

1.4 涉案产品（见附表 2、附表 3、附表 4）

附表 2　爱普生 T 系列

T001	T003	T005	T007	T008	T009	T013	T014	T015	T016
T017	T018	T019	T020	T026	T027	T028	T029	T036	T037
T038	T039	T040	T041	T0321	T0322	T0323	T0324	T0331	T0332
T0333	T0334	T0335	T0336	T0341	T0342	T0343	T0344	T0345	T0346
T0347	T0348	T0422	T0423	T0424	T0431	T0441	T0442	T0443	T0444
T0461	T0472	T0473	T0474	T0481	T0482	T0483	T0484	T0485	T0486
T0540	T0541	T0542	T0543	T0544	T0547	T0548	T0549	T0591	T0592
T0593	T0594	T0595	T0596	T0597	T0598	T0599	T0601	T0602	T0603
T0604	T0611	T0612	T0613	T0614	T0621	T0631	T0632	T0633	T0634
T5591	T5592	T5593	T5594	T5595	T5596	—	—	—	—

附表 3　爱普生 S 系列

S020025	S020034	S020036	S020047	S020049	S020062	S020089
S020093	S020097	S020108	S020122	S020126	S020130	S020138
S020143	S020147	S020187	S020189	S020191	S020193	S187093
S191089	S193110	SO20110	SO20118	—	—	—

附表 4　爱普生其他系列

MJIC7	MJIC8	ICCL12	ICCL29	ICBK12	ICBK29	CL28	PMIClC

1.5 申请人寻求的救济措施

申请人寻求的救济措施有普遍排除令、有限排除令及禁止令。

1.6 案件主要调查过程（见附表 5）

附表 5　337-TZ-565 案的调查过程

时间	调查过程
2006 年 2 月	爱普生向 ITC 提交诉状，指控中国、美国、德国、韩国共 24 家公司向美国进口和（或）在美国销售的墨盒，侵犯其在美国的 11 项发明专利权（诉状递交后又增加了 2 项）。
2006 年 3 月	ITC 进行立案，案号为 337-TA-565。

续表

时间	调查过程
2006年3月	一家律所向ITC递交代表律师文件，宣布代表纳思达应诉本次337调查诉讼。
2006年3月	一家律所向ITC递交代表律师文件，宣布代表格力磁电应诉本次337调查诉讼。
2006年4月	纳思达向ITC递交答辩状。
2006年4月	格力磁电向ITC递交答辩状。
2006年6月	ITC作出初裁，认定5家公司缺席。
2006年10月	ITC作出初裁，基于被申请人自己的请求，认定3家公司缺席。
2006年11月	ITC作出初裁，批准基于同意令终止对3家公司的调查。
2006年12月	ITC作出初裁，批准基于同意令终止对3家公司的调查。
2007年1月	ITC作出初裁，批准基于同意令终止对4家公司的调查。
2007年1月	ITC作出初裁，批准基于申请人和被申请人的共同请求，修改诉状将一家公司列入被申请人，并批准基于同意令终止对该公司的调查。
2007年3月	ITC作出初裁，认定该次调查中有违反337条款的情况，并建议发布普遍排除令和禁止令。
2007年10月	ITC作出终裁，并发布普遍排除令、有限排除令及禁止令。
2009年1月	纳思达上诉至美国联邦巡回上诉法院，但该法院决定维持ITC的终裁决定。
2009年4月	纳思达上诉至美国联邦最高法院。
2010年12月	纳思达申请咨询意见，希望ITC认定其R-Series分体墨盒产品未违反337-TA-565案的普遍排除令及禁止令。
2011年2月	爱普生也向ITC申请修改普遍排除令及禁止令，使其保护范围包括墨盒组件。
2012年4月	ITC作出终裁，修改普通排除令，使其包括涉案墨盒的组件。
2017年4月	纳思达公司再次申请咨询意见，请求ITC认定其兼容的爱普生再生墨盒不符合337-TA-946案及337-TA-565案普遍排除令的排除范围。
2017年11月	ITC作出终裁，基于双方和解，终止咨询意见程序。

1.7 调查结果

ITC颁布了普遍排除令、有限排除令和禁止令。

1.8 案件小结

337-TA-565案是爱普生在2006年提起的，是一次规模较大的专利纠纷案件，是打印耗材行业的首次美国337调查。

在应诉企业中，纳思达应诉、上诉、申请咨询意见等，前后历经 10 余年，其积极应诉，寻求各种可能的救济途径，为涉外应诉积累了宝贵的经验。

该案中，关于权利要求的解释及一些新的规避设计是否侵权等仍有不同观点，值得技术、专利及法律等从业人员深入研究和思考。

2. 337-TA-581 案

2.1 时间：2006 年 8 月

2.2 涉案当事人

2.2.1 申请人：惠普

2.2.2 被申请人：共 6 家公司，其中中国公司 1 家、美国公司 5 家

2.3 涉案专利（见附表 6）

附表 6　337-TA-581 案的涉案专利

序号	专利号	专利名称	涉及的权利要求
1	US5825387	喷墨打印机的供墨装置	第 1~4 项、第 7~9 项、第 22 项、第 24 项和第 25 项
2	US6793329	用于供墨装置的电气和流体接口装置	第 1~9 项和第 12 项
3	US6074042	适于与一打印系统形成可靠的流体、空气及电气连接的带引导部件的墨盒	第 8~10 项、第 14 项、第 15 项
4	US6588880	适于与一打印系统形成可靠的液体、空气及电气连接的可替换墨盒	第 1~6 项、第 19~29 项
5	US6364472	识别控制墨水供给装置的方法和设备	第 1~7 项、第 11~18 项
6	US6089687	用来确定墨盒中墨水体积的方法及装置	第 6 项、第 7 项、第 9 项、第 10 项
7	US6264301	在可更换打印部件上识别参数的方法和装置	第 1~3 项和第 5 项

2.4 涉案产品

该调查涉案产品是喷墨打印机的墨水供应元件及其组件。惠普具体产品的型号有 HP C4844A 及 HP C4930A。

2.5 申请人寻求的救济措施

申请人寻求的救济措施有普遍排除令及禁止令。

2.6 案件主要调查过程（见附表7）

附表7 337-TA-581案的调查过程

时间	调查过程
2006年8月	惠普向ITC提交诉状，指控中国、美国共6家公司向美国出口和（或）在美国销售的墨盒及其组件，侵犯其在美国的7项发明专利权。
2006年8月	ITC进行立案，案号为337-TA-581。
2007年6月	ITC作出初裁，批准基于和解终止对被申请人及其关联公司共6家的调查。
2007年6月	ITC作出终裁，在所有被申请人公司均与申请人公司达成和解的基础上终止本次调查。

2.7 调查结果

该案基于和解结束调查。

2.8 案件小结

337-TA-581案中的被申请人是纳思达及其关联公司和经销商。在调查提起半年后的2007年1月，被申请人与惠普之间签订和解协议，被申请人同意不再在惠普主张的专利生效国家制造、销售、出口、分销涉案专利的墨盒。该案历时11个月，最后基于双方的和解协议终止调查。

在该案中，庭外和解可与应诉同时进行，这样可以将损失降到最低，特别是大幅度降低应诉成本。

3. 337-TA-691案

3.1 时间：2009年9月

3.2 涉案当事人

3.2.1 申请人：惠普

3.2.2 被申请人：共11家公司，其中中国公司7家、美国公司4家

3.3 涉案专利（见附表 8）

附表 8　337-TA-691 案的涉案专利

序号	专利号	专利名称	涉及的权利要求
1	US6959985	打印流体容器	第 1~7 项、第 22~28 项
2	US7104630	打印流体容器	第 1~10 项、第 12 项、第 14 项、第 18~20 项、第 22 项、第 26~35 项
3	US6089687	用来确定墨盒中墨水体积的方法及装置	第 6 项、第 7 项、第 9 项、第 10 项
4	US6264301	在可更换打印部件上识别参数的方法和装置	第 1~3 项、第 5~6 项

3.4 涉案产品

该调查中的涉案产品是惠普喷墨打印机的墨水供应元件及其组件，包括可替代 HP02 型号的黑色墨水盒及彩色（青色、品红、黄色、淡青色及淡品红色）墨水盒。

3.5 申请人寻求的救济措施

申请人寻求的救济措施有普遍排除令、有限排除令及禁止令。

3.6 案件主要调查过程（见附表 9）

附表 9　337-TA-691 案的调查过程

时间	调查过程
2009 年 9 月	惠普向 ITC 提交诉状，指控中国、美国共 11 家公司向美国出口和（或）在美国销售的墨盒及其组件，侵犯其在美国的 4 项发明专利权。
2009 年 10 月	ITC 进行立案，案号为 337-TA-691。
2010 年 1 月	ITC 作出初裁，认定共 7 家被申请人公司缺席。
2010 年 2 月	ITC 作出初裁，批准基于和解终止对一个被申请人的调查。
2010 年 2 月	ITC 作出初裁，批准基于同意令终止对格力磁电的调查。
2010 年 3 月	ITC 作出初裁，批准基于和解终止对一个被申请人的调查。
2010 年 5 月	ITC 作出初裁，批准基于和解终止对一个被申请人的调查。

续表

时间	调查过程
2010年6月	ITC作出初裁，批准基于申请人惠普申请撤回US6959985及US7104630共2项涉案专利，终止涉及相关专利的调查。
2010年8月	ITC作出简易裁决的初裁，批准基于申请人惠普申请撤回的部分权利要求终止相关的部分调查；认定本次调查中有违反337条款的情况，并建议发布普遍排除令及针对一家公司的禁止令。 ITC发布初裁，停止对US6089687专利中权利要求第7项、第10项和US6264301专利中权利要求第2项和第3项的调查。
2011年1月	ITC作出终裁，并发布普遍排除令和对一家公司的禁止令。

3.7 调查结果

ITC发布了普遍排除令、禁止令。

3.8 案件小结

在337-TA-691案中，涉案产品主要来自中国，但中国的一些涉案企业应对不够积极。美国337调查的应诉费用高，通常为几十万美元，甚至几百万美元，对企业来说是一个沉重的负担。如果企业没有足够的经济实力或美国市场对企业来说并不重要，那么从成本收益的角度看，不应诉是更好的选择。在这种情况下，选择缺席，或和解或同意令，可以节省应诉成本。

4. 337-TA-711案

4.1 时间：2010年3月

4.2 涉案当事人

4.2.1 申请人：惠普

4.2.2 被申请人：共6家公司，其中中国公司4家、美国公司2家

4.3 涉案专利（见附表10）

附表10　337-TA-711案的涉案专利

序号	专利号	专利名称	涉及的权利要求
1	US6234598	共用多终端接地回路的喷墨打印头	第1~10项

续表

序号	专利号	专利名称	涉及的权利要求
2	US6309053	具有与晶体管作用区重叠的接地母线的喷墨打印头	第 1~6 项和第 8~17 项
3	US6398347	能量均衡的喷墨打印头	第 1~6 项和第 8~12 项
4	US6412917	能量均衡的喷墨打印头	第 1~21 项
5	US6481817	喷墨方法和设备	第 1~15 项
6	US6402279	喷墨打印头及其制造方法	第 9~16 项

4.4 涉案产品

该调查中的涉案产品主要是喷墨打印设备，更准确地说是具有被称为打印头的组成部分的喷墨墨盒。各被申请人涉案产品型号为：MicroJet-sourced HP 28、HP 57，MP 57-C6657A，MP 28-C8728A，HC 21，HC 21XL-C9351，HC 22XL-C9352。

4.5 申请人寻求的救济措施

申请人寻求的救济措施有普遍排除令、有限排除令及禁止令。

4.6 案件主要调查过程（见附表 11）

附表 11 337-TA-711 案的调查过程

时间	调查过程
2010 年 3 月	惠普向 ITC 提交申请，指控中国、美国共 6 家公司向美国出口和（或）在美国销售的带有打印头的喷墨墨盒及其组件，侵犯其在美国的 6 项发明专利权。
2010 年 4 月	ITC 进行了立案，案号为 337-TA-711。
2010 年 5 月	ITC 作出初裁，批准基于申请人惠普自愿撤回控诉终止本次 337 调查。
2010 年 6 月	ITC 作出终裁，同意终止本次 337 调查。

4.7 调查结果

申请人自愿撤诉。

4.8 案件小结

337-TA-711 案与 337-TA-581 案的被申请人均为某公司的关联公司或经销商，所有涉案产品全部来自中国。

337-TA-711案历时3个半月，以惠普自愿撤诉终止。惠普明确表示未与任何被申请人达成任何口头或书面的协议，或许存在维权策略调整。值得注意的是，申请人惠普在主动撤回337-TA-711案的同日，又向ITC提交了一份诉状。该诉状除在被申请人中增加了一家公司之外，其余被申请人、涉案专利等主要调查内容均与337-TA-711案相同。

5. 337-TA-723案

5.1 时间：2010年5月

5.2 涉案当事人

5.2.1 申请人：惠普公司、惠普发展公司

5.2.2 被申请人：共7家公司，其中中国公司5家、美国公司2家

5.3 涉案专利（见附表12）

附表12　337-TA-723案的涉案专利

序号	专利号	专利名称	涉及的权利要求
1	US6234598	共用多终端接地回路的喷墨打印头	第1~10项
2	US6309053	具有与晶体管作用区重叠的接地母线的喷墨打印头	第1~6项和第8~17项
3	US6398347	能量均衡的喷墨打印头	第1~6项和第8~12项
4	US6412917	能量均衡的喷墨打印头	第1~21项
5	US6481817	喷墨方法和设备	第1~15项
6	US6402279	喷墨打印头及其制造方法	第9~16项

5.4 涉案产品

该调查的涉案产品是带有打印头的墨盒及其组件。各被申请人涉案产品型号为：MicroJet-sourced HP28、HP57，MP 57-C6657A，MP 28-C8728A，HC 22XL-C9351，HC 22XL-C9352。

5.5 申请人寻求的救济措施

申请人寻求的救济措施有普遍排除令、有限排除令及禁止令。

5.6 案件主要调查过程（见附表 13）

附表 13　337-TA-723 案的调查过程

时间	调查过程
2010 年 5 月	惠普向 ITC 提交申请，指控中国、美国共 7 家公司向美国出口和（或）在美国销售的带有打印头的喷墨墨盒及其组件侵犯其在美国的 6 项发明专利权。
2010 年 6 月	ITC 正式立案，案号为 337-TA-723。
2010 年 9 月	ITC 作出初裁，认定一家公司缺席。
2010 年 10 月	ITC 作出初裁，批准基于同意令终止对 2 家公司的调查。
2010 年 11 月	ITC 作出初裁，批准基于和解终止对 2 家公司的调查。
2011 年 1 月	ITC 作出简易初裁，承认申请人惠普满足了国内技术要求及惠普的涉案专利有效。
2011 年 1 月	ITC 作出初裁，批准基于申请人惠普申请撤回 US6412917 专利，终止涉及该专利的调查。
2011 年 6 月	ITC 作出初裁，认定本次调查中有违反 337 条款的情况，并建议发布普遍排除令。
2011 年 8 月	ITC 应惠普的请求，决定对初裁进行部分复审。
2011 年 10 月	ITC 作出终裁，部分推翻初裁，并发布普遍排除令。

5.7 调查结果

ITC 发布了普遍排除令。

5.8 案件小结

337-TA-723 案与 337-TA-711 案均是惠普对某公司及其关联公司、经销商提起的，所有涉案产品均产自中国。

6. 337-TA-730 案

6.1 时间：2010 年 6 月

6.2 涉案当事人

6.2.1 申请人：惠普公司、惠普发展公司

6.2.2 被申请人：共 7 家公司，其中中国公司 6 家、美国公司 1 家

6.3 涉案专利（见附表 14）

附表 14　337-TA-730 案的涉案专利

序号	专利号	专利名称	涉及的权利要求
1	US6959985	打印流体容器	第 1~5 项、第 7 项、第 22~25 项、第 27 项、第 28 项
2	US7104630	打印流体容器	第 1~7 项、第 11~12 项、第 14 项、第 26~30 项、第 32 项、第 34~35 项

6.4 涉案产品

喷墨打印机的墨水供应元件及其组件。

6.5 申请人寻求的救济措施

申请人寻求的救济措施有普遍排除令、有限排除令及禁止令。

6.6 案件主要调查过程（见附表 15）

附表 15　337-TA-730 案的调查过程

时间	调查过程
2010 年 6 月	惠普向 ITC 提交申请，指控中国、美国共 5 家公司向美国出口和（或）在美国销售的墨盒及其组件侵犯其在美国的 2 项发明专利权。
2010 年 7 月	ITC 进行立案，案号为 337-TA-730。
2010 年 11 月	ITC 作出初裁，批准基于和解终止对一家公司的调查。
2011 年 1 月	ITC 作出初裁，批准基于申请人惠普撤回对 2 家公司的指控，终止对其调查。
2011 年 8 月	ITC 作出初裁，认定申请人惠普满足国内技术要求，本次调查中有违反 337 条款的情况，建议发布普遍排除令和禁止令。
2011 年 11 月	ITC 作出终裁，发布普遍排除令。

6.7 调查结果

ITC 发布了普遍排除令。

6.8 案件小结

本案的被申请人共 7 家，其中 6 家来自中国，1 家美国公司是某公司的关

联公司和经销商。根据 ITC 及美国海关公开的信息，337-TA-730 案中没有企业因为违反该案的排除令被发布没收令，也没有企业针对规避设计提出美国海关不侵权认定申请。

至此，惠普在 2006—2010 年发起了 5 起美国 337 调查，几乎涵盖其所有热销产品，其结果是或者 ITC 颁布普遍排除令，或者企业基本选择停止生产、销售及和解结案等，惠普基本达到了在美国市场“清场”的目的。

7. 337-TA-731 案

7.1 时间：2010 年 6 月

7.2 涉案当事人

7.2.1 申请人：日本佳能公司、佳能美国公司、佳能弗吉尼亚公司

7.2.2 被申请人：共 20 家公司，其中包含 6 家中国公司

7.3 涉案专利（见附表 16）

附表 16　337-TA-731 案的涉案专利

序号	专利号	专利名称	涉及的权利要求
1	US5903803	碳粉盒、电子照相成像装置、驱动力传输部件和电子照相感光鼓	第 128~130 项、第 132 项、第 133 项、第 139~143 项
2	US6128454	碳粉盒、电子照相成像装置、驱动力传输部件和电子照相感光鼓	第 24~30 项

7.4 涉案产品

涉案的产品是用于激光打印机和其他激光打印设备（包括佳能和惠普打印机）的可替代碳粉盒，以及包含在这种碳粉盒中的感光鼓。

7.5 申请人寻求的救济措施

申请人寻求的救济措施有有限排除令、禁止令。

7.6 案件主要调查过程（见附表 17）

附表 17　337-TA-731 案的调查过程

时间	调查过程
2010 年 6 月	佳能向 ITC 提交申请。
2010 年 7 月	ITC 立案，确定案号为 337-TA-731。
2010 年 8 月	纳思达等被申请人对调查申请进行答复。
2011 年 4 月	佳能和被申请人提交联合动议，要求基于同意令停止调查。
2011 年 4 月	行政法官发布初裁，同意联合动议。
2011 年 5 月	ITC 决定不再复审初裁，并停止调查。

7.7 调查结果

该案基于同意令结束调查。

7.8 案件小结

在该案中，被申请人纳思达及其销售商及时响应、积极应诉，如组织律师团队进行答辩、提交专家意见、对涉案专利提起无效程序等，但随着调查的进行，企业结合专业及商业综合考虑，及时调整应诉策略，选择以同意令方式终止调查。该案历时 11 个月结束，相对经济高效。

8. 337-TA-740 案

8.1 时间：2010 年 8 月

8.2 涉案当事人

8.2.1 申请人：利盟国际公司

8.2.2 被申请人：共 24 家公司，其中中国公司 6 家、美国公司 16 家、加拿大公司 1 家、韩国公司 1 家

8.3 涉案专利（见附表18）

附表18 337-TA-740案的涉案专利

序号	专利号	专利名称	涉及的权利要求
1	US5337032	一种简型色剂盒	第1项
2	US5634169	一种被用于电子照相成像设备原料供给盒的多功能编码器滚轮	第1~3项、第32项、第33项、第36项、第42项
3	US5758233	放置在激光打印机内的碳粉盒	第1项、第2项
4	US5768661	一种有外侧辅助安装平面的色剂盒	第1项、第2项
5	US5802432	一种带有外壳及针结构的色剂盒	第1~3项
6	US5875378	一种带有色剂斗出口搅拌棒的色剂盒	第1项、第2项、第14项
7	US6009291	控制光电感应辊运动的方法	第1项、第2项
8	US6078771	低摩擦刮刀	第1项、第2项、第5项、第6项、第10项、第15项
9	US6397015	一种用于色粉盒的具有位置标记的编码装置	第1项、第2项、第7项、第10项、第11项、第14项、第15项、第17项、第22项、第24项
10	US6459876	色剂盒	第1~3项、第28项
11	US6816692	一种用于辊轴的包括辊轴本体及其支承转轴的支撑部件	第1项
12	US6871031	一种用于两组成部分色剂盒的联结元件	第1项、第3项、第5项、第8项、第10项
13	US7139510	一种由打印机提供偏载压力的两组成部分色剂盒	第1项、第6项
14	US7233760	用于保持刮刀的方法及设备	第11项、第12项、第14项
15	US7305204	一种由打印机提供偏载压力的两组成部分色剂盒	第1项、第7项、第14项、第15项

8.4 涉案产品

涉案产品为用于向利盟黑白打印机提供色剂（碳粉）的色剂盒（碳粉盒）及其组件，所述涉案产品为可替代品。所谓可替代品，就是利用利盟的专利技术制造色剂盒特定部分的产品。还有部分涉案产品为“再制造色剂盒”，所说

“再制造色剂盒”是被填充原料、更换已用部件的利盟在国外销售而被进口到美国的色剂盒。

8.5 申请人寻求的救济措施

申请人寻求的救济措施有普遍排除令或有限排除令及禁止令。

8.6 案件主要调查过程（见附表19）

附表19　337-TA-740案的调查过程

时间	调查过程
2010年8月	利盟向ITC提交申请，指控中国、美国、加拿大共24家公司向美国出口和（或）在美国销售的色剂盒及其组件，侵犯其在美国的15项发明专利权。
2010年10月	ITC进行了立案，案号为337-TA-740。
2010年12月	ITC作出初裁，批准基于和解终止对一个被申请人的调查。
2011年2月	ITC作出初裁，基于被申请人自己的请求，认定该被申请人缺席。
2011年2月	ITC作出初裁，基于被申请人自己的请求，认定6家公司缺席。
2011年2月	ITC作出初裁，基于被申请人自己的请求，认定8家公司缺席。
2011年3月	ITC作出初裁，认定8家被申请人公司缺席。
2011年3月	ITC作出初裁，认定1家被申请人公司缺席。
2011年6月	ITC作出简易裁决的初裁，认定本次调查中有违反337条款的情况，并建议发布普遍排除令及禁止令。
2011年9月	ITC作出终裁，并发布普遍排除令和禁止令。

8.7 调查结果

ITC发布普遍排除令、禁止令。

8.8 案件小结

337-TA-740案调查涉及的主要是中国打印耗材企业，除了3家经销商的被控产品无法确定来源之外，其余21家被申请人的被控产品均产自中国。值得一提的是，2016年11月，利盟被纳思达所属的珠海艾派克科技股份有限公司收购。

在该案中，只有一家公司与申请人和解，其他公司都以缺席的方式结束调

查。案件初期，纳思达所涉公司与另一家公司都积极应诉，后来因为高昂的费用选择缺席。

9. 337-TA-829 案

9.1 时间：2012 年 1 月

9.2 涉案当事人

9.2.1 申请人：日本佳能公司、佳能美国公司、佳能弗吉尼亚公司

9.2.2 被申请人：共 34 家公司，其中 4 家中国公司

9.3 涉案专利（见附表 20）

附表 20 337-TA-829 案的涉案专利

序号	专利号	专利名称	涉及的权利要求
1	US5903803	碳粉盒、电子照相成像装置、驱动力传输部件和电子照相感光鼓	第 128~130 项、第 132 项、第 133 项和第 139~143 项
2	US6128454	碳粉盒、电子照相成像装置、驱动力传输部件和电子照相感光鼓	第 24~30 项

9.4 涉案产品

涉案产品包括用于激光打印机和其他激光打印设备（包括佳能和惠普打印机）的可替代碳粉盒，以及包含在这种碳粉盒中的感光鼓。

9.5 申请人寻求的救济措施

申请人寻求的救济措施有普遍排除令、有限排除令、禁止令。

9.6 案件的主要调查过程（见附表 21）

附表 21 337-TA-829 案的调查过程

时间	调查过程
2012 年 1 月	佳能向 ITC 提交申请。
2012 年 2 月	ITC 立案，确定案号为 337-TA-829。
2012 年 6 月	行政法官发布初裁，同意基于同意令终止对另一被申请人的调查。

续表

时间	调查过程
2012 年 7 月	行政法官发布初裁，同意基于同意令终止对另一被申请人的调查。
2012 年 8 月	行政法官发布初裁，裁定 16 家公司缺席。
2012 年 9 月	佳能提交了要求关于其满足国内行业要求中的经济方面的简易裁决的动议。
2012 年 10 月	行政法官发布初裁，同意申请人佳能的无异议动议，撤销一家公司为被申请人。
2012 年 10 月	行政法官发布初裁，同意基于同意令终止对一家公司的调查。
2012 年 10 月	行政法官发布初裁，同意基于同意令终止对一家公司被申请人的调查，并在同一天发布另一初裁，同意基于同意令终止对一家公司的客户的调查。
2012 年 11 月	行政法官发布初裁，同意基于同意令终止对一家公司的调查。
2012 年 11 月	佳能提交了要求关于缺席被申请人侵权的简易裁决的动议。
2013 年 2 月	行政法官发布初裁，同意 2012 年 9 月 21 日佳能提交的动议。
2013 年 6 月	行政法官发布了关于侵权的终裁和救济建议。

9.7 调查结果

ITC 发布普遍排除令、禁止令。

9.8 案件小结

在 337-TA-829 案中，多家企业开始都积极应诉，向 ITC 提交答辩。例如，该案中的部分被申请人在第一次答复申请人时，从不侵权、专利无效和（或）专利权用尽等方面进行了抗辩。但在后面的应诉过程中，被申请人从法律及商业等方面综合评估后，相继选择与申请人和解，通过和解或同意令的方式结束调查。

在 337-TA-829 案的 34 个被申请人中，所有被申请人除了以和解或同意令的方式结束调查之外，大部分被申请人选择缺席。

另外，还有部分公司虽然在 337 调查中选择缺席，但在法院的平行诉讼中选择和解，最终以“同意判决及永久禁令”结束诉讼。不同于缺席判决，同意判决相当于申请人和被申请人双方和解，而被申请人同意该判决，可能在同意令中获得比全额赔偿低的和解赔偿金额。

10. 337-TA-918 案

10.1 时间：2014 年 5 月

10.2 涉案当事人

10.2.1 申请人：日本佳能公司、佳能美国公司、佳能弗吉尼亚公司

10.2.2 被申请人：共 33 家，其中中国公司 11 家

10.3 涉案专利（见附表 22）

附表 22　337-TA-918 案的涉案专利

序号	专利号	专利名称	涉及的权利要求
1	US8280278	处理盒、电子照相成像设备和电子照相感光鼓单元	第 160 项、第 165 项、第 166 项
2	US8630564	处理盒、电子照相成像设备和电子照相感光鼓单元	第 171 项、第 176 项、第 179 项、第 181 项、第 189 项、第 192 项、第 200 项
3	US8682215	处理盒、电子照相成像设备和电子照相感光鼓单元	第 23 项、第 26 项、第 27 项、第 29 项
4	US8676090	旋转力传递部件	第 1~4 项
5	US8369744	包括用于电子照相成像设备的感光鼓的处理盒	第 1 项
6	US8565640	耦联构件和电子照相感光鼓单元的拆卸和安装方法	第 1 项
7	US8676085	耦联构件和电子照相感光鼓单元的拆卸和安装方法	第 1~4 项
8	US8135304	具有调节部分和可倾斜耦联构件的处理盒	第 1 项
9	US8688008	电子照相成像设备、显影装置及耦联构件	第 1 项、第 7~9 项、第 11 项、第 12 项、第 34 项

10.4 涉案产品

涉案产品为：用于激光打印机和其他激光打印设备（包括佳能和惠普激光打印机）的可更换的单色碳粉盒和彩色碳粉盒；用于这种单色碳粉盒的感光鼓部件。

10.5 申请人寻求的救济措施

申请人寻求的救济措施有普遍排除令、有限排除令、禁止令。

10.6 案件的主要调查过程（见附表23）

附表23　337-TA-918案的调查过程

时间	调查过程
2014年5月	佳能向ITC提交申请。
2014年6月	ITC立案，确定案号为337-TA-918。
2014年7月	ITC发布初裁，基于撤诉停止对部分公司的调查。
2014年7月	ITC发布初裁，裁定一家公司缺席。
2014年8月	ITC发布初裁，基于撤回诉讼停止对涉案专利US8369744、US8565640、US8676085和US8135304的调查，涉案专利减少到5个。
2014年9月	ITC发布初裁，裁定8家公司缺席。
2014年10月	ITC发布初裁，基于同意令停止对部分被申请人的调查。
2014年10月	ITC发布初裁，裁定一家公司缺席。
2014年11月	ITC发布初裁，基于同意令停止对一家公司的调查。
2015年3月	ITC发布初裁，基于同意令停止对部分被申请人的调查。
2015年3月	ITC发布初裁，基于同意令停止对部分被申请人的调查。
2015年6月	ITC发布初裁，同意佳能关于缺席被申请人和非参与被申请人侵权的简易裁决的动议，以及发布救济措施和保证金的建议性裁决。
2015年8月	ITC发布普遍排除令和禁止令，停止调查。

10.7 调查结果

ITC发布普遍排除令、禁止令。

10.8 案件小结

在337-TA-918案中，被诉的企业共33家，按照产品来源（生产制造、关联或经销）可将被申请人初步分为5个阵营，分别是纳思达系、天威系、ILG系、深圳ASTA系、亿铂系。其中，除ILG及其经销商之外，其余31家被申请人的被控产品均来自中国，中国涉案产品占94%。

另外，在所有中国被申请人中，除深圳一家公司缺席、亿铂未积极参与调查之外，纳思达和天威及其关联公司和部分经销商均基于同意令结束调查。

11. 337-TA-946 案

11.1 时间：2014年12月

11.2 涉案当事人

11.2.1 申请人：精工爱普生公司、爱普生波特兰公司、爱普生美国公司

11.2.2 被申请人：共19家公司，其中中国公司16家、美国公司3家

11.3 涉案专利（见附表24）

附表24 337-TA-946案的涉案专利

序号	专利号	专利名称	涉及的权利要求
1	US8366233	打印材料容器及安装在打印材料容器上的线路板	第1项、第4项、第10项
2	US8454116	打印材料容器及安装在打印材料容器上的线路板	第1项、第5项、第9项、第14项、第16项、第18项、第21项、第24项、第25项、第28项
3	US8794749	打印材料容器及安装在打印材料容器上的线路板	第1项、第3项、第14项、第15项、第17项、第18项、第20项、第30项、第36项、第49项、第60项、第61项
4	US8801163	打印材料容器及安装在打印材料容器上的线路板	第1项、第6项、第13项
5	US8882513	打印材料容器及安装在打印材料容器上的线路板	第1项、第3项、第7项、第14项、第15项、第19项

11.4 涉案产品

根据涉案产品的内部运作形式，即根据墨水盒的触点排列形式及与该墨水盒相配合的爱普生打印机型号，可将其分为5组类型墨水盒。这5组类型墨水盒可代替爱普生下列墨盒型号：T194120、T194220、T194320、T194420、T195120、T195220、T195320、T195420、T196120、T196220、T196320、

T196420、T197120、T200120、T200220、T200320、T200420、T200XL120、T200XL220、T200XL320、T200XL420、T068120、T068220、T068320、T068420、T069120、T069220、T069320、T069420、T073120、T073120H、T073220、T073320、T073420、T077120、T077220、T077320、T077420、T077520、T077620、T078120、T078220、T078320、T078420、T078520、T078620、T079120、T079220、T079320、T079420、T079520、T079620、T081120、T081220、T081320、T081420、T081520、T081620、T082120、T082220、T082320、T082420、T082520、T082620、T088120、T088220、T088320、T088420、T090120、T098120、T098220、T098320、T098420、T098520、T098620、T099220、T099320、T099420、T099520、T099620、TI03220、TI03320、TI03420、T115126、T117120、T124120、T124220、T124320、T124420、T125120、T125220、T125320、T125420、T126120、T126220、T126320、T126420、T132120、T133120、T133220、T133320、T133420、T135120、T138120、T140220、T140320、T140420。

11.5 申请人寻求的救济措施

申请人寻求的救济措施有普遍排除令、有限排除令、禁止令。

11.6 案件主要调查过程（见附表 25）

附表 25　337-TA-946 案的调查过程

时间	调查过程
2014 年 12 月	爱普生向 ITC 提交申请，指控中国、美国共 19 家公司向美国出口和（或）在美国销售的墨水盒及其组件侵犯其在美国的 5 项发明专利权。
2015 年 1 月	ITC 进行了立案，案号为 337-TA-946。
2015 年 6 月	ITC 作出初裁，裁定 17 家被申请人公司缺席。
2015 年 7 月	ITC 作出初裁，批准基于和解终止对氖锘数码的调查。
2015 年 8 月	ITC 发布对氖锘数码的同意令。
2015 年 9 月	ITC 作出初裁，批准爱普生撤回部分涉案专利中的部分权利要求，并终止了关于相关权利要求的调查。

续表

时间	调查过程
2015 年 10 月	ITC 作出简易裁决的初裁，认定该次调查中有违反 337 条款的情况，并建议发布普遍排除令及禁止令。
2016 年 5 月	ITC 作出终裁，并发布普遍排除令和禁止令。

11.7 调查结果

ITC 发布了普遍排除令、禁止令。

11.8 案件小结

该案 19 个被申请人大多是中国的打印耗材生产商或出口商，且涉案产品全部来自广东省。在 19 个被申请人中，只有氖锘数码及其 1 家关联公司最终基于同意令结束调查，其余 17 家公司全部缺席，缺席率仅次于利盟提起的 337-TA-740 案调查。

12. 337-TA-960 案

12.1 时间：2015 年 6 月

12.2 涉案当事人

12.2.1 申请人：日本佳能公司、佳能美国公司、佳能弗吉尼亚公司

12.2.2 被申请人：共 2 家公司，其中中国公司 1 家、美国公司 1 家

12.3 涉案专利（见附表 26）

附表 26　337-TA-960 案的涉案专利

序号	专利号	专利名称	涉及的权利要求
1	US8909094	密封元件、调色剂容纳容器和成像装置	第 1 项、第 7~9 项、第 11 项、第 16~18 项、第 29 项和第 38 项
2	US9046820	密封元件、调色剂容纳容器和成像装置	第 1 项、第 7~9 项和第 16 项

12.4 涉案产品

涉案产品是适用于佳能复印机的调色剂供应容器。

12.5 申请人寻求的救济措施

申请人寻求的救济措施有有限排除令、禁止令。

12.6 案件主要调查过程（见附表27）

附表27 337-TA-960案的调查过程

时间	调查过程
2015年6月	佳能向ITC提交诉状，指控中国、美国共2家公司向美国出口和（或）在美国销售的调色盒供给容器及其组件，侵犯其在美国的2项发明专利权。
2015年7月	ITC进行了立案，案号为337-TA-960。
2015年8月	ITC作出初裁，批准基于同意令终止本次调查。
2015年9月	ITC作出终裁，颁布同意令。

12.7 调查结果

该案基于同意令结束调查。

12.8 案件小结

涉案产品是佳能复印机相关的碳粉筒产品，不同于打印机相关的碳粉盒产品。该案针对中国台湾地区最大的碳粉筒供应商及其美国经销商。本次337调查没有同时平行的法院诉讼。之前佳能就类似产品在美国法院起诉过该公司，该公司积极应诉。本次调查中该公司应该是结合商业综合考量，仅在3个月后便基于同意令选择与权利人和解结案。

该案的涉案企业只有2家，是15起美国337调查中涉案企业最少的1起，而且两家涉案企业是关联公司，可以说是佳能对该公司的精准打击。

13. 337-TA-1011 案

13.1 时间：2016年5月

13.2 涉案当事人

13.2.1 申请人：惠普

13.2.2 被申请人：共25家公司，其中爱尔兰公司3家、澳大利亚公司1家、美国公司21家

13.3 涉案专利（见附表 28）

附表 28　337-TA-1011 案的涉案专利

序号	专利号	专利名称	涉及的权利要求
1	US6270201	用于以高频工作生成轻量墨滴的喷墨墨滴生成器及墨水成分打印系统	第 1~3 项、第 6 项、第 13~15 项、第 17 项、第 23~25 项、第 28~30 项、第 35 项和第 37 项
2	US6491377	高打印品质的打印头	第 22~24 项
3	US6260952	用于调节喷墨打印头电源和地线的设备及方法	第 1~3 项、第 5~8 项、第 10 项、第 13 项、第 14 项和第 16 项
4	US7004564	打印流体容器	全部权利要求
5	US7090343	打印流体容器	全部权利要求
6	US7744202	打印流体容器	第 1~6 项、第 9~12 项、第 16 项、第 18 项、第 21 项、第 23 项、第 26~30 项

13.4 涉案产品

涉案产品是喷墨打印机、打印头、墨盒及其组件，以及相关产品。

13.5 申请人寻求的救济措施

申请人寻求的救济措施有普遍排除令、有限排除令及禁止令。

13.6 案件主要调查过程（见附表 29）

附表 29　337-TA-1011 案的调查过程

时间	调查过程
2016 年 5 月	惠普向 ITC 提交申请，指控爱尔兰、美国、澳大利亚共 25 家公司向美国出口和（或）在美国销售的墨水盒及其组件，侵犯其在美国的 6 项发明专利权。
2016 年 6 月	ITC 进行了立案，案号为 337-TA-1011。
2016 年 8 月	行政法官作出初裁，批准基于和解终止对 6 家公司的调查；同时批准基于申请人惠普自愿撤回对其他被申请人公司的调查申请终止对其他被申请人公司的调查。
2016 年 8 月	ITC 作出终裁，不再对行政法官的初裁进行复审，案件终止。

13.7 调查结果

该案基于和解结束调查。

13.8 案件小结

337-TA-1011 案涉及的被申请人共 25 家，全部涉案产品均由某公司或其关联公司生产。这是唯一一起没有中国被申请人的美国 337 调查。

与 337-TA-960 案一样，该案也历时 3 个月。惠普在提起美国 337 调查后不久，被申请人便与惠普签订和解协议，并于调查提起 2 个月后基于和解结束调查。

该案是惠普沉寂 6 年后再次提起的美国 337 调查，上一次惠普提起美国 337 调查是 2010 年，从中仍能看出惠普对市场的把控。

14. 337-TA-1106 案

14.1 时间：2018 年 2 月

14.2 涉案当事人

14.2.1 申请人：日本佳能公司、佳能美国公司、佳能弗吉尼亚公司

14.2.2 被申请人：共 49 家公司，其中中国公司 14 家、美国公司 34 家、加拿大公司 1 家

该案共有 34 家被申请人选择缺席诉讼，其中主动请求缺席的有 18 家，这 18 家公司均为经销商，都提交了代表文件或答辩状，未答复诉状而被判为缺席的有 16 家。该案与以往案件不同的是，积极应诉的企业明显增多，共有 14 家被申请人应诉。

14.3 涉案专利（见附表 30）

附表 30　337-TA-1106 案的涉案专利

序号	专利号	专利名称	涉及的权利要求
1	US9746826	处理盒、电子照相成像设备和电子照相感光鼓单元	第 1~4 项、第 6 项、第 7 项、第 9 项
2	US9836021	处理盒、电子照相成像设备和电子照相感光鼓单元	第 1 项、第 2 项、第 4 项、第 5 项、第 7~11 项、第 13 项、第 18 项、第 20 项

续表

序号	专利号	专利名称	涉及的权利要求
3	US9841727	处理盒、电子照相成像设备和电子照相感光鼓单元	第1项、第2项、第4~7项、第9~12项、第15~17项、第19~22项、第24项、第26项、第27项
4	US9841728	处理盒、电子照相成像设备和电子照相感光鼓单元	第1项、第2项、第4~7项、第9~12项、第15~17项、第19~22项、第24项、第26~28项
5	US9841729	处理盒、电子照相成像设备和电子照相感光鼓单元	第1项、第2项、第3项、第6项、第8~11项、第14项、第16~21项、第24项、第26项
6	US9857764	处理盒、电子照相成像设备和电子照相感光鼓单元	第7~9项
7	US9857765	处理盒、电子照相成像设备和电子照相感光鼓单元	第1项、第3项、第4项、第6项、第13项、第16项、第17项、第19项
8	US9869960	处理盒、电子照相成像设备和电子照相感光鼓单元	第1~7项
9	US9874846	处理盒、电子照相成像设备和电子照相感光鼓单元	第1~3项

14.4 涉案产品

根据涉案产品使用的连接部件的结构不同，可将其分为从A到I共9种类型的处理盒（碳粉盒）和感光鼓单元。

14.5 申请人寻求的救济措施

申请人寻求的救济措施有普遍排除令、有限排除令、禁止令。

14.6 案件的主要调查过程（见附表31）

附表31　337-TA-1106案的调查过程

时间	调查过程
2018年2月	佳能向ITC提交申请。
2018年3月	ITC立案，确定案号为337-TA-1106。
2018年5月	ITC作出初裁，裁定12家公司缺席。

续表

时间	调查过程
2018年5月	ITC作出初裁，裁定一个被申请人缺席。
2018年5月	ITC作出初裁，裁定一个被申请人缺席。
2018年5月	ITC作出初裁，裁定一个被申请人缺席。
2018年6月	ITC作出初裁，同意申请人佳能对申请书的修改，并终止了对一个被申请人的调查，以及对撤回的专利及权利要求的调查。
2018年7月	ITC作出初裁，裁定14家公司缺席。
2018年7月	ITC作出初裁，基于一个被申请人自己的请求，认定该被申请人缺席。
2018年7月	ITC作出初裁，同意佳能关于撤回两项权利要求的动议。
2018年8月	马克曼听证会举行。
2018年9月	ITC作出初裁，判定一个被申请人缺席。
2018年10月	ITC作出初裁，停止对一个被申请人的调查。
2018年10月	ITC作出初裁，停止对天威的调查。
2018年11月	ITC作出初裁，同意佳能关于撤回部分权利要求的动议。
2019年2月	ITC行政法官作出马克曼听证裁决。
2019年3月	ITC作出初裁，基于被申请人自己的请求，裁定一个被申请人缺席。
2019年3月	ITC行政法官作出初裁，裁定天威、纳思达和亿铂等不侵权，并终止调查。
2019年3月	佳能请求ITC对初裁决定进行复审。
2019年5月	美国国会议员向ITC致函，请求ITC修改初裁决定。
2019年5月	ITC决定对初裁进行复审。
2019年5月	ITC作出终裁，维持初裁决定，终止调查。
2019年5月	佳能不服终裁，向美国联邦巡回上诉法院提起上诉。
2019年6月	天威、纳思达和亿铂向美国联邦巡回上诉法院提交动议，作为重要利益相关方请求参加诉讼。
2020年4月	美国联邦巡回上诉法院作出判决，维持ITC在337-TA-1106案中作出的不侵权裁决。

14.7 调查结果

天威、纳思达及亿铂胜诉。

14.8 案件小结

337-TA-1106 案是在 337-TA-918 案专利继续申请基础上再次提起的 337 调查。337-TA-1106 案在 ITC 的终裁结果作出后，以天威、纳思达、亿铂为代表的通用耗材生产商获胜。这是通用耗材行业与原装制造商知识产权纠纷数十年博弈中的一次重要胜利。

15. 337-TA-1174 案

15.1 时间：2019 年 8 月

15.2 涉案当事人

15.2.1 申请人：兄弟工业株式会社、兄弟国际公司、兄弟工业股份有限公司（统称兄弟）

15.2.2 被申请人：共 32 家公司，其中中国公司有 8 家、美国 24 家

15.3 涉案专利（见附表 32）

附表 32　337-TA-1174 案的涉案专利

序号	专利号	专利名称	涉及的权利要求
1	US9785093	具有显影辊轴的显影辊的显影盒	第 1~5 项、第 10 项、第 12~15 项
2	US9575460	具有显影辊和电极的显影盒	第 1 项、第 7~11 项、第 15 项、第 16 项
3	US9568856	显影盒	第 1~7 项、第 9 项
4	US9632456	显影盒	第 1 项、第 4 项、第 5 项、第 9 项
5	US9846387	具有连接件和显影辊的显影盒	第 1 项、第 3 项、第 5 项、第 7~12 项、第 18 项

15.4 涉案产品

涉案产品包括兄弟 5 大类多个系列原装产品的兼容产品。其中，TN221/225、223/227 系列兼容产品在诉状中被列为第 1 组墨盒，TN450/ 660/760 系列兼容产品被称为第 2 组墨盒，而 TN221/225、223/227 和 760 系列兼容产品被称为第 3 组墨盒。这些产品的分类实际上是基于被控侵权的涉案专利划分的。

15.5 申请人寻求的救济措施

申请人寻求的救济措施有普遍排除令、有限排除令及禁止令。

15.6 案件主要调查过程（见附表33）

附表33　337-TA-1174案的调查过程

时间	调查过程
2019年8月	兄弟向ITC递交申请，指控亿铂和其他31家被申请人侵犯其5项美国专利权。
2019年9月	ITC正式立案，案号为337-TA-1174。
2019年10月	一家律所向ITC提交了代表律师文件，宣布代表一被申请人应诉。
2019年10月	一个被申请人向ITC递交了答辩状。
2019年10月	一个被申请人宣布不应诉。
2019年10月	ITC作出初裁，判决一个被申请人缺席。
2019年10月	一被申请人正式应诉，并向ITC递交了答辩状。
2019年10月	一家律所向ITC提交了代表律师文件，宣布代表一个被申请人应诉。
2019年10月	一个被申请人撤回出庭通知。
2019年11月	一个被申请人基于同意令结束调查。
2019年11月	一个被申请人撤回出庭通知。
2019年11月	一个被申请人基于同意令结束调查。
2019年12月	行政法官发布初裁，裁定15个被申请人缺席。
2019年12月	一个被申请人基于同意令结束调查。
2020年1月	ITC裁定3个被申请人缺席。
2020年1月	兄弟修改诉状，撤回对两个被申请人的指控。
2020年2月	一个被申请人基于同意令结束调查。
2020年2月	一个被申请人与公司就原有设计及新的设计签订联合协定。
2020年3月	一个被申请人与兄弟签订联合协定。
2020年3月	行政法官发布初裁，基于被申请人自己的请求，裁定两个被申请人缺席。
2020年3月	行政法官发布初裁，裁定基于同意令结束对3个被申请人的调查。
2020年7月	行政法官发布简易裁决初裁，认定本次调查中有违反337条款的情况，并建议发布普遍排除令及禁止令。
2020年11月	ITC发布终裁，维持初裁，发布普遍排除令并终止调查。

15.7 调查结果

ITC 发布普遍排除令、禁止令。

15.8 案件小结

337-TA-1174 案中，没有向法院提起平行诉讼。在 32 个被申请人中，除未确定产品来源的 15 家经销商之外，其余 17 个被申请人的产品都来自中国。

另外，337-TA-1174 案的另一特点是被申请人大部分是美国亚马逊网站销售产品的美国进口商和经销商，是原始设备制造商对电商较大规模的精准维权打击。

从该 337 调查的应诉情况来看，只有亿铂和其他几家被诉的经销商选择应诉，大多数被诉的经销商选择缺席或者签订同意令的策略，或直接不应诉。值得注意的是，其中有美国经销商积极应诉，最后推出两个系列的不侵权设计，利用咨询意见程序得到了权利人同意不在后续任何可能的排除令范围。这两个系列设计分别注明是来自国内不同生产商，生产商利用经销商应诉机会，适时推出创新设计并及时得到了权利人的认可，不受后续任何排除令的影响。